修験道大系

歴史・思想・儀礼

宮家 準
hitoshi miyake

春秋社

序

修験道は日本古来の山岳信仰が外来のシャーマニズム・仏教・道教・儒教、日本の神道・陰陽道などの影響を受けて、中世初期に成立し、後期に確立した日本独自の宗教である。そして日本人の誰でも―常民―が信じた民間信仰が、上記の諸宗教と習合して民間に浸透した民俗宗教と密接な関わりを以って展開した。もっともその背景には現代においても初詣や結婚式は神社、彼岸・盆・葬儀は仏教、結婚式やクリスマスは教会、運勢や日の吉凶は陰陽道というように無意識のうちに民俗宗教に依拠してきた日本人の宗教生活があることは否めない事実である。

私はこれまでこうしたことを考えて、宗教学を民俗学、文化人類学の立場から検討して『生活のなかの宗教』（ＮＨＫブックス）、『日本の民俗宗教』（講談社学術文庫）、『宗教民俗学』（東京大学出版会）などを著わして、上記の諸宗教の習合の所産である民俗宗教を研究する宗教民俗学という学問を樹立することに努めてきた。そしてそれをもとに典型的な日本の民俗宗教ともいえる修験道の研究をすすめ、『修験道儀礼の研究』『修験道思想の研究』『修験道組織の研究』『修験道の地域的展開』『修験道――日本の諸宗教との習合』『神道と修験道』『日本仏教と修験道』（いずれも春秋社）など『Shugendo: Essays on the Structure of Japanese Folk Religion』（Michigan University Press）などを著わしてきた。

ところで近年修験道の研究は、歴史学、文学、民俗学、考古学などの諸分野で数多くの精緻な研究業績が生み出されている。また今一方でテレビなどのマスコミでは、比叡山の回峰行、大峰山の奥駈修行など山伏の壮絶な修行や地方の里修験が行場とした里山がとりあげられている。もっともその多くはルポルタージュものである。そして誰でもが親しめる修験道の基本を記した概説書はほとんど見られないのが現状である。

そこで本書では私の修験道の三部作と通称されている『修験道儀礼の研究』（増補決定版）、『修験道思想の研究』（増補決定版）、『修験道組織の研究』（いずれも春秋社）などの要旨を、上記の修験道の民俗宗教的側面に焦点をおいて、誰もが親しめる『修験道——歴史・思想・儀礼』を著わすことにした。換言すれば本書は上記三部作の一般むけのダイジェスト版ともいえるものである。その際『修験道組織の研究』は、時枝務・長谷川賢二・林淳編の『修験道史入門』（岩田書院、二〇一五）では、修験道史研究の必読文献とされ、その後、川崎剛志・時枝務・徳永誓子・長谷川賢二編の『論集　修験道の歴史I　修験道とその組織』（担当徳永誓子、岩田書院、二〇二三）では修験道組織の展開を修験道の歴史の眼目としてあげて、それに関する論文が掲載されている。このようにこれまで修験道組織の研究は歴史学の視点からなされている。そこで本書でもその組織の歴史をまとめて、第一部に修験道の歴史として掲載した。

その第一部では、日本宗教史における修験道の位置づけを明白にすることを目指して、古代の山岳信仰、修験道の成立（中世前期）、修験道の確立（中世後期）、教派修験の成立と展開（近世）、近・現代の修験道（近代の仏教教団下の修験道と太平洋戦争後の修験道）とした。なおこの第一部は『修験道組織の研究』をもとにしている。

第二部　修験道の思想では修験道に見られる宇宙観、他界観、崇拝対象、始祖崇拝、人間観（山伏観）、成仏論、災因論をとりあげる。『修験道思想の研究』増補決定版』、現代語訳『修験道聖典』をもとにする。

第三部　修験道の儀礼は、供養法、峰入修行、修験道の祭――採（柴）灯護摩、吉凶と占い、巫術と憑祈祷、祈祷と加持、憑きものおとしと調伏法、符呪とまじないとして『修験道儀礼の研究』増補決定版、『修験道の経・講式・和讃・唱言』をもととする。

本書によって多くの人々が修験道に関心を持っていただけたら幸いである。なお本書の刊行に関しては春秋社の小林公二社長、編集に関しては豊嶋悠吾編集長、原稿の作成に関しては國學院大學宮家研究室に所属していた村瀬友洋氏・藤吉優氏・田口祐子氏のお世話になった。紙面をかりて御礼申しあげたい。

修験道大系――歴史・思想・儀礼　目次

第二部　修験道の思想

第三部　修験道の儀礼

修験道大系

――歴史・思想・儀礼

第一部　修験道の歴史

第一章　古代の山岳信仰

本章では聖徳太子の摂政就任（推古元、五九三）から鎌倉幕府が設置された文治元年（一一八五）までを古代と捉えて、吉野・葛城・熊野・奈良の春日山と南都仏教、天台宗と真言宗の順序でこの間の山岳信仰の展開を簡単にふれることにしたい。

（一）吉野

吉野山には養老四年（七二〇）に成立した『日本書記』に、応神天皇（四世紀末か）が、吉野山麓の宮滝に吉野離宮を設けられ、その奥に住む山民の国栖が食料を献じたこと、欽明天皇（五一〇〜五七〇）一四年（五五三）、夏八月に天皇が河内国泉郡芧渟の浦に沈んでいた樟木で仏像を作らせて吉野寺（比曽寺）で祀らせたことが記されている。この比曽寺には後に法相宗の神叡（?〜七三七）が入り、虚空蔵菩薩に自然智（記憶力の増進）を求める自然智宗の道場としている。

その後天智天皇一〇年（六七一）には皇太弟の大海人皇子が天皇に出家入道の許しを請われて、

吉野に入山されている。もっとも大海人皇子は天智天皇の実子である弘安天皇（大友皇子）の即位に反対して壬申の乱をおこして天皇を自害させた後、皇位について天武天皇（?～六八六）となっている。天皇は即位後も吉野離宮に御幸されたが、その後を継いだ后の持統天皇（在位六八六～六九七）は吉野離宮に三一回も御幸されている。これは吉野の宮滝の吉野水分神に祈念する為ともされている。東大寺を建立し大仏を鋳造された聖武天皇（七〇一～七五六）も、吉野離宮に御幸されている。なお吉野山上には『延喜式神名帳』によると、地主神を祀る金峰神社、水分神を祀る吉野水分神社、その里宮とされる吉野山口神社（勝手神社）があり、崇められていた。

後に修験道の始祖に仮託された役小角（七世紀後半から八世紀）は、弘仁年間（八一〇～八二四）になる『日本霊異記』では葛城の峰と吉野の金峰山の間に橋を架けさせようとしたが、葛城山の一言主神の朝廷への訴えで伊豆へ配流されたとしている。この伝承は役小角が吉野の金峰山で修行したことを思わせるものである。

その後貞観一六年（八七四）京都に醍醐寺を開いた聖宝（八三二～九〇九）は吉野の山岳修行者の為に吉野川に渡し船を設けている。さらに彼は比曽寺に丈六の弥勒菩薩、一丈の地蔵菩薩、金峰山寺の蔵王堂に六丈の如意輪観音像を造り、一丈の多聞天と金剛蔵王像を彩色している。なお金峰山の入り口にあたる青根ヶ峰近くの安禅寺にも蔵王堂が造られている。

そして宇多法皇（八六七～九三一）は昌泰三年（九〇〇）七月と延喜五年（九〇五）九月の二回金峰山に御幸されている。また道賢（九〇五～九八五）は金峰山で修行中に意識を失った際に金剛蔵王権現の導きで他界遍歴をし、藤原時平（八七一～九〇九）が宇多法皇が重用された菅原道真（八四五～九〇三）を大宰府に配流させたことや、それに失望した法皇を金峰山詣させた咎で地獄におちているのに見えて、当時の天変地異も道真の怨霊のせいであると告げられている。

ところで仏教では釈迦の教えで悟る人がいる正法の時代（一千年）、教えとそれに基づく修行がなされているが悟りを開くことが不可能な像法の時代（一千年）、修行がなされず教法のみが残る末法の時代（その後一万年）を定め、永承七年（一〇五二）から末法に入るとされた。そしてその時に未来仏である弥勒菩薩が出現して救済にあたるとされ、金峰山はその弥勒菩薩が出現する霊地とされた。

この末法思想や宇多法皇の金峰山への再度の御幸、道賢の話もあって藤原道長（九六六～一〇二七）は、寛弘四年（一〇〇七）、その孫藤原師通（一〇六二～九九）は寛治二年（一〇八八）と同四年、白河上皇は同六年に金峰山に登拝されている。特に道長が金峰山上で埋経供養した遺物が注目されている。その願文によると、彼の祈願の主旨は成仏をとげ、弥勒出世の時その法筵につながりたいということであった。ちなみにこの金峰山では道長のものをはじめ、平安中期から鎌倉期にかけて数多くの遺物が発掘されているが、それを見ると、蔵王権現二一一、釈迦八〇、観音六六、金山三七、子守二〇、勝手二というように蔵王権現が圧倒的に多くなっていた。ちなみに金峰山を治める金峰山寺の検校は永承四年（一〇四九）に興福寺僧の円縁が勤めて以来、代々興福寺の僧侶がなり、実際には山内に常住する執行が一山の支配に携わっていた。

（二）葛城山

大和平野から西方に望見される葛城山（金剛山）は古来霊山とされていた。『古事記』の雄略天皇（五世紀後半頃在位）の条には、天皇が狩りの為に葛城山に登った時、天皇と同じ服装で反対の尾根から登る人がいて、天皇に一言主神と名乗ったとの話をあげている。この神を祀ったのが式内社の一言主神社である。

またその北の二上山は雄岳（五一七メートル）と雌岳（四七四メートル）の二つの峰からなるが、この雌岳の頂には天武天皇の死の直後謀反の疑いで殺された大津皇子を祀った古墳がある。葛城山は後に修験道の始祖に仮託された役小角が居所とし、呪術を行使した山とされている。そして『日本霊異記』では役小角は鬼神を使役して、葛城山と金峰山の間に橋を架けさせようとしている。

葛城山では奈良時代には数多くの僧が修行した。主な者のみあげると、聖武天皇の命で東大寺の大勧進となり、その建立に尽力した行基（六六八～七四九）は、二四歳の時葛城山で受戒し、そこで修行し、死後は生駒山寺に葬られている。また聖武天皇の皇女の孝謙天皇に重用された道鏡（？～七七二）は、葛城山で苦修練行し、法相宗を学んで、孔雀明王経などの呪法を用い、呪験に秀でていた。

(三) 熊野

熊野には本宮・新宮・那智の熊野三山があり、延喜元年(九〇一)になる『三代実録』によると、貞観元年(八五九)に新宮の熊野速玉神と本宮の熊野坐神(後の家津美御子神)が、従五位上の神階を授けられている。一方大滝などがある那智は古来滝籠衆の道場だったが、平安中期に結神を祀る神社が成立した。なお速玉神は寄り神、家津美御子神は木の神、結神は産霊神と考えられる。宇多法皇は延喜七年(九〇七)に熊野御幸され、花山法皇(九六八〜一〇〇八)は那智の滝に籠られている。そして寛治四年(一〇九〇)白河上皇(一〇五三〜一一二九)は天台宗の園城寺の増誉(一〇三二〜一一一六)を先達として熊野御幸された。そして上皇はこの賞として増誉を熊野三山検校に補任された。また熊野を支配していた別当の長快を法橋に叙されている。なお上皇はその後十回にわたって熊野御幸されたが、その後を継がれた鳥羽上皇は二一度、崇徳上皇は一度、後白河上皇は三五度熊野御幸されている。

熊野三山検校は増誉の検校補任以降は主として園城寺僧が重代職としていたが、検校は熊野に赴かず、三山のそれぞれは、本宮は三昧僧と長床衆、新宮は禰宜、那智は社壇承仕というように主要な構成員を異にしていた。そしてその統治機構においても、本宮は別当、検校のもとに上座・寺主・都維那の三綱と実務機関の在庁(公文)を置き、新宮は宮主のもとに在庁、那智には上臈と別当が置かれていた。そして三山ではともにこの下に常住と客僧から成る大衆が属していた。この客僧の多くは各地から訪れた修行者だった。その際新宮は背後に神倉山の岩場から成る行場、那智は大滝の背後に多くの滝行場があったが、熊野川と岩田川の中州に位置し、行場を持たない本宮の本殿前の長床を居拠とする客僧の山伏は熊野川を渡って大峰山に峰入した。長承三年（一一三四）一月に熊野御幸された鳥羽上皇（一一〇三〜五六）は本宮で山伏が大峰入りする作法を御覧になっている。

熊野には山岳修行者も訪れており、那智山では平安中期に応照が「法華経薬王品」の喜見菩薩の焼身の故事にならって火定入定している。さらに浄蔵（八九一〜九六四）は那智の滝下で『法華経』を誦して修行し護法を使役した。また花山法皇も正暦三年（九九二）那智の大滝の奥で数ヶ月にわたって修行したとされている。このほか平安末には文覚（生没年不詳）も那智に籠って修行している。このほか義睿（?〜一一八二）は熊野から吉野を目指して抖擻し、『法華経』を読んでいる聖がいた僧房に寄寓したうえでその導びきで金峰山に到達している。また長円（?―一〇四〇―四四頃）は熊野から大峰をへて金峰に向かおうとして道に迷ったが、『法華経』を誦していると童子が金峰に導びいてくれたとされている。さらに西行（一一一八〜九〇）も熊野から大峰に入り、前鬼の三重滝などで歌を詠んでいる。

（四）奈良の春日山

元明天皇（六六一〜七二一）が和銅三年（七一〇）に遷都された平城京の西には春日山（四九七米）があった。その山麓の東大寺と興福寺の堂衆（学衆の下位にあって諸堂に勤仕する僧）は、この山に入って山中の霊水を汲み、樒をとるなどの修行を行なっていた。

まず東大寺では葛城山で修行した良弁（六八九〜七七三）が、春日山の里近くの若草山にあった山房の金鐘寺に法華堂（正式には不空羂索堂）を建立して、その堂に執金剛神を祀った。この執金剛神が放った光が宮中に達したことから聖武天皇（七〇一〜七五六）が良弁に東大寺の大仏の建立を委ねられた。なお執金剛神は図像上では吉野修験の本尊の金剛蔵王権現の前身ともされている。この法華堂の上方には奥院の実忠（七二六〜？）創建の二月堂（観音堂）があり、秘仏の十一面観音が祀られている。ここで天平勝宝四年（七五二）以来毎年陰暦二月一日から一四日（今は三月一日から一四日）にかけてお水取りと通称される十一面悔過行が行われている。

その後平安時代になると、東大寺では東僧房（東房）で修行していた聖宝（八三二〜九〇九）が貞観一七年（八七五）に子院の東南院を創設し、延喜二年（九〇二）に東大寺別当となり、中門堂を建立している。聖宝はさらに山城国の笠取山に如意輪観音を祀って醍醐寺を開基し、吉野川に渡船場を設けて、役小角以来途絶えていた大峰の峰入を再開して修験道中興の祖とされている。この東大寺法華堂内陣の東西の両扉にある壁書によると、法華堂と中門堂の堂衆は若草山の閼伽井の閼伽水を汲み、山中で樒を採り、法華堂に供える当行と呼ばれる修行を四月一四日、七月一三日、十一月二八日と九月一二日に行っていたことがわかる。

興福寺は藤原鎌足（六一四〜六八）の妻鏡女王が山城国山階（科）に創建したことから当初は山階寺と呼ばれていた。その後平城京遷都の際に藤原不比等（六五九〜七二〇）によって、春日山麓の現在地に興福寺が建立された。そして聖武天皇が神亀三年（七二六）に中金堂（本尊薬師如来）、天平六年（七三四）に光明皇后が西金堂（本尊釈迦三尊）、弘仁四年（八一三）に藤原冬嗣（七七五〜八二六）が後に観音巡礼九番札所となった南円堂（本尊不空羂索観音）を建立して伽藍が整い、唯心浄土を崇める信仰と結びついて発達した。特に東・西金堂衆は春日山で修行して、当山方修験道の成立の先駆となっている。そこで彼らが行場とした春日山中の霊地を紹介することにしたい。

春日山の東南には春日山石窟、かつて薬師悔過の道場とされた香山寺跡近くには地獄谷聖人窟があり、ともに東西の二窟からなっている。このうち春日山の東窟には東壁に観音、西壁に地蔵を刻み、西窟には正面の壁に大日如来を始め、密教の金剛界五仏、東壁には正面の壁に大日如来を始め密教の金剛界五仏、西壁には多聞天が刻まれ、保元二年（一一五七）の年記があった。一方香山寺近くの地獄谷聖人窟の東窟には仏像は刻まれていないが、西窟には正面の壁には如来と十一面観音、東壁に妙見菩薩、西壁には観音と阿弥陀が線刻されている。東・西金堂衆はこれらの窟に籠って修行したと考えられている。

平安時代の興福寺僧のうち、これ迄あげた霊山と関わった僧をあげると、興福寺松室院の開基仲算（八九九〜九六九）は那智滝で修行し、一九代興福寺別当となった真喜（九三三〜一〇〇〇）は葛城山で修行している。この真喜の弟子扶公（九六六〜一〇一五）は、藤原道長の御岳詣の先達を勤めている。そしてその弟子円縁（九九〇〜一〇六〇）は金峰山検校となり、爾来古代末迄金峰山検校は興福寺別当が兼務している。また興福寺で学んだ貞慶（一一五二〜一二一三）は、法相宗や戒律の復興に努め、東・西金堂に律を導入したが、その後笠置山に移って活動している。

（五）比叡山と天台宗

比叡山には当初大山咋神が祀られていたが、大津宮を設けられた天智天皇（六二〇〜六七一）は当社に大和の三輪神社を勧請して大比叡とし、古来の大山咋神を小比叡神とされた。その後最澄（七六七〜八二二）がこの山に入って、薬師如来を祀る比叡山寺（のちに延暦寺）を建立して修行し、その後渡唐して天台宗を開基し、住僧に一二年間の籠山修行を課した。そしてその没後、大乗戒壇が許され、延暦寺の寺号が下賜された。三世天台座主円仁（七九四〜八六四）の弟子相応（八三一〜九一八）は比叡山に籠山後、吉野の金峰山でも修行し、比叡山北の比良山西麓葛川の滝に籠って修行し、比叡山に不動明王を祀る無動寺を開き、後に比叡山の千日回峰行の祖とされている。

五世天台座主円珍（八一四〜九一一）は、最澄の渡唐に随行し最澄の宿願だった比叡山での大乗戒壇設立をなしとげ初代天台座主となった義真（七八一〜八三三）の弟子である。彼は比叡山に一二年間籠山した後入唐して密教を学び胎蔵界・金剛界、蘇悉地界からなる天台宗の密教である台密を確立し、延暦寺五世座主になったが、近江国大津に園城寺を興して延暦寺の別院とした。ただその後円仁の門徒と円珍の門徒が対立し、正暦四年（九九三）円珍の門徒は園城寺を拠点として天台宗寺門派を称し、天台宗に山門と寺門の両派が成立した。寺門派では増誉（一〇三二〜一一一六）が、大峰・葛城の両山で修行し、さらに寛治四年（一〇九〇）白河上皇の熊野御幸の先達を勤めた。そして洛東の地に熊野権現を勧請し、聖体護持の寺として、聖護院を創建した。

（六）高野山と真言宗

高野山は延暦二三年（八〇四）入唐して、恵果（七四六〜八〇五）から『大日経』と『金剛頂経』の伝授を受けた空海（七七四〜八三五）が、弘仁七年（八一六）金剛峯寺を創建して真言宗の拠点とし、その墓地も設けられている霊山である。空海は宝亀五年（七七四）讃岐国で生まれ、延暦七年（七八八）上洛して大学に学んだが、一沙門から虚空蔵求聞持法を授かっている。また阿波国の大滝岳、土佐の室戸岬などで修行した。そして吉野から西に向って進み四面が高い峰に囲まれている高野山に赴いて道場としたとされている。

高野山は有田川の源流に位置し、水分神を思わせる丹生津比売神を祀る丹生社と、彼を高野山に導びいた猟師とされる高野明神（狩場明神とも）が祀られている。なおこの高野山の伽藍の構成は講堂・金堂・中門を南北の中心軸とし、その東に大塔、西に多宝塔を建て胎蔵、金剛両界に配するというものである。一山の奥院は墓地群で、その最奥が空海の廟となっている。ちなみに空海は弘仁一四年（八二三）の平安京遷都の時に建てられた東寺を賜わり、爾来同寺が真言宗の中心となっている。もっとも京都では聖宝が笠取山の山上に開いた上醍醐と、その後を継いだ観賢（八五四〜九二五）が山麓の下醍醐に建立した醍醐寺が白河上皇の帰依を得て繁栄した。そして聖宝に始まる東密の事相のうち小野に曼荼羅寺を開いた仁海（九五一〜一〇四六）が宣揚した小野流の寺院として繁栄した。

一方高野山では覚鑁（一〇九五〜一一四三）が二〇歳で高野山に登り伝法会の再興を志して伝法院を開き、密教と浄土思想を融合しようとした。そして大日如来の像の上に阿弥陀如来の相を観じると大日如来の功徳によりその場で成仏し得る、これが即身成仏であるとした。けれども山内の高野山徒の反感をかい、紀伊の根来寺に移った。ただ鳥羽上皇（一一〇三〜五六）の帰依を受け、高野山と対峙した。そしてこの流れは近世期には新義真言宗と呼ばれている。

第二章　修験道の成立（中世前期）

（一）『諸山縁起』の伝承

鎌倉時代（一一八五～一三三三）初期に園城寺で修行し、京都に法華山寺を開いた九条良経（一一六九～一二〇六）の子慶政（一一八九～一二六八）の奥書がある『諸山縁起』には、役優婆塞の伝承、金峰、大峰、熊野、笠置などに関する二〇項目の記事があげられている。

役優婆塞に関しては、「金峰山本縁起」との題のもとに既述の『日本霊異記』とほぼ同様の話をあげている。この表題が「金峰山本縁起」とされている故、金峰山を本拠とし、役優婆塞を始祖と仰ぐ集団の形成が推測される。その内容を見ると、役行者を妖惑の罪で伊豆に配流させた後、朝廷ではさらに彼を処刑しようとしたところ、刑吏の剣に富士明神の覚者を崇めるようにとの文字が出たので許された話、一言主神を呪縛し、母と共に渡唐して仏法を守護する八部衆を使役した話をあげている。その他の項では役優婆塞が血穢、産穢、魔を避けて熊野に詣でた話、金峰からやはり魔を避けて熊野に行く話、大峰山中の宝塔ヶ岳の岩屋にいる母を日夜三度参拝した話、母の供養のために、唐から仙人の北斗大師を招いて千塔塔婆供養をした話、彼が七生にわたって大峰山中で修行し、その三生目の時の骨に見える話、また役行者の弟子に彦山の寿元、出羽の興（黒か）珍、伊予（石鎚か）の芳元がいたとの話をあげている。

この他では金峰山は中国の金剛蔵王権現を祀る金峰山が海を渡って来た霊山、大峰山は霊鷲山の坤（西南）の角が飛来した山としている。

また白鳳頃（六四五〜七一〇）に熊野本宮の禅洞が大峰に入って吉野までの峰々に胎蔵界、金剛界の諸尊を顕わしたとし、貴紳、高僧がその各峰へ納めた経、仏像などをあげている。ただ胎蔵界が一〇六箇所に対して、金剛界は二三箇所のみである。また峰中の一二〇箇所（実数は七八）の宿名、大峰山中の八大金剛童子とそれぞれの在所をあげている。さらに大峰山中の神仙嶽に三重の岩屋があり、その下の重に阿彌陀如来、中の重に胎蔵界曼荼羅、上の重に金剛界曼荼羅、奥に役行者の御影と、大峰と熊野権現の由来、仙人集会の儀式、金剛蔵王権現の出現譚を記した縁起が納められているとしている。

葛城山に関しては華厳経にあげる法喜菩薩を祀るとした縁起、葛城峰の金剛童子の名とその在所、紀伊の加太から大和川の亀の尾迄の間の法華経二十八品のそれぞれを納めた経塚などをあげている。熊野については前記の役行者の熊野参詣譚の他、熊野十二所権現を顕わした高僧、禅洞以降の歴代本宮の別当、熊野詣の作法、笠置山に関しては道賢がここで修行して弥勒菩薩の霊地としたとの縁起と笠置から奈良周辺の霊地をへて長谷に至る宿をあげている。こうしたことから、中世初期に金峰、熊野、葛城、笠置から奈良周辺の山岳において修験道が成立したと考えられるのである。

(二) 金峰山

金峰山では鎌倉時代前半は興福寺の大乗院、後半は一乗院が金峰山を代表する検校を重代職としている。ただ金峰山内の実務は後半には吉水院、新熊野院が執行としてとりしきっていた。一山の中心をなしたのは蔵王堂と石蔵寺だった。鎌倉末になる『金峰山創草記』によると、蔵王堂では学僧が法華経や悔過、堂僧(満堂ともいう)が懺法・呪願・閼伽行、社僧が懺法、近国の持経僧が万灯会と法華経読誦を行なっていた。一方石蔵寺ではその観音堂・常行堂では学僧、宝塔院では阿闍梨というように、それぞれの堂で担当を異にした法会が行なわれていた。また子守・勝手・金精の三社では神子、神人による祭(子守一月八日、勝手一月二三日、金精五月五日)の他、三社では共に社僧による大般若転読、法華八講、不断尊勝陀羅尼がなされていた。

次に山上の諸行事を見ると、まず峰入では、山中で冬をすごす晦日山伏、笙の岩屋の冬籠り、五月の花供懺法会、六月七日から四日間にわたる役行者御影供、六月から九月の諸国山伏の峰入があり、四月八日から七月一四日にかけては、当行の供華がなされていた。またこれらの際の作法では、山下の場合と同様に法華経や般若経典の読誦が重視されていたが、特に懺法がしばしばなされていた。これは当時の入峰修行が懺悔滅罪的な性格を持っていたことを示している。

(三) 熊野三山

熊野では寛治四年(一〇九〇)に増誉が熊野三山検校に補されて以来ほぼ園城寺の関係者がこの職を継承したが、その実務には熊野にいた別当があたっていた。そして鎌倉時代後期には地方の武士などが在地の先達に導びかれて、熊野に参詣するようになっていった。その際彼らはそれぞれの在所から先達の指示に従って熊野に向かった。先達は道中の道案内、関所、渡船、宿泊などの世話を行ない、大坂や伊勢からの熊野詣道に入ってからは、熊野王子などの霊所で拝礼や垢離などの導師を勤め、帰路や帰還後の作法をとり仕切った。さらに先達は参拝をなし得ない人の喜捨を熊野にとどけたり、熊野山の僧供米を集めたり、勧進にあたることも多かった。このように熊野に参詣したり、寄進したりする人は檀那と呼ばれている。

熊野にはこうした先達や檀那を受け入れて、宿泊、祈祷、山内の案内などにあたる御師がいた。そして皇族や貴族の熊野詣があいついだ院政期には御師は別当家に関わる者が担当したが、弘安七年(一二八四)に別当家が断絶した後はそれに連なった家々が御師となった。先達は檀那を熊野に導びくと、御師あてに檀那の在所・氏名、自己の在所・氏名、提出年月日を記した願文を提出した。この願文は本来は熊野に到達した際、檀那が先達、御師を介して、熊野権現に祈願の旨をとりついでもらうために提出する祈祷の依頼状ともいえる性格を持つものだった。けれどもこの願文提出を契機として、その檀那・先達と御師の結びつきが恒常化するようになっていった。すなわち先達と檀那は御師に願文を提出することによって、今後は必らずこの御師のもとに来ることを契約したのである。それだけでなくその檀那の一族、その同一地域などの仲間に対しても同様のことが義務づけられたのである。

（四）羽黒山

東北の羽黒山は立谷沢川の中流に位置する月山の端山（裾にある山塊）で、そこにある霊地の阿古屋谷は谷の奥に滝がある釜と呼ばれる地形だった。その上方にある現在の出羽三山神社本殿前の鏡池が崇拝の対象となっていて、その池の中から平安末から鎌倉時代にかけての六百面に及ぶ和鏡が発見された。これは御神体を思わせる池の竜神に鏡を捧げる信仰にもとづいている。羽黒山の正史の初見は『吾妻鏡』承久三年（一二〇九）五月五日の条の、出羽国羽黒山の衆徒が大泉二郎に万八千枚（八百町）の福田を押領され、山内のことに干渉されたことを鎌倉幕府に訴え、幕府が先例にもとづいてこれを禁じたとの記載である。

既述のように『諸山縁起』には、彦山、石鎚などの持経者と並んで羽黒山の黒持経者の記載が認められる。羽黒山頂からは建長四年（一二五二）壬子八月八日本聖人阿念房の記録がある経筒、ほぼ同じ頃と思われる「妙法蓮華経円照」と刻まれた小経石が発見されている。なお現在手向の黄金堂にある荒沢寺の開山心浄坊勝尊の木像の裏書によると、延慶三年（一三一〇）に熊野の那智の修験者だった勝尊が羽黒山寂光寺や荒沢寺を開いたことが記されている。それ故その弟子と思われる時衆系の聖がこの地にいたことが推測される。なお鎌倉期の羽黒一山では寂光寺を総録とし、そこに院主とその下で月の上旬、中旬、下旬を担当する三長吏がいて検断や先達の支配をする政所を中核とする一山組織が認められるのである。

（五）彦山

九州の彦山は長寛元年（一一六三）の『長寛勘文』所収の「熊野権現御垂迹縁起」によると、中国の天台山の王子信が彦山に飛来し、その後石鎚、淡路の諭鶴羽山などをへて熊野本宮に熊野権現として示現した話をのせており、彦山が熊野の天台宗の影響を受けていたことが推測される。また後白河法皇は永暦元年（一一六〇）に京都東山に新熊野権現を勧請し、諸国の荘園二八箇所を寄進されているが、その一つに彦山が含まれている。

鎌倉初期の『彦山流記』によると、当時の彦山の中核をなしたのは、南俗躰岳（伊弉諾尊、釈迦の垂迹）、北法躰岳（天忍穂耳尊、阿弥陀の垂迹）、中央女躰岳（伊弉冉尊、千手観音の垂迹）の彦山三所権現と山腹の霊山寺である。山内は南谷、北谷、中谷、惣持院谷の四谷からなり、そこに十ヶ寺の山内別院と二百余の禅庵があり、別院には清僧、禅庵には一一〇人の講(交)衆、二〇五人の先達が居住していた。またこれらをとり囲むように四九の窟が設けられ修行の場とされていた。特に注目されるのは、第一の般若窟で、彦山権現がインドの摩多羅国からもたらした如意宝珠を納めたことから玉屋窟と呼ばれていた。そして伝承では八世紀前半頃、法蓮がこの窟で修行して倶利伽羅竜王から如意宝珠を授かったという。ところが宇佐八幡神がこれを欲しがって、宇佐八幡に神宮寺の弥勒寺を建立して法蓮を開山にするとの条件で貰い受け、共に人々の救済にあたったとしている。成立期の彦山では山の内外に四九の窟があり、これらに籠ったり、これらを巡る回峰行を行なったり、年中不断に山内の霊所に花を供えたりする修行がなされていたと思われる。

彦山では守護不入の七里結界の神域を示す四至を定め、この内部を彦山霊山寺領とした。現にこの領内の村々には鎮守として彦山の神を勧請した大行事社が祀られている。また山腹の霊山寺と院や庵がある所に下宮、中岳の山頂に彦山権現を祀る上宮が設けられていた。そしてこれらから成る一山の運営は政所坊が行ない、清僧と衆徒から選ばれた三、四の惣衆がこれを助けていた。当時の主要な行事には、修正会、二月会(舎利会)、一夏九旬の不断供花、上宮の年中不断供花、八ヶ所の霊所への夏中供花、六月会(伝教大師御忌)、如法経会(八月)、大念仏会(九月)、開山忌(一一月、玉屋窟)と月例の釈迦講、不動講、阿弥陀講などがあった。

第三章　修験道の確立（中世後期）

（一）吉野一山

室町期の吉野一山は長期にわたる南北朝（一三三一～一三九三）の戦乱で衰退していたが、山内には山上と山下の蔵王堂、石蔵寺、子守社（上宮）、勝手社（下宮）、金精社（二鳥居）、牛頭天王社などがあった。この期の吉野一山では興福寺一乗院の院主が検校となり一山を統率した。もっとも検校は一乗院にあって吉野を訪ねることも少なく、実際には吉野山の検校所と政所が一山の運営に携わった。この政所には、常住僧から選ばれた二人の学頭がいて、一山の実務にあたり、一山の構成は大きく天台宗の寺僧（衆徒、寺家ともいう）、真言宗の堂僧（堂衆、禅衆、承仕ともいう）、聖（持経者、遊行僧、山伏など）、在俗奉仕者（中総、寺務、所司など）から成っていた。

寺僧は一山の主要な法会に携わる天台系の僧侶、堂僧は寺僧の下で法会、行事などにあずかると共に供花、灯明などの準備、堂社の掃除、平素の供花などにあたる真言宗の宗教者である。そして仏寺では鎌倉時代と同様に修正会、修二会（花供懺法会）、三十講、新三十講、章安講、霜月講、竪義、釈迦講、役行者への報恩のための役行者講がなされていた。これらの中で特に注目されるのは、二月一日の修二会が展開した花供懺法会と九月一九日、二〇日の蔵王堂の祭の一山の二大行事である。このうち花供懺法会は山上で花供の峰入や懺法を勤めた頭役が仏前で花や御供物を供えて供養する祭である。吉野一山ではこの両行事を実施する為に広範囲にわたる勧進をし、盛大な餅つきと餅まきを行なった。一方九月一九日から二〇日にかけての蔵王堂の祭には蔵王堂に子守・勝手の両社の神輿を迎えて法要や管弦があり、持経者を中心に万灯会が営まれる一山あげての祭である。

一方山上では四月八日に花供、六月六・七日に御影供、六月九日に蓮華会の峰入がなされ、その際に験競べ、延年がなされていた。なお室町時代末には金峰山上への修行者の増加もあって、吉野から山上迄の修行道も整えられた。具体的には発心・修行・等覚・妙覚の四門、蔵王堂・安禅寺蔵王堂・山上蔵王堂の三つの仏寺、天満・佐抛・勝手・八王子・子守・牛頭・金精・祇園、山上の子守・白山・三十八所の神社、宿坊もあり、行場も設けられていた。

（二）熊野三山と聖護院

室町時代の熊野本宮では総検校・三昧別当を頭に検校代・正政所・在庁所・公文所が一山の衆徒や御師、先達を統轄し、そこでおこった争論の裁許を司った。戦国時代（一四六七〜一五六八）には本宮では総検校の般若寺が支配する上宮一二人、中宮の三昧聖一二人、下宮一二人から成る上通り三六箇寺と中通り三八〇箇寺、計四一〇箇寺が古来の定寺で、この他にも数多くの衆僧がいた。またこの他に山伏の司である長床衆が三〇人いた。社領は上通りは一五〇〇町、中通りは一五七〇町、長床衆は五〇町とされていた。

新宮一山は衆徒、神官、社僧から成り、この三者を三方社中と称し、上綱が合議によってこれらの統制にあたった。なお社僧のうちの四人は神倉社に奉仕する神倉聖だった。神倉聖には下役として四人の俗人から成る残位坊が属していた。このほか勧進にあたる本宮庵主（修験）と下社家がいた。

那智山ではすべてが清僧及び妻帯の社家だった。そして那智山執行と滝本執行及び十人の宿老が合議によって一山を運営し、二人の在庁がこれを助けて本宮と新宮との連絡などの実務にあたっていた。もっとも戦国時代になると潮崎尊勝院を中心とする天台宗の六衆からなる東座と西仙滝院を中心とする真言宗の六衆から成る西座に二分された。そして東座の一﨟は滝本執行（東の長官）、西座の一﨟は那智山執行（西の長官）を勤め、この両執行が一山を支配した。なお那智の修験は滝山参籠衆、陀羅尼衆、本山籠衆から成っていた。このほか主に勧進にあたる妙法山阿弥陀寺、浜宮補陀落山寺など七つの本願所が設けられていた。

熊野三山は全国各地の熊野先達でもあった熊野修験にとっては本山ともいえる位置を占めていた。けれども鎌倉時代末に別当家が崩壊すると、京都に在住した熊野三山検校が熊野修験の本山である熊野を統轄するようになった。この熊野三山検校は第九代良尊（在職一二三八～一二四六）以降はほぼ聖護院門跡（その前身ともされる常住院を含む）だった。ところで熊野三山に関わる修験は修行を重視した。その際那智には大滝を始めとする滝行場、新宮には神倉などの修行道場があったが、行場を持たない本宮では本殿前の長床（社殿）に依拠した修験者が大峰山中に入って、深仙から弥山、山上ヶ岳、吉野へと抖擻した。また大峰山中の前鬼の両界窟、笙の岩屋では冬籠りが行なわれた。深仙の旧灌頂堂では正平十年（一三五五）の鰐口、前鬼の金剛界窟では承仁三年（一二九五）の真木碑伝、笙の岩屋では寛喜四年（一二三二）の銅造不動明王像が発見されている。

熊野三山検校は熊野に集まる修験者を掌握する為には、峰入修行をし験力に秀でた修験者であることが求められる。大峰山中で深仙灌頂を始めた一九代熊野三山検校良瑜（一三三〇～一三九七）の像を祀った道意（一三五四～一四二九）などが、その先鞭をつけている。その後二二代検校道興（一四三〇～一五〇一）は大峰に四度峰入した他、那智山にも籠ったが、文明一八年（一四八六）から翌年にかけて、主として関東地方の熊野先達を年行事に補し、文正元年（一四六六）には中国地方を巡錫して備前児島の熊野本宮長床衆の所領を安堵するなどして、その掌握に努めている。こうしたことを通して、熊野三山検校の聖護院は熊野修験を掌握して、本山派修験成立の基盤を作ったのである。

(三) 当山方修験の成立

室町期には東大寺や興福寺の堂衆は大和などの修験と結びついて独自の組織「当山方」を形成した。以下これに関して略説する。室町期の東大寺では法華堂衆や中門堂衆によって春日山で当行がなされていた。この当行には夏中当行(夏入、安居供花ともいう)と冬中当行(年籠ともいう)があった。夏中当行は四月一三日から八月一三日迄、冬中当行は一〇月一〇日から一一月末迄でこの間に山中の樒を採る日花、閼伽井の水を汲む片荷水、丑時(午前一時～三時)に峰入する三種の行がなされ、この三つの行を数年かけて全体で二二〇〇日勤めると満行とされた。またこの両堂衆にはこれらと合わせて、大峰山への峰入が課され、後にはこの方が大行として重視された。峰入には四月二九日に出寺して、五月一一日に帰寺する花供と、七月八日に峰入して九月一一日に出峰する逆峰があった。もっとも室町後期にはこの両峰は、後述する当山方先達衆のもとでなされていた。

一四世紀後期興福寺の堂衆は春日山で峰入をしていた。これには日荷(山中の樒採り)、片荷(閼伽水汲み)、丑の刻(深夜)の登拝があった。なお興福寺の東金堂衆は一四世紀後期になる『大峰当山本寺興福寺先達記録』によると、寛平七年(八九五)に聖宝が東金堂に籠って宝剣と足駄を授かって、大峰山の大蛇を退治して峰入を再開し、爾来東金堂を当山の本寺とし、当山検校と称し、同行者を率いて峰入をしたとしている。また永徳二年(一三八二)から峰中での採灯出仕の時の座牌が、寺位から峰入回数にかわっている。一方西金堂衆も一四世紀後期には大峰の峰入を重視していた。なお、興福寺の東西金堂衆の大峰の峰入には花供峰と逆峰があった。花供峰は四月二七日に出寺して三重（前鬼三重滝か）に至り、五月一八日に帰山する。逆峰は六月二九日に吉野に入り、翌晦日に山上ヶ岳、七月朔日から小笹さらに大峰をへて熊野、金剛山、二上山を巡って帰山する七五日の修行をした。この後今一度二上の岩屋に赴いて結願の大念仏を行なっていた。この大念仏には東西金堂衆のほか奈良の六大寺、大和東郷、西郷、伊賀、和泉、河内、摂津の修験も参加していた。

ところで永久二年（一一一四）に鳥羽上皇の勅命で創建された興福寺大乗院末の内山永久寺では中世後期には山務を相承した院家の上乗院が寺内の山伏方の頭として勢力を有し、興福寺末の大和の寺院の修験を掌握した。そして天文一八年（一五九九）同院一七代実祐の峰入には、伊勢世義寺・超昇寺、法隆寺、根来寺（東・西）、粉河寺、中川、奈良絵師助、和田、菩提山宝光院、飯道寺の岩本院と梅本院、松尾寺、伏見、安倍山、吉野山桜本坊、三輪、海住山、釜口長岳寺、小田原浄瑠璃寺、多武峰、信貴山が同行している。なおこれらに対して当山正大先達衆の『花供逆峰諸下行日録』（松尾寺蔵）には、世義寺、釜口長岳寺、霊山寺、超昇寺、槇尾山施福寺、飯道寺岩本院・梅本院、和田寺、根来寺東・西、多武峰、高倉寺、粉河寺、中川成身院、菩提山正暦寺大坊、伏見寺、法隆寺、吉野桜本坊、三輪山平等寺、内山永久寺、丹生寺、安倍寺、高天寺、高野山、鳴川千光寺、神於寺、矢田寺、信貴山朝護孫寺があげられている。これを見ると、さきの永久寺の峰入には見られなかった葛城山や生駒山近くの矢田寺、千光寺、高天寺、和泉の槇尾寺が認められる。

このように近畿の興福寺の影響下にあった諸寺の修験、高野山、根来寺の修験、近江の飯道寺、伊勢の世義寺などは、既述のように、役行者の入山以後跡絶えていた峰入を再開したとされる聖宝につながる当山三十六正大先達と通称された組織を形成していったのである。

(四) 修験道の確立

大永から永禄の頃（一五二一～七〇）、金峰山の快誉の下で大峰の峰入作法を授かった日光出身の即伝は、朋輩だった彦山の承運に招かれて彦山に赴いた。そして智光、蓮覚から『修験三十三通記』を授かり、これに承運から伝授されたものを加えた五十通の切紙から成る『修験修要秘決集』を完成した。また同書に用いられた仏教用語などを解説した『修験頓覚速証集』、彦山の峰中作法の切紙百三十通をまとめた『三峰相承法則密記』（『秘密峰中法則』ともいう）を完成した。なお即伝はその後白山、戸隠、近江などを巡錫して、前記の諸書をその地の修験者に伝達した。

ところで一六世紀後期に伊豆の天城山の先達弘潤坊がまとめたと考えられる『役行者本記』には、役行者が登拝した全国各地の霊山をあげている。それによると、東北では出羽三山・鳥海山・金峰山の三、関東甲信越では日光二荒山・箱根山・赤城山・浅間山など一八、中部では富士・白山・立山など八、近畿では大峰・熊野三山・葛城山・箕面山・伊吹山など一六（ただしそのうち八は大峰山系）、中国、四国では大山・石鎚山など一五、九州では彦山・阿蘇山など一五をあげている。なお大峰山系が八あることは、吉野から熊野への抖擻がなされたことを示している。

そこでさきにあげた『修験修要秘決集』に見られる思想や峰入作法などの儀礼の確立と、全国の諸霊山への役行者登拝の伝承が成立した室町時代末に修験道が確立したと考えられるのである。

(五) 羽黒、日光、彦山

ここで室町期の羽黒、日光、彦山に関して簡単にふれておきたい。室町初期の羽黒一山では一山を統率する院主の下に一か月を一旬(約一〇日)ずつ担当して法務にあたる上・中・下の三旬長吏、検断や先達を司る政所を中核とする一山組織が認められた。一四世紀中頃成立した『神道集』の「出羽国羽黒権現事」の項には、羽黒権現は観音、軍荼利、妙見の三神で、推古天皇の代に能除大師によって顕されたとしている。室町時代末には羽黒山では開山を能除(法名弘海)、初代執行を弘俊とする歴代をあげた系図が作られている。ちなみに現在の羽黒山の五重塔は棟札によると永和三年(南朝天授三、一三七七)に完成している。そして室町中期の羽黒山は山上の羽黒権現と寂光寺、奥院の荒沢寺、祓川の五重塔を守る清水寺の光明院と山麓の手向の黄金堂を預かる中禅寺を中心として栄えていた。なお手向では羽黒権現の市、山上の観音堂前では馬市があり、商人、手工業者、芸能人が集まっていた。そしてすでにこの頃から羽黒一山では各地の末派修験に知識や先達などの補任を行なっていた。戦国期(一四六七~一五六八)に入ると大宝寺(鶴岡)に居した武藤政氏が文明二年（一四七〇）に羽黒山別当となり、天正一五年（一五八七）の同氏の滅亡まで三旬長吏を支配した。

日光は鎌倉時代に源実朝（一一九二〜一二一九）の護持僧だった熊野修験の弁覚が、日光山の本坊の光明院、中禅寺の堂宇、二荒山神社（新宮）境内の金堂や三重塔、滝尾の千手院などを建立している。もっとも一二世紀から一五世紀までは別当は鎌倉に常住し、一山の実務は御留守居の座禅院権別当がとりしきった。そして一山の財政と所領の管理は政所が、宗教行事の実務や政治的な問題は関東御祈祷所とされた常住院に設けられた評定所が担当した。室町初期には同国の豪族出身者の衆徒坊三六坊と衆徒部屋坊二五坊があり、この両者の支配を受けた一坊と呼ばれる修験の坊が認められた。

この一坊の修験者は室町時代末には、春・夏・冬の三峰と秋の五禅頂の四季の峰入を行なっていた。春の峰（華供峰・順峰）は三月三日から四月二二日までのもので、古峰ヶ原・深仙・掛合宿をへて中禅寺権現に詣で、同社に千部大法会の花を献ずるもの、夏の峰（順逆不二峰）は、五月一二日から七月一四日にかけて男体山をはじめ日光連山を抖擻するもの、冬の峰（逆峰）は出流山にいき、そこから古峰ヶ原、深仙、竜の宿をへて日光に帰るもの、五禅定は夏の峰同様日光連山を一日おきに五組の集団が回峰するものである。この他中禅寺湖を船でめぐり、歌ヶ浜、上野島などを拝する浜禅頂もなされていた。

彦山では南北朝初期の正慶二年（元弘三、一三三三）、豊前国の地頭宇都宮信勝の推挙により後伏見天皇の皇子と伝えられる安仁親王（助有法親王）を座主として迎えた。ただ助有は彦山の七里結界の西の端に位置する筑前国黒川に居館（黒川院）をかまえて、山内には入らなかった。以後その子孫の世襲妻帯の座主が黒川院に本拠を置いて彦山を統率する形態の一山組織が戦国時代末まで継続する。この間の彦山の霊地は彦山大廻行（回峰行）の修行路を示す永徳三年（弘和三、一三八三）になる「彦山霊山寺大廻行守護神配立図」によって知ることができる。これには三月一五日から五月三〇日迄の一夏九旬の間毎日巡回する内廻道と、この間に一度だけ回る外廻行の二つがあげられている。このうち前者は彦山三所権現、彦山十二所権現、彦山四十九窟、その他の諸社堂、諸神仏、諸霊山、熊野権現、新熊野権現、役行者、七大童子、八大童子、護法など七四霊所から成る満山繞堂の修験道で、後者は彦山聖域の境界を巡察する為のものである。

この時期の彦山一山は別院の清僧、仏事を担当する衆徒方、上記の大廻行や神事にあずかる惣方、峰入をする行者方から構成されていた。ただこのうち行者方は衆徒に属する従属的な先達、惣方から移動した社僧や神人、諸国遍歴の客僧の総称で、明白な組織を形成していなかった。一山の運営は政治や経済に関しては、棟梁ともいえる黒川の座主が行なったが、山内の政治や神祭は座主代の政所坊、亀石坊と約四名の惣衆がとりしきった。もっとも正月には座主が登山して年始の祭礼を施行した。なお惣衆は衆徒から二名、清僧と惣方から各一名が選ばれ鑰前と呼ばれる年番が代表を勤めていた。

当時の一山行事は文安二年（一四四五）の『彦山諸神役次第』によると、衆徒方の涅槃会・誕生会・如法経、惣方の祈年神幸祭の松会・御田祭、行者方の峰入などがあげられている。さらに一六世紀前半には既述のように即伝によって金峰山や彦山関係の切紙を集大成した『修験修要秘決集』『三峰相承法則密記』などの教義書が編まれ、修験道の確立をもたらした。このように室町期には彦山は内部組織を確立すると共に、ほぼ九州全域の守護や地頭に祈祷巻数や彦山牛王宝印を配布するなどして積極的に働きかけていたのである。

第四章　教派修験の成立と展開（近世）

（一）修験道法度の制定

中世末期には熊野三山検校の聖護院門跡は熊野三山奉行の若王子乗々院・住心院・勝仙院などの院家が掌握していた熊野先達を年行事に任じ、所定の地域である霞内の活動を認めることによって包摂していた。しかしこの年行事職は従来の熊野先達職のように檀那の熊野詣の先達を安堵するものとは違って、年行事が所定地域内の檀那の先達や檀那への配札、七五三祓いなどを行なうことを認めていた。そしてその後その地域内の配下の修験のこうした活動を保証し、その代償として役儀料を得、さらにその得分の上分を聖護院に納める形式にと展開していった。この聖護院が掌握した本山派の修験の支配体制は江戸幕府の宗教政策によって大きな影響を受けることになった。その政策は、慶長七年（一六〇二）の三宝院門跡義演（一五五八〜一六二六）による当山方山伏の佐渡大行院への本山方の聖護院門跡のみが出していた金襴地結袈裟の認可がひきおこした紛争の解決に端を発し、慶長一八年（一六一三）の修験道法度によって一応の方針が確立した。そこで以下この間の経緯とその意味について述べておきたい。

その発端はこの義演による大行院への金襴地結袈裟の許可を不当として、播州の本山派修験多聞坊が大行院に打ち入り、乱暴狼藉した。これに対して義演は聖護院に抗議したが、聖護院では三宝院が金襴地結袈裟を認可するのは謂れのないことと反駁した。そこで義演は醍醐の修験者ならびに当山正大先達の菩提山、法隆寺、信貴山、多武峰、金剛山、伊勢の世義寺、吉野山の桜本坊などと連署のうえで幕府に訴状を提出した。これに対して幕府では当山・本山各別とし、本山派が当山派の決定事項に介入することを非とした。さらに本山派修験が峰入にあたって本山・当山を問わず一律に修験者から入峰役銭を取っていたことを禁じ、当山方にもこれを認めさせた。その後慶長一六年（一六一一）五月には淡路の本山派修験大乗院が当山方山伏を追い払った。この背景には本山派は各地の配下を先達あるいは年行事として、一定地域（霞）の一円支配をさせたのに対して、当山派の組織は地域とは無関係に正先達とその師弟関係（袈裟筋）による支配の形をとっていたことにあった。

これに対して翌一七年四月、幕府は当山の袈裟筋は当山に引、本山の袈裟筋は本山の袈裟筋に引くように決定した。そして慶長一八年五月二一日に当山・本山各別、本山の対真言宗入峰役銭禁止の二つを柱とした修験道法度が、三宝院、聖護院に下されたのである。これによって熊野三山検校として熊野先達などを掌握した聖護院を本寺とする本山派と、醍醐三宝院に当山正大先達衆を掌握させる二つの修験教派を公認する形がとられたのである。

(二) 本山派の組織

本山派を統括した聖護院は江戸初期に二度にわたる火災にあったが、延宝四年(一六七六)増誉が仁安二年(一一六七)に創建した左京の北白河の旧地に再建した。爾来聖護院は森御殿、その地は聖護院村と呼ばれた。なお同村の村高の四三八石はすべて聖護院門跡領であった。そして他地も含む当時の聖護院領は一四〇三石余であった。この聖護院村には村社の熊野神社、院家の積善院があった。江戸期の聖護院門跡は二六代興意から三五代雄仁までほとんどが天皇の子で、そうでない場合も宮家のものが天皇の猶子となったうえで入室している。

この聖護院門跡を頭にいただく本山派の構成は、享和二年(一八〇二)二月に本山方江戸触頭氷川大乗院(現赤坂氷川神社)から寺社奉行所に提出された答書『本山修験法臈階級法服次第書』によると、熊野三山奉行と称し、末派の補任の多くをとりあつかい院家筆頭の地位を占めた東山若王子乗々院と、森御殿内の積善院、六角堂の住心院、播磨の伽耶院の院家(堂上貴族を出自とする清僧)のほかに筑前の宝満山と豊前の求菩提山の座主、峰中出世、宿老(備前児島の尊瀧院、太法院、建徳院、伝法院、報恩院の五流)、直参、参仕修学者、先達、公卿(備前児島五流の直属)、年行事、御直末院、准年行事、同行から成っている。これらについて簡単に説明すると、座主は筑前の宝満山と豊前の求菩提山の座主、宿老は熊野本宮長床衆の流れをくみ、中国、四国の修験を支配した五流五院、公卿は五院の配下である。これらはいずれも西日本の地方修験一山をそのまま包摂したものである。

これらに対して峰中出世は入峰三七度、直参は入峰二十度、参仕修学者は入峰十度、先達は入峰四度というように峰入回数にもとづく位階である。また年行事は諸国で霞とよばれる所定地域内の同行を支配する指導者、御直末院は諸国にある聖護院門跡が直接支配する地域を代表する修験者、准年行事は年行事の補佐役、同行は末端の修験者のことである。なおこの答書を作成した触頭は幕府が総本山と寺社奉行の窓口として設けた役職で、聖護院門跡の江戸触頭は上記の赤坂氷川明神別当大乗院である。なお聖護院には実務にあたる坊官として岩坊法印、雑務法印、小野沢家、宮内卿法印などがあった。

ただ後には先達、年行事は峰入回数よりも格式が重視され、天保二年（一八三一）に吉野の喜蔵院孝盛が書写した『山伏帳』（仮題）によると本山派の先達は二七院、年行事は一一三（うち東北二九、関東七九）、准年行事五六（うち東北一八、関東三三）である。そこでこの二七院とその在所をあげておくと、大善院（京都大政所）、円成寺（京都東山）、岩本坊（摂津箕面山滝安寺別当）、南光坊（播州船越山瑠璃寺）、喜蔵院（和州吉野山）、南陽院（和州吉野山）、真如院（和州吉野山）、蓮光院（薩州飯隈山）、良覚院（奥州仙台）、南岳院（奥州会津）、不動院（武州幸手）、十王院（武州川越）、山本坊（武州秩父郡越生）、観音堂（武州笹井）、玉林院（武州足立）、覚円坊（武州比曽）、蓮上院（常州真壁郡）、東光院（仙台鬼越山大門寺）、玉滝坊（相州小田原）、大聖院（江戸大久保）、密蔵院（上州水戸長谷）、二階堂（上州水戸）、浄蓮院（富士村山別当、池西坊ともいう）、養覚院（長州萩）、観音院（武州三峰山）、十乗院（防州峰本坊）、大乗院（江戸氷川別当）である。なおこの他に聖護院門跡が直接支配する御直末院があり、元禄四年（一七〇一）の「聖護院門跡制条」には富士村山、三峰山別当、相模の八菅一山、常州蓮上院があげられている。

ところで本山派ではさきにあげた院家や上記の先達衆の主要なものには国ごとに霞を与えていた。彼らは自己の霞内に郡ごとに年行事を配し、彼らにその郡を霞として与えて、そこでの配札、七五三祓、社寺や大峰など霊山登拝の先達を保証した。その際先達のものであれ、年行事のものであれ、こうした霞での活動の得分の上分は本寺に納めることが義務づけられていた。なお天保二年（一八三一）の「本山近代先達之次第」を見ると院家や一部の主要先達が持つ霞の国数を見ると、院家では住心院二二ヶ国、若王子一一ヶ国、積善院二ヶ国、先達では幸手不動院五ヶ国、愛宕大善院三ヶ国、小田原玉滝坊・村山浄蓮院が各二ヶ国、会津南岳院・大久保大聖院・吉野真如院が各一ヶ国の霞を有していた。もっとも備前の児島五流では中国四国地方に独自の霞を所持していた。

聖護院では配下に僧位・僧官などの補任状を出していた。関東東北の本山派修験の僧位・僧官の補任状を見ると、元禄期（一六八八〜一七〇四）頃までは若王子乗々院が同院の役所に出させる乗々院奉行所奉書の形をとり、それ以後は熊野三山検校宮の御気色と受けて三山奉行の乗々院が同院の役所に出させる奉書の形に変わっている。なお院号（七二―補任数、以下同様）、螺緒（二一）、桃地結袈裟（四六）の補任の形式についてもほぼこれと同じ展開が認められる。これに対して金襴地（四〇）、木襴地（五）、浅黄地（七）の結袈裟は一貫して聖護院門跡の令旨によって出す形をとっている。

ところで本山派ではつとに延宝年間（一六七三〜八一）に寺法をつくっていたが、その骨子は一、公儀の禁制裁許を守ること、二、本山からの補任を受けず官位を持たない虚官山伏を禁止すること、三、入峰修行を懈怠なく勤めること、四、本山派の格式を守ること、五、修行者が坊籍を離れて百姓、町人になることを禁ずることなどであった。

(三) 当山十二正大先達

当山派では江戸時代の初期（一五五八〜一六二六）には正大先達衆は醍醐三宝院を本寺にいただきながらも依然として共同で峰入を行ない、各自の袈裟筋の同行を持つ、正大先達衆独自の結社を作っていた。一方醍醐三宝院は江戸時代初期には門跡が当山正大先達衆を包摂し、当山派修験の管領寺となっていた。もっとも中世末には三六余寺から成っていた正大先達衆も、延宝年間（一六七三〜八一）には、菩提山正暦寺、三輪山平等寺、内山永久寺、宝宥山高天寺、鼻高山霊山寺、吉野桜本坊、補陀洛山松尾寺、飯道寺梅本院と岩本院、伊勢世義寺、高野山行人方、根来寺の一二箇寺のみとなって、以後はほぼそのまま固定し、当山十二正大先達と通称されるようになった。そこでこの当山十二正大先達のそれぞれについて簡単にふれることにする。

菩提山正暦寺は正暦三年（九九二）に関白九条兼家の子兼俊大僧正が一条天皇の勅願によって創建し、興福寺一乗院、大乗院の両門跡さらに金峰山寺検校を兼ねた信円（一一五三〜一二二四）によって再建された。元禄（一六八八〜一七〇四）頃までは院家の報恩院をはじめ八三の院・坊があり、そのうちの実相院、大坊、宝蔵院が正大先達となっていた。けれども江戸中期以降は宝蔵院のみが重代職で当山正大先達となっていた。

三輪山平等寺は鎌倉時代初期に慶円（一一四〇〜一二二三）が設けた三輪別所に始まる。一山は一三院の堂衆から成る東座と雑務にたずさわる六坊の西座からなり、西座の六坊が廻職の形で当山正大先達を勤めていた。

内山永久寺は院家の上乗院と式中院を中心に学侶（三院）、行人方（二六院）、下僧（六坊）、無知行（一五坊）の院・坊が一山を構成していた。このうちの行人方の龍蔵院、世尊院、普門院、唯心院が廻職で正大先達を勤めていた。

宝宥山高天寺は御所市の式内社高天彦神社の神宮寺である。近世中期以降千手院が重代職となっている。

鼻高山霊山寺は寺伝では行基が聖武天皇の御願に応じて薬師如来を本尊としてインドの霊鷲山になぞらえて寺号としたのに始まる。近世期には興福寺一乗院の末寺で、山内には地蔵院を中心に松寿院、不動院、観音院、観塔院、常楽院、松林院、発心院、東光院、阿弥陀院、月心院の一一院があり、これらが廻職で当山正大先達を勤めていた。

桜本坊は吉野山の金峰山寺満堂方の有力寺院で当山正大先達の峰入の拠点とされた。また歴代住職は跡目相続にあたっては三宝院門跡に御目見し、門跡の峰入には先達を勤めている。

補陀洛山松尾寺は古来法隆寺の別院・奥院とされ、同寺の堂衆の行場とされていた。近世を通じて同寺の福寿院が当山正大先達として活躍した。なお同寺には当山正大先達の仲間文書が伝えられている。

飯道寺は近江国甲賀郡にある飯道山を行場とする修験である。寺伝では同山は天長五年（八二六）に栗太郡の全勝寺を開いた興福寺伝灯大法師願安の弟子安皎に始まるとしている。飯道寺は熊野と密接な関係を持ち、特に梅本院は一六世紀中頃から一八世紀初頭にかけて熊野新宮本願の庵主を勤めていた。同寺には寿命院、岩本院、梅本院、金剛院などの子院があり、このうちの梅本院と岩本院が当山正大先達を重代職とした。

伊勢の世義寺は寺伝では天平年間（七二九～七四九）に行基が聖武天皇の勅願によって神宮の法楽と鎮護国家の祈願のために建立したとしている。戦国期頃から当山正大先達として大きな勢力を持ち、伊勢方と呼ばれる神子や守子のことにあずかる神子持の修験を支配した。宝永（一七〇四～一一）期には坊中に宝雲寺、法楽舎、清喜寺、福蔵院、千手院、威徳院など二二院があり、これらが廻り番で当山正大先達を勤めていたが、享和（一八〇一～〇四）の頃からこの職は威徳院の重代職となった。根来寺は覚鑁（一〇九五～一一四三）によって開かれ、その修験は当初聖護院に属したが近世期には当山十二正先達に加わっている。

これらの当山正大先達衆の中心となったのは、内山永久寺、三輪山、正暦寺、松尾寺など大和の国仲の修験と峰入拠点の吉野桜本坊、伊勢方をまとめた世義寺、熊野と関わった飯道寺の修験である。なおここで代表的な正大先達衆の袈裟下と呼ばれる配下の修験の分布をみると、世義寺は関東・中部・九州、飯道寺の岩本坊・梅本院は奥州・出羽・越後・近江、内山永久寺は近畿・北九州、正暦寺・宝蔵院・霊山寺は関東、三輪山平等寺は九州南部である。なおこれらの当山正大先達衆は配下に遊行の御師、先達、聖などを包摂している。これは当山正大先達衆の配下の修験が廻国し行脚をこととする者であったことによっている。

なお当山十二正大先達の各々はそれぞれ配下の修験を包摂する集団を有し、各正大先達が全体をとりしきる形をとっている。もっとも各正大先達は自己の寺院には執事役として権大先達、下役人として小先達を設け事務にあたらせた。また全国にわたる各袈裟筋内には各国ごとに袈裟頭とその下役人の帳元をおいていた。こうした機構のもとに広範囲にわたる袈裟筋の掌握を試みたのである。

これらの十二院の先達衆及びその配下は臈次に従って選ばれた大宿（一臈の役）、二宿（二臈）、三宿（三臈）によってとり仕切られた。そして三宝院門跡から当山派の大峰山の峰入修行を預り、これを差配した。その際大宿は峰中での諸役を監督すると共に峰入終了後将軍家に祈祷札を献じる役割を与えられた。なお峰入の際、峰中の小篠の宿で十二正大先達が協議の上で、各自の袈裟筋の配下のものに補任状を出していた。

（四）醍醐三宝院による当山派確立の試み

寛文八年（一六八七）七月三宝院門跡として初めて峰入した高賢（?～一七〇七）は、当山十二正大先達衆が出していた補任状の大宿の名前の上方の舒明天皇の勅印、二宿の名前の上方の役行者の霊印、名前の上に自己の花押の印形を三宝院門跡の印（聖宝の印とも呼ばれた）を押すことによって効力を発するという形式に変更した。ただ十二正大先達がそれぞれの裏判を押して小篠で補任状を渡すことにはかわりはなかった。なお当山正大先達衆の間では上記の三﨟までの他に六人衆と呼ばれた六﨟までが当山十二正大先達衆の運営に携わった。また七﨟の者は大峰修行が終わったあと、葛城山系の修験の高天寺や茅原寺などと共に葛城山に峰入して葛城一言主社の宝前で柴灯護摩を施行した。

近世の当山派を支配した歴代の三宝院門跡は、当山派修験法頭大峰検校（当山派の尊称）、東寺長者、醍醐寺座主を兼ねていた。そこで三宝院では種々の方法を用いて当山十二正大先達衆とは別箇に当山派修験の直接的な掌握を試みている。特に三宝院門跡として初めて大峰山に峰入した高賢は、さきに述べたように当山正大先達衆が出していた補任状に自己の花押を加えたのみならず、寛文年間（一六六一～七三）頃から従来小篠で当山正大先達衆が配下に出していた補任状とは別箇に、諸国の修験者に峰入しなくても京都の醍醐三宝院で与える居官の補任（居補任）を実施しはじめた。

なお高賢は元禄一三年（一七〇〇）には当山十二正大先達衆の大峰山中の拠点である小篠に役行者堂、聖宝堂を建立して、その入仏供養に赴いている。

ついで同年一一月には高賢は醍醐三宝院直末である江戸戒定院俊尊を大峰山麓の吉野鳥栖にある聖宝の御廟所百螺山鳳閣寺の住職に補任する。そして鳳閣寺を三宝院直末として同寺住職の衣体及び座位を正大先達並とする永久免許を出し、さらに江戸戒定院の寺名を鳳閣寺と改め、同寺住職を諸国総袈裟頭とし、諸国山伏の三宝院直接支配の代官とした。そして当山派の修験者の補任はもとより、諸法式の制定、公事の沙汰などはすべて江戸鳳閣寺で行わせたのである。そして後には江戸鳳閣寺住職に当山正大先達衆の配下の多い近江の浜松二諦坊住職も兼任させ、諸国当山派総綱と称させたのである。これに加えて醍醐三宝院では京都・大坂の町人を募って同院直属の醍醐三宝院直講を結成し、従来のしきたりを破って正大先達衆とは無関係に大峰入峰して柴灯護摩を施行するなど在俗の信者を直接に掌握することすら試みたのである。

こうした三宝院の強引な動きに対して当山十二正大先達衆も執拗に抵抗する。そして近世末に到るまで、十二正大先達の側でも依然として自己の袈裟筋の同行山伏を維持し、峰入を続け補任状を出し続けた。また室町時代以降正大先達の配下にあった袈裟頭たちもこの組織を守り通した。この為に当山派の組織は明治の修験宗廃止に到るまで、醍醐三宝院と当山十二正大先達衆の二本立ての複雑な組織形式をとり続けたのである。

(五) 吉野一山

近世の吉野一山では日光輪王寺門跡から任命された学頭を頭にいただいていた。学頭の寺は旧吉野皇居の実城寺である。もっとも学頭は比叡山麓の坂本に常住していて、一年に一度位吉野を訪れる程度だった。その吉野一山は寺僧・満堂・社僧・神主・禰宜と下僧と通称される行人・聖・客僧からなっていた。寺僧は天台宗に属する学僧系の集団で一山では最高位を占め、その最長老(一臈)が学頭の代務者とされ、学頭代と呼ばれた。そしてそのうちの数人が学頭代を補任する役者を勤めていた。なお一山の財務を取り仕切る穀屋坊も寺僧から選ばれていた。満堂は堂僧・堂家とも呼ばれた真言宗の行人的な僧侶で、寺僧のもとで法会に携わったり、供花、燈明などの仕事を担当した。社僧は子守、勝手社など神社に奉仕する清僧の真言僧である。禰宜は真言方でもとは社家、社人と呼ばれていたが、寛永一三年(一六七三)以降は禰宜と呼ばれ京都の吉田家の許状を受けていた。下僧のうち行人は満堂方に所属していて、行事の際は承仕役にあたった。聖は寺僧が支配した本願所の穀屋に詰めて勧進活動に従事した。客僧は一時的に山内に寄寓した修験者である。なおこの他に吉水院の被官として南朝につかえた者の子孫である地下衆がいた。そして吉野一山では寺僧・満堂・地下衆の三者を三方と称し、一山の重要なとりきめは、寺僧・満堂・地下衆の三方の相談で決定していた。

寺僧・満堂・社僧・禰宜は一月から二月にかけて自己の院坊など所属の各地の檀那の所を札や陀羅尼助（漢方薬）を持って回ったが、町方の人々に檀まわりを委託することも多かった。こうした檀まわりをする人を吉野では納所と呼び、各地の檀那のことを祈檀と呼んでいた。檀那場は大和、山城、河内、摂津、和泉、近江、伊賀、伊勢、紀伊に及んでいた。そして近世中期以降から近畿地方に山上講や行者講という大峰登拝の講が組織され、多数の庶民が吉野からもしくは天川村の洞川から山上ヶ岳に登るようになった。特に天川村洞川からの登拝者が多く、本来洞川の檀那寺であった龍泉寺が、本山・当山両属の登拝の拠点寺院となっていった。

次に近世の主な行事を見ると、修正会（一月一日～一〇日）、二月会（二月一日～三日）、蔵王堂の法華八講（九月一九日）などの年中行事、蔵王講・千巻心経などの毎月の行事、大般若経を転読する祈祷など主要な行事のほとんどが蔵王堂で行われていた。特に蔵王堂の春秋の祭には子守、勝手の神輿が蔵王堂に集まっている。このように蔵王堂が一山の結合の象徴としての位置を確保していたのである。一方山上の蔵王堂では満堂を中心に読経、護摩、諸修法、峰入、霊地巡拝などの修験的な儀礼がなされていた。そして近世中期以降には山上蔵王堂のある山上ヶ岳は単に専門修験者のみの山ではなくなり、数多くの民衆が登拝する山となっていったのである。そして吉野から山上ヶ岳にいたる道中や山上蔵王堂は金峯山寺が管理していた。これに対して本山派や当山派は小篠を拠点としその南の熊野迄の大峰山系を共同で管理する形がとられていた。

(六) 熊野三山

近世初期の熊野三山では本宮衆徒の竹内大蔵、新宮の社僧林広坊、那智の実報院が和歌山に行き、紀伊藩主の浅野幸長に願い出て、新宮三五〇石、本宮・那智各三〇〇石を与えられた。この社領はその後紀伊徳川家にも踏襲された。爾来三山ではそれぞれ独自の組織のもとでその活動を行なった。

本宮では近世には神道色が強くなり、清僧にかわって肉食妻帯の神社奉仕者が主流となった。全体は主として祭礼に携わる左座(上官)、右座(下官)からなる本官とそれを助ける中座、長床衆といわれた修験の西座の三者があり、その下に禰宜がいた。そして左座一臈の総検校と右座一臈の別当が一山全体をとりしきった。ただ長床衆は本山派にも当山派にも属さなかった。そしてこの長床衆が属した西座の頭を庵主とよび、常住院がこれにあたった。

新宮は衆徒、神官の両座に社僧を加えた三方社中によって一山が運営された。この三方社中はいずれも妻帯で世襲の被官を有していた。このうち社僧は一五人で寺中山伏とも呼ばれた。彼らは社殿(長床)で本地仏に誦経し、一﨟を一和尚と呼んだ。なお社僧のうち四人は神倉聖で、残位坊と呼ばれる四人の俗人に支配されていた。

那智山は古来すべて社僧(衆徒)からなり、これが天台宗の東座と真言宗の西座に分かれていた。東座は裸行上人を始祖とする尊勝院(潮崎家)を中心とし、その一族の実蔵坊、明楽坊、宝春坊、円海院、宝寿院、宝泉坊、宝光院からなっていた。そしてその一臈を東の長官または清滝執行と称した。一方西座は米良氏の実報院が長官を重代職とし、その分家の春光坊・宝蔵院・宝祥房・金龍坊・宝隆坊・空深坊、源行家の子孫と称する橋爪安祥坊などからなっていた。そしてこの両者に顧問格の宿老一〇人、講誦一二人、衆徒七五人、役人一二人、穀屋七人が所属した。また東座の清滝執行には滝衆六六人と行人八五人が所属した。なお那智山では西国巡礼第一番札所の如意輪寺を擁したこともあって、各院坊は御師として活躍した。

熊野三山では本宮には本宮庵主、新宮には新宮本願庵主の灯明寺とその配下の妙心尼寺を始めとする神倉本願、那智には妙法山阿彌陀寺をはじめとする七本願があった。このうちの新宮の新宮庵主灯明寺・妙心尼寺と那智の七本願は熊野九本願とよばれている。ところが延宝三年（一六七五）寺社奉行所は本願九ヶ寺に対して、本願と修験を兼ねることを禁じ、修験として存続する時は袈裟筋を守ること、本願の後住は本願九ヶ寺で相談して決めることを申し渡した。この結果本願として残ったものは新宮の新宮庵主灯明寺・神倉妙心（尼）寺と那智七本願のみとなった。本宮の本願もこの折に廃絶し、神倉のほかの三本願は修験となり、醍醐三宝院諸国総袈裟頭の鳳閣寺の支配下に入ったのである。

（七）天宥と出羽三山

羽黒山では寛永七年（一六三〇）に一山の別当となった宥誉（一六〇六～七四）が寛永一五年に清僧衆徒の華厳院、智憲院ら一八箇院と妻帯衆徒の延命院など一五院を先規にのっとって、妻帯の北之坊ら五坊にはあらたに霞の証文を与えて山内の衆徒の掌握をはかっている。そしてかねてから羽黒一山の宿願であった羽黒山・月山に湯殿山を加えた出羽三山の一元化を達成すべく、寛永一六年（一六三九）幕府の寺社奉行所に湯殿山の大日坊・注連寺・大日寺・本道寺の真言四ヶ寺が羽黒山末であることの確認を求めたが、四ヶ寺の反対にあって認められなかった。このこともあってより強力な権力の後だての必要を痛感した宥誉は寛永一八年（一六四一）に日光山貫主天海（一五三六～一六四三）の弟子となって天宥と改名し、これまで無本寺で特定の宗旨に属さなかった羽黒山を天台宗に改宗して輪王寺末とした。この時彼は天海に湯殿山四ヶ寺を羽黒山の末寺とすること、羽黒山上に東照宮を勧請することを願い出た。そして東照宮の勧請、朱印一五〇〇石を授かることのみは成功した。なお彼は承応二年（一六五三）に江戸に羽黒行人頭六人とその相談役の老分四人をおき、これを江戸十老とした。さらに羽黒派の修験が散在した国々に錫杖頭をおいて末寺の統制にあたらせた。また羽黒山の開山とされていた能除大師を崇峻天皇皇子の蜂子王子としている。一方山内では院坊の整理、独断で後継別当を寛永寺住職毘沙門堂公淳の弟子尊重院圭海としたことなどに反抗した。そして山内の智憲院など五院が天宥とその実務にあたった院代の大乗院を東叡山に訴えた結果、幕府は天宥と大乗院を伊豆の新島に配流した。

天宥の配流後、東叡山では尊重院圭海を羽黒山別当に任じ、執行を兼職させた。圭海は弟子の円鏡坊圭純を別当代とし、平尾伝右御門を付添として羽黒山に送った。爾来江戸時代を通じて羽黒一山は東叡山に所属し、一山を統轄する別当は輪王寺門跡が兼ねるお抱えの形をとるが、東叡山または日光の院家、僧正格の僧が就任した。そして一山の衆徒は別当の下知に造反することなく、天下安全の祈祷をし、堂社に出仕し、峰中の役儀を勤めるよう求められた。一山の中核は別当宝前院(五六一俵—給付高)で、これに続くのが華蔵院・正隠院・智憲院の三先達寺と、聖坊・経堂院・北之坊(各四二俵)の荒沢三院である。また本社と開山堂の鍵取の能林院(四二俵)と山上の円珠院(四〇俵)、壇所院(四二俵)山麓の正善院と金剛樹院(各四二俵)が上座とされていた。あとは福泉坊など二〇箇院(各二六俵)の平僧寺(看坊・門中を含む)で、日光に常住する別当をのぞく三一院が清僧の山上衆徒である。この他に山麓の手向に妻帯の山麓衆徒が約三四〇坊あったが、これらは知行を受けず、檀回り、堂社、小屋、諸役の手足、人足などで生計をたてていた。この他羽黒権現と関係した神社に奉仕する社人・大夫・神子などがいた。また山麓には農民、職人、町人などがいた。最後に末派修験の支配についてふれておくと、陸奥、出羽、越後の霞は三一箇寺の清僧衆徒が別当の承認の上で霞内の先達に補任状を出していた。一方別当は関東など上記以外から来る道者を持ち、別当の隠居所は空坊になっていた十院のうち観音院の霞を受けついだ。なおその他の空坊九院の霞は三一箇院に平等に分配された。また羽黒派の一世行人の上人号は別当が出し、全国各地の神子の補任は常善坊が出していた。

天宥の羽黒山への併合を拒否した湯殿山側には、表口の東田川郡朝日村に注連寺（新義真言宗智山派）、大日坊（新義真言宗当山派）、裏口の西村山郡西川村に大日寺（豊山派）と本道寺（智山派）の真言宗寺院があった。この四ヶ寺はいずれも空海を開基とし、湯殿山を薬師如来と大日如来を祀る修行の道場、即身成仏の霊地とした。この四ヶ寺にはいずれにも俗人で自己一代のみで行人となる一世行人がいた。彼らはいずれもこれらの寺院から空海の海に因んだ海号を授かって、空海の弟子の一世行人と称した。そして表口の注連寺と大日坊は仙人沢、裏口の大日寺と本道寺は玄海を修行道場とし、ここに籠って木食行をすると共に湯殿山に参詣した。これらの行人を代表する本明海（一六二三～八三）、全海（一六〇二～八七）、忠海（一六九八～一七五五）、真如海（一六八八～一七八三）、鉄門海（一七二二～一八二〇）、円明海（一七七七～一八二二）、明海（一八二〇～六二）、鉄竜海（一八〇六～六八）は注連寺に入り仙人沢で修行した。彼らは千日余の木食の上で水行、念仏、読経をし、それによって得た験力で治病などを行ない多くの信者の帰依を集めていた。行人は死が身近かになると、千日近く木食をした上で土中の石室で念仏を唱えながら往生し、空海がそうであったように弥勒下生に見えることを熱望して死亡し、弟子がその遺骸をミイラとして祀って現在でも多くの信者に即身仏として崇められているのである。

（八）彦山とその本山派からの分離独立

彦山では天正一五年（一五八七）座主舜宥が死亡し、その孫娘の昌千代が座主となった。昌千代は黒川から彦山に転住し、山内では近世末まで世襲の座主を中心とした坊・庵主・俗家から成る一山組織を形成した。坊は一山行事の祭主となる資格を有する者で、修験、天台兼帯の衆徒坊（如法経組）五七坊、峰入を主とする行者方（宣度・長床組）五一坊、松会を始めとする神事にあずかる惣方（神事両輪組）一四四坊から成っていた。庵主は坊に所属して、その屋敷地に居を定め、代僧として檀那まわりや行事の手伝いにあたったり、職人のような仕事に従事した。俗家は南・北坂本町に居住する俗人で農業や商業に従事したが、峰入の度衆を勤めたり、坊家の強力を勤めることもあった。

一山の運営は世襲の座主の下で、執当二名、奉行四名、作事奉行二名、山奉行二名、町奉行一名の役僧が中心となって行った。執当は政務全般の取り捌きにあたる者で、座主とその血縁の八坊家から二名が選ばれ、特に任期は定められていなかった。四奉行は三四の奉行格の坊（衆徒方四、行者方二三、惣方三）から四名が選出され、祭事・財務・内務・渉外など一切のことにあたった。任期は四年で、うち一名が交代で年番を勤めた。なお年番には使者として一覚（成道ともいう）一名、補佐として坊家から上組（組頭ともいう）、俗家から仙頭各一名が補されていた。作事奉行は山内社堂の普請、改修にあたる者で任期は不定、その下役には鍛冶奉行一名と角頭四名がおかれた。山奉行は山林の保護管理にあたる者で任期は不定、下役を山之口と呼んだ。町奉行は町人や旅人の取締にあたる者で補佐役として町別当がおかれた。このほかには一山の検断にあたる検校七名と、典座がいたがこれらは座主直属の扈従とされた。

一山の行事では二月一四・一五日に惣方の色衆と刀衆らが行なう松会が中核を占めていた。この行事は汐水で山内を清め、御神奉後、柱松に神を勧請してその下で色衆の神楽、刀衆の舞、御田祭、延年などを行なうものである。その際これに加えて一五日には衆徒方の涅槃会、行者方の彦山から宝満山への胎蔵界の峰入（春峰）があるなど、他の二派の主要行事もこれと一緒に執行された。なおこの春峰の出峰は四月九日だが、衆徒方ではその間の三月二三日から二九日には如法経会をし、出峰前日の四月八日には釈尊の誕生会を行なっていた。

彦山では大名の寄進は寛永年間（一六二四～四四）以降は小倉藩から一〇〇〇石と肥後藩主の細川家からの一〇〇石のみとなった。この結果一山の経済的基盤は九州各地の檀那に求めざるを得なくなった。そこで各坊家では当主が自ら廻檀したり、配下の庵主・同宿・弟子たちを廻檀させて配札し、参詣をすすめるなどした。

当時の檀那数は約四二万戸（九州全体の四分の一）に及び一戸の布施を約一斤とすると、全戸からの収入は約四二〇〇石となる。各坊家では廻檀は近国は四季を通じて遠国は二季または一季だけ行なった。檀那には主として牛王宝印、祈祷札、巻数などの札や符を配布した。また家祈祷、かまど祓い、加持祈祷、卜占なども行なった。その他薬草を販売するなどした。九州各地には彦山の末山や各地の檀那を彦山に先達する国山伏（里山伏）も数多く存在した。寛政元年（一七八九）の史料では末山の分布は豊前五四、豊後九、筑前一〇、筑後一、肥前七七、壱岐八、対馬二を数えている。檀那（特に彦山講）の彦山詣は多くの場合は代参の形をとって行なわれた。参詣時期は松会がある二月から四月が最も多く、八・九月がそれについでいる。

ところで寛文六年（一六六六）、聖護院では彦山は聖護院の末寺と主張した。これに対して彦山側では彦山は本来天台宗で、寺門派の聖護院とは別であると江戸の東叡山を通して長年にわたって公武に折衝した結果、元禄九年（一六九六）三月二七日に幕府の寺社奉行から天台修験別本山として独立を承認された。そしてこれを契機に活発に活動し、元禄宝永期（一六八八〜一七一一）に最盛期を迎えて、享保一四年（一七二九）に霊元法皇から英彦山の額を賜ったことを契機に彦山の表記を英彦山と改めている。なお既述のように本山派修験において、筑前の宝満山、豊前の求菩提山の山主を座主としたり、薩摩の飯隈山蓮光院を先達にとりたてているのは、彦山の分離への対応と考えられる。

ただ幕末期に彦山一山は長州藩に接近し尊王攘夷派となったことから、幕府方の小倉藩によって文久三年（一八六三）占拠されたなかで、明治維新をむかえた。そして明治元年（一八六八）英彦山神社となり、座主家が宮司家となっている。

第五章　近・現代の修験道

（一）仏教教団下の修験道――近代

慶応四年（一八六八）の神仏分離令に始まる政府の宗教政策は、聖護院の本山派と醍醐三宝院を本寺とし、当山十二正大先達を包摂した当山派の修験宗（寛政二年、一七九〇の幕府による修験道の改称）にとっては、大きな衝撃であった。以下その状況を聖護院、三宝院の両本山及び末端修験についてて述べることにする。

聖護院では明治元年（一八六八）正月七日聖護院門跡雄仁法親王が還俗し、嘉言親王と称された。親王は同年二月九日に海軍総督として江戸に親征直前の二月一一日に死亡した。また本山派の奉行所であった院家筆頭の若王子乗々院は神社となった。聖護院は上知令によって聖護院村及び北白河村の一部の一四六〇石の朱印地を返上し、宮内省から逓減禄一二〇〇石が支給された。醍醐三宝院には慶応三年（一八六七）以来伏見宮邦家親王の皇子易宮が童形門跡として入室されていたが、明治四年に還俗されて閑院宮載仁親王となった。また醍醐寺は三九九八石の寺領を有していたが、三宝院に逓減禄として八八石が与えられた。

両院配下の修験者の多くは近世期は神仏習合を前提とした権現に社僧として奉仕していた。それ故明治元年（一八六八）三月一七日の神社別当及び社僧の復飾令、同三月二八日の神仏判然令、閏四月四日の別当社僧の還俗神勤令と相続いた布告によって、彼らは神社、仏寺、還俗のいずれかを選択し、各地方庁の承認を得るように求められた。なお全国各地の主要霊山の神仏分離による変化は、神社となったもの五〇、寺院として残ったもの三五、神社と寺に分離したもの一五、消滅したもの三六である。地域的に見ると、近畿地方では寺院として残ったものが多かったのに対して、関東・東北・九州などの諸山では神社に変わっている。こうした状況の中で明治五年（一八七二）九月一五日に修験宗を廃止し、天台・真言に帰入するように命じた太政官布告が発せられた。これに加えて明治五年六月には自葬祭禁止、無檀無住の寺院の廃絶、明治六年一月には修験者の多くが行なっていた憑祈祷の禁止、明治七年六月には禁厭・祈祷をもって医薬の妨げとなることを禁ずるというように里修験の主要な活動が禁じられたのである。

この明治五年の修験宗の天台・真言両宗への帰入に際しては、聖護院に統率されていた本山派修験、東叡山に所属していた吉野修験・羽黒修験は天台宗に、醍醐三宝院に統率されていた当山派修験は真言宗に包摂された。熊野、彦山は当時すでに神社となっていた。天台・真言両宗では包摂した修験者を次のようにとりあつかうことを決定した。帰入後は両宗の宗風を周知させる。すなわち教法、勤行、祈祷を習得させ、両宗の法服を着用させる。ただし修験は両宗僧侶の次席とし、秘密灌頂、秘法、大法などの阿闍梨、導師を勤めることは認めない。修験寺院の法嗣が幼少の時は後見人をおかせる。また将来永続の見込みのない寺院は処分する。先達・年行事の名称は禁止するとした。

明治初期には天台宗、真言宗では分派の動きがあり、それにともなう修験の動向は次の通りである。まず天台宗の山門派と寺門派の分裂に際しては、聖護院を中心とする旧本山派修験は天台宗寺門派に、近世に東叡山に管轄されていた吉野修験と羽黒修験は天台宗山門派に所属した。その際寺門派は修験者を聖護院末として一括包摂した。一方天台宗山門派では吉野の金峰山寺を大本山としてその末派を統轄させた。真言宗では醍醐三宝院に当山派修験を一括所属させた。その際当山十二正大先達は解体して三宝院末となった。なお真言宗では修験を近士と名づけ雑宗として行事や法服の上で真言僧と区別した。

ところがその後醍醐寺を総本山とした真言宗から明治二七年（一八九四）四月醍醐派末の一九一三箇寺が智山派（総本山智積院）に、翌二八年七月には一四五五箇寺が豊山派（総本山長谷寺）に転派した。この結果真言宗醍醐派所属の寺院は一六〇箇寺に減少した。これに対して三宝院末の近士（山伏）は三〇〇〇人余りもいた。そこで真言宗醍醐派では修験者の直接的な掌握を考えて、明治三四年（一九〇一）宗制を改正して近士を修験と改称し、教団内に修験部を設置した。明治三六年（一九〇三）この修験部は恵印部と改められた。恵印部の名称は当山派の祖聖宝（理源大師）が恵印法流を始めたことに因んでいる。この結果明治四三年（一九一〇）の真言宗醍醐派の教勢は真言部寺院一六二、教師一七五、恵印部寺院八四〇、教会（主に恵印部）一〇四、説教所四となっている。ちなみに中世期に当山正大先達衆と密接な関係を有した法相宗の本山興福寺では法相宗呪師部をおいて修験者を包摂した。

こうした中にあって修験集団の機関紙が相いついで発行された。すなわち明治四二年（一九〇九）には真言宗恵印部聖役協会（代表海浦義観）から、雑誌『神変』が発刊された。このほか大正八年（一九一九）には天台宗金峯山寺内修験社から雑誌『修験道』が、同一二年（一九二三）七月には聖護院から雑誌『修験』（現在は『本山修験』と改称）が発刊された。修験道の代表的な行事である峰入も、明治後半以降盛行した。聖護院では明治一九年（一八八六）に大峰山で深仙灌頂会、また神変大菩薩（役行者）の千二百年忌を記念した峰入が、明治三二年（一八九九）に聖護院で、翌年には三宝院で行なわれた。なお三宝院では明治四一年に理源大師一千百年忌、同四三年には恵印灌頂が開壇されている。

大峰山では山上本堂（山上の蔵王堂）を護持する八島役講（近世に結成された大阪の岩・三郷・光明・京橋、堺の島毛・井筒・両郷・五流の八つの講）を始め数多くの講社が集団登拝を行なった。明治五年の修験宗廃止にともなって末派修験を失った聖護院や三宝院では、これらの諸講に積極的に働きかけた。またこの峰入の盛行に対応するために各修験本山も入峰拠点の強化をはかっている。聖護院では吉野の喜蔵院を別格本山とし、ここを大峰抖擻の拠点とした。また昭和八年（一九三三）には北大峰といわれた大悲山峰定寺に行場を完成した。さらに役行者入寂の地である摂津の箕面寺では大峰山の山上本堂（旧山上蔵王堂）に準じて戸開け・戸閉めの行事が始められた。一方三宝院では明治以降大峰登山口として急速に繁栄した天川村洞川の龍泉寺の経営に力をそそいだ。そして昭和一一年には同寺を別格本山として大峰山の山上ヶ岳と小篠への登拝の拠点とした。

聖護院や醍醐三宝院などでは、明治以降修験道の新しい担い手として活動した大峰登拝者の集団である講を組織化することを試みている。すなわち聖護院では大正末、同院所属の講の連合体として神変教会を結成した。さらに昭和九年（一八三四）には京都地方の講を結集して平安連合会を、明治一三年には大阪方面の講をまとめて大阪修験道協会を結成した。また昭和三年（一九二八）頃から八島役講の一つ三郷をなかば直属の講とした。一方三宝院では京阪醍醐講社をつくり、同院所属の関西講社を包摂した。

昭和一六年政府当局によっておし進められた宗派合併政策の結果、天台宗系の修験道は一括して天台宗に所属し、聖護院を大本山、金峰山寺を別格本山とし、この両寺のいずれかに包括される形態のもとに統括された。一方真言宗側では、すでに醍醐三宝院が真言宗の修験を掌握していたことから、真言宗合併後も修験者は三宝院末となっている。

(二) 現代の修験道、太平洋戦争後

昭和二〇年(一九四五)一二月二八日には宗教団体法が廃止され、同日宗教法人令が公布、施行された。これによって届け出のみで教団を設立することが出来るようになった。そこで天台宗に所属していた聖護院は昭和二一年三月一日に「修験宗」を設立登記した。また岡山県児島(現倉敷市)の五流尊瀧院も三月三〇日に「修験道」を設立して登記した。けれども吉野山の金峯山寺は同寺住職三崎良泉が天台宗宗務総長になったこともあって、天台宗に留まった。ただ同じく天台宗の羽黒山は同年六月七日に「羽黒山修験本宗」の名称のもとに設立登記した。なお天台宗に所属していた天台寺門宗は二一年四月一二日に園城寺長吏福家守明を管長として登記した。

一方真言宗に統轄されていた近世末の当山派は醍醐三宝院を本山とする真言宗醍醐派として登記した。もっとも真言宗から独立した高野山真言宗に属していた旧当山十二正大先達の一つ鼻高山霊山寺は独立して「霊山真言宗」となった。さらに菩提山正暦寺は独立して「菩提山真言宗」を設立した。また同じく真言宗御室派からは昭和二二年一二月に石鎚山旧別当の前神寺(愛媛県西条市)が分派独立して「真言宗石鉄派」を設立し、さらに昭和二八年一月には同じく石鎚信仰にもとづく西条市の極楽寺を本山とする「石鎚山真言宗」が分派独立した。また石鎚神社は石鎚本教を設立した。

ところで当初天台宗に留まっていた金峯山寺で昭和二二年住職の三崎良泉が天台宗妙法院門跡となり、吉野山東南院住職五條覚澄が金峯山寺住職となったのを契機に、同寺筆頭総代の吉野町長が独立を発議し、五條覚澄を管長として昭和二三年二月三日「大峯修験宗」の宗名のもとに設立登記した。そこで天台宗では昭和二三年一〇月妙法院門跡に「天台修験道」の本部を設け、門跡の三崎を管領として天台宗に留まった修験者の掌握を試みた。一方吉野側の金峯山寺が設立した「大峯修験道」に関しては、大峰山山上ヶ岳の大峯山寺を共有する洞川側がこの宗名に反発し、長期にわたる金峯山寺側と洞川側の折衝の結果、大峯修験宗の宗名を「金峯山修験本宗」とする。大峯山寺住職は吉野山の東南院・喜蔵院・桜本坊・竹林院の四ヶ寺と洞川竜泉寺が交互に勤める。大峯山寺は真言宗醍醐派・天台宗・修験宗・金峯山修験本宗の共属とすることで和解が成立した。

現代の修験教団における今一つの大きな動きは、次の聖護院による「本山修験宗」の設立である。昭和二一年三月設立登記した修験宗の総本山聖護院では、昭和二八年山内の聖護院庵を京都市の助言で御殿荘の名称で旅館とし、聖護院の財源とした。このことが修験宗の内局や宗議会の反撥をかった。そこで聖護院住職はこれに反撥して、聖護院の修験宗からの離脱を公告した。これに対して聖護院の大阪を中心とする講社連合などは、役行者誕生の寺とされている奈良県御所市の吉祥草寺を総本山とする「本修験宗」を設立した。また関東や中部の聖護院の末寺だった寺院などは、小田原の量覚院が中心となって聖護院が離脱した修験宗をそのまま継承した。こうして旧修験宗が三教団に分裂したのである。

この後聖護院では新たに本堂を建立し、恒側の大峰奥駈修行、葛城灌頂、柱源護摩供伝法会、回峰修行などの活動を通して、末寺や信者の掌握を試み、本山修験宗を設立、登記した。その後本修験宗の管長や、修験宗の中心人物だった小田原の量覚院の住職など、分裂時の中心人物が相いついで死亡した。こうした中で本山修験宗側からの積極的な働きかけで、まず昭和五五年（一九八〇）に、修験宗が本山修験宗と合併し、昭和五七年には本修験宗も本山修験宗に復帰する形であらたな形で本山修験宗が発足した。

修験道界では平成一二年（二〇〇〇）を役行者（神変大菩薩）の没後一三〇〇年にあたるとした。そしてその当年には本山修験宗の聖護院では六月一日夜に採灯大護摩供と火生三昧供（火渡り）、二日午后役行者講式法要による御遠忌開白法要、真言宗醍醐派の醍醐三宝院では四月一五日に恵印法流による神変大菩薩御遠忌法要と御奉納神変大菩薩尊像入仏法要、吉野の金峯山寺では五月一一日に、御遠忌の記念事業の本地堂落慶の四箇法要、一三日に法華懺法による法要、一四日に採灯大護摩供という形で御遠忌の大法要を施行した。また大峯山寺では八月二七日に修験三本山との合同法要を行なっている。

結　章　修験道の成立と展開

修験道の淵源は吉野・葛城・熊野の山岳信仰にある。まず吉野の奥の金峰山には宇多法皇（八六七〜九三一）が御幸されている。また藤原道長（九六六〜一〇二七）は山上に納経し、蔵王権現に祈念している。そして役小角が葛城山と金峰山の間に岩橋を造らせようとしたとの伝承が生まれ、この両山に山岳修行者が訪れた。こうしたこともあってか、醍醐寺を開いた聖宝（八三二〜九一九）が吉野川に渡船をもうけて修行者の便をはかっている。葛城山は役小角の出自の地とされ、大和葛城（金剛山）は、華厳経に見られる金剛山に比せられ、その守護仏の法起菩薩は後に役小角の本地、密号とされている。なお東大寺の大仏の建立にあたった行基（六六八〜七四九）、称徳天皇の寵愛を受けた道鏡（?〜七七二）も葛城山で修行している。

本宮、新宮、那智の三山から成る熊野には寛治四年（一〇九〇）に白河上皇（一〇五三〜一一二九）が御幸されて、先達を勤めた園城寺の増誉（一〇三二〜一一一六）を熊野三山検校に補された。爾来この職はほぼ園城寺の重代職となった。なお増誉は上皇から聖体護持の寺として聖護院を賜っている。その後、平安末から鎌倉初期にかけて歴代上皇の熊野詣があい続いた。

平安時代初頭最澄（七六七〜八二二）は比叡山を道場として天台宗を開き、その後相応（八三一〜九一八）が回峰行を始めている。また空海（七七四〜八三五）は高野山を真言密教の道場とした。その後高野山では覚鑁（一〇九五〜一一四三）が密教と浄土思想を習合させて真言念仏を提唱したが、追われて根来寺に移った。これが現在の新義真言宗の始源である。

鎌倉時代初期になる『諸山縁起』には「金峰山本縁起」の表題で役優婆塞（役行者）の伝記があげられている。ここでは彼が妖惑の罪で伊豆に配流され処刑されようとした時、刑吏の刀に中止せよとの富士明神の神文が顕れたので許された。また金峰、葛城、富士で修行したとしている。なおこの『諸山縁起』には熊野から吉野に到る大峰山系の霊地を胎蔵界、金剛界の曼荼羅の諸尊に位置づけたり、大峰山中の百二十の宿、金剛童子の在所、さらに大峰の根源、熊野権現の由来、金剛蔵王権現出現の由来を記した縁起と、役行者の御影を納めた三重の岩屋があるとしている。また葛城山系の法華経二八品のそれぞれを納めた経塚などの霊地、笠置山から長谷への霊地をあげており、この頃修験道が成立したと考えられる。

金峰山では中世前半は興福寺の大乗院、後半は一乗院が検校を勤めたが、吉野では吉水院と新熊野院が全体をとりまとめていた。山内では蔵王堂を中心に天台宗の学侶と真言宗の満堂、社僧と近国の持経者がいた。なお神社には子守社、金峰社、勝手社があり、一山では花供懺法会や役行者御影供を行なっていた。

熊野では園城寺関係者が歴代の熊野三山検校を勤めたが、実務は熊野別当が行なった。山内には別当に有縁の御師がいて、在地の先達に導びかれて熊野詣をした信者に願文を提出させ、これによって御師と先達・檀那の恒常的な師壇関係が締結された。

東北の羽黒山では延慶三年（一三一〇）に那智の修験者勝尊が羽黒山寂光寺、荒沢寺を開いたとされている。

北九州の彦山は、建保元年（一二一三）になる『彦山流記』には、南俗躰岳（釈迦）北法躰岳（阿彌陀）中央女躰岳（千手観音）の三山からなり、霊山寺を中心に、四九の石窟があり、これを巡る修行がなされていたとしている。また正慶二年（一三三三）に後伏見天皇の皇子と伝えられる安仁（助有法親王）を霊山寺の座主に迎えた。その世襲の座主のもとに衆徒（仏事）、惣方（神事）、行者方（峰入）の三者があり、政所坊、亀石坊、四名の惣衆が運営にあたった。

中世後期の吉野では興福寺一乗院が検校を勤めていたが、一山の運営は山内の二人の学頭の下で検校所と政所が行なった。山内には天台宗の寺僧と真言宗の堂衆（満堂）の下に聖と在俗者がいた。熊野の本宮では総検校、三昧別当が中心となって、御師・先達を統轄した。そして山伏司である三〇人の長床衆がいた。新宮は衆徒・神官・社僧の三方社中の合議で運営され、神倉には神倉聖がいた。那智山は那智山執行、滝本執行と十人の宿老の合議で運営されたが、七つの本願があって勧進にあたった。

ところで熊野を統治した一九代熊野三山検校の良瑜（在職一三五六〜九四）は大峰に五度峰入して大峰山中の深仙で深仙灌頂を開壇した。また二二代熊野三山検校で聖護院門跡の道興（在職一四六五～一五〇一）は大峰修行を四度したうえでさらに那智籠をし、関東や西国を巡錫して熊野先達の掌握に勤め、聖護院を本寺とする本山派の形成をはかっている。

一方東大寺の法華堂衆や中門堂衆、興福寺の東西金堂衆は奈良の春日山で榼と閼伽水をとる当行の他、大峰山にも登拝した。その後興福寺末の内山永久寺などの大和を中心とした三六余箇寺の先達は当山方と呼ばれる結衆を形成した。この当山方の修験は醍醐寺を開山し、大峰修行を妨げていた大蛇を退治して峰入を再開したとされた醍醐寺の開山の聖宝（八三二～九〇九）を始祖としてまとまった。

一六世紀初期日光出身の即伝（生没年不詳）は金峰山で修行後、彦山で金峰山や彦山に伝わる切紙を集成して、『修験修要秘決集』を著わした。また峰入の次第をまとめた『三峰相承法則密記』などを著わしている。なおほぼ同じ頃の天城山の修験者弘潤坊の手になる『役行者本記』には役行者の修行した山として、東北三、関東甲信越一八、中部八、近畿一六、中国・四国一五、九州一五をあげている。こうしたことから、この一六世紀初期頃に修験道が確立したと考えることが出来る。

慶長一八年（一六一三）徳川幕府は当山・本山各別、本山派の真言宗への入峰役銭禁止の二つを柱とした修験道法度を三宝院、聖護院に対して出した。なお中世後期以降は当山三十六正大先達衆は三宝院と密接な関係を持っていた。そこでこの修験道法度を契機として、修験道界は聖護院を頭とし、各地域ごとに霞と呼ばれる一定地域の修験者を掌握した本山派と、醍醐三宝院を本寺として、そのもとで近畿地方の当山正大先達衆のそれぞれが全国各地に配下を擁する袈裟筋支配を行なう当山派が対峙する形になっていったのである。

本山派では熊野三山検校である聖護院門跡を頭にして、そのもとに熊野三山奉行の若王子乗々院、院家の住心院・勝仙院・積善院・伽耶院が国単位に霞（支配地域）を持ち、配下に年行事、その下の准年行事をおいて支配すると共に各地方の二十七の先達にも霞を与え、その配下の年行事、准年行事に支配させる形がとられていた。ただ備前の児島には熊野本宮の長床衆の流れをくむ五流修験の尊瀧院・太法院・伝法院・建徳院・報恩院の五流とその配下の公卿がいた。そして中国四国に霞を持ち、公卿がその下にあって活動した。彦山は近世初頭迄は本山派の聖護院末だったが幕府に長年かけて働きかけて元禄九年（一六九六）に天台修験別本山としての独立を承認された。ただ大宰府の宝満山や豊前の求菩提山は本山派に残り、その頭は本山派で座主としてあつかわれた。なお本山派には峰入回数にもとづく位階があり、三七度以上を峰中出世、二〇度以上を直参、四度以上は先達と呼んでいる。また江戸には幕府との連絡にあたる触頭として氷川明神に大乗院をおいていた。なお聖護院には岩坊、雑務などの坊官がいて実務にあたっていた。

当山派では当初は当山方の三十六余の先達寺があったが、醍醐三宝院に包摂されて以降は内山永久寺、菩提山正暦寺、三輪山平等寺、鼻高山霊山寺、葛城山高天寺、吉野桜本坊、補陀洛山松尾寺、超昇寺、近江の飯道寺梅本坊と岩本院、伊勢の世義寺、高野山行人方の一二となり当山十二正大先達と通称された。この各先達寺はそれぞれ独自に全国各地に配下を擁し袈裟頭と帳元を置いて支配していた。ただ毎年大峰に入峰した際に大峰山中の小篠で集会して、大宿・二宿・三宿を定めて、峰入を支配し補任状を出していた。

ただ醍醐寺八二世だった三宝院門跡高賢（?〜一七〇七）は寛永八年（一六八七）自ら大峰山に峰入し、小篠に役行者堂と聖宝堂を建立した。また三宝院で当山派の修験に大峰山に峰入しなくても補任状を出す居官の補任をはじめた。さらに江戸の三宝院直末の戒定院に吉野の聖宝の廟を擁する鳳閣寺の名跡を移し、同寺を諸国総袈裟頭として全国の当山派修験の直接支配を試みた。これらに対して当山正大先達衆は反撥し、小篠で独自に補任状を出し、当山派では二重支配の形がとられていたのである。

吉野一山は天台宗で学頭は比叡山に常住し、吉野在住の長者がその代務者として全体をとりしきった。山内は天台宗の寺僧（吉水院、東南院、喜蔵院など）、真言宗の満堂（竹林院、桜本坊など）、吉田家の許状を受けた社家と、社人、勧進活動にあたる聖、南朝に仕えた家の子孫である地下衆が一山を構成し、蔵王堂の祭りを中心行事とすると共に寺院や満堂は山上ヶ岳の山上蔵王堂を拠点として峰入を主導した。

熊野三山では本宮は神官が中心を占めたが、長床衆を称する修験がいた。新宮には衆徒、神官、社僧がいたが、社僧には十五人の寺中山伏が含まれ、そのうち四人は神倉聖だった。那智は天台宗の東座（尊勝院潮崎家）と西座（実報院米良家）を中心としていたが、このうち東座には滝籠衆や行人が含まれていた。なお那智山には西国巡礼第一番の札所如意輪寺があった。

出羽三山では近世初頭に別当となった天宥（一六〇六〜七四）が幕府から一五〇〇石の朱印を得

て伽藍を整え、一山を東叡山末の天台宗とした。そして開山を崇徳天皇の皇子蜂子皇子とし、山内に東照宮を勧請した。ただ出羽三山すべてを天台宗に改宗しようとしたが、湯殿山の反対にあって成功しなかった。近世期の羽黒山では山上の華蔵院・正穏院・智憲院の三先達寺を中心に清僧三一院があり、陸奥、出羽、越後に霞を有して霞内の先達に補任状を出していた。ただ別当は関東に配下を持っていた。山麓の手向には妻帯の修験が三四〇坊あり、檀那まわりをし、宿坊を営んでいた。湯殿山側には、表口の朝日村に注蓮寺、大日坊、裏口の西川村に大日寺と本動寺があったが、いずれも新義真言宗だった。特に注連寺と大日坊では空海に因んで海号を持ち、死後ミイラとなった一世行人があらわれている。

彦山は近世初頭に黒川から山内に移った世襲の座主のもとに、坊・庵主・俗家からなる一山組織を形成した。坊は行事に携わる者で修験が含まれていた。庵主は坊に属して檀まわりをする者、俗家は農業、商業に携わる者で、一山の運営は座主の下で執当（二人）、奉行（四人）、作事奉行・山奉行（各二人）、町奉行一人の役僧が中心となって行なった。なお幕末期に座主以下が長州藩に与して尊王攘夷に携わったことから幕府方の小倉藩に占拠された。

明治維新後、聖護院と醍醐三宝院では宮門跡が還俗された。そして明治五年（一八九二）九月には修験宗は禁止されて本山派は天台宗に、当山派は真言宗に帰入させられた。また吉野、熊野、羽黒山、彦山は神社とされた。もっともその後吉野山では吉水神社（旧吉水院）をのぞいて他は寺院に復帰している。また羽黒山でも荒沢寺が寺院に復帰している。彦山は神社として存続した。ただ各地の修験霊山の多くは神社となり、里修験の多くも神職となるが還俗した。こうした中にあって、明治末から大正にかけて醍醐三宝院の『神変』、金峯山寺の『修験道』、聖護院の『修験』などの機関紙が刊行され、修験道の再興がはかられた。また大峰山の山上ヶ岳では神社となっていた山上蔵王堂が山上本堂として復活し、吉野山の東南院・喜蔵院・桜本坊・竹林院と、天河村洞川の龍泉寺の護持院と大阪と堺の役講など諸講の活動もあって数多くの登拝者が訪れた。また聖護院、三宝院でも積極的に講の連合会を組織した。

太平洋戦争後、宗教法人令の施行にともなって、天台宗から聖護院が修験宗（現本山修験宗）、岡山県の五流修験が修験道、吉野の金峯山寺が大峰修験道（現金峯山修験本宗）、真言宗から真言宗醍醐派が独立した。また羽黒山では羽黒山修験本宗が設立された。その他真言宗から旧当山十二正大先達の霊山寺が霊山寺修験宗、正暦寺が菩提山真言宗、吉野の鳳閣寺が真言宗鳳閣寺派、四国の石鎚山の前神寺が真言宗石鉄派、極楽寺が石鎚山真言宗、石鎚神社が石鎚本教として独立した。このように現在は修験系教団が輩出しているのである。なお大峰山の山上ヶ岳では山上本堂（旧蔵王堂）が、真言宗醍醐派・天台宗・本山修験宗・金峯山修験本宗共属の大峰山寺とされ、吉野山の東南院・喜蔵院・桜本坊・竹林院と洞川の龍泉寺の五ヶ寺の護持院と吉野山と洞川の信徒総代、大阪と堺の諸講社の連合体（八嶋役講）の護持する大峰山寺となっている。

第二部　修験道の思想

修験道の思想は特定の教祖が自己の宗教体験にもとづいて教えを説き、その信奉者がそれを解釈し説明するという形では展開していない。そこでこの第二部　修験道の思想では主として修験道の確立期（中世後期）に編まれた切紙集成の形の書物に見られる仏教などに仮託された教え、儀礼の説明などをもとにして、その思想を、一宇宙観、二他界観、三崇拝対象、四始祖崇拝、五山伏に焦点をおいた人間観、六成仏論、七災因論の順序で紹介することにしたい。

第一章　修験道の宇宙観

宗教学では此界・他界、現・当二世など万物を含む秩序ある全体を宇宙と呼んでいる。そして宇宙観といった場合、天と地など宇宙の構成に関する宇宙形態論と、天と地さらに神と人の起源を説く宇宙発生論が中心をなしている。その際、発生論が形態論の基盤をなしている。そこで本章では、第一節で修験道における宇宙の形成と構造に関する基本的な思想を、第二節で修験道における宇宙や人間の形成を劇的に表現した儀礼である柱源護摩の根底にひそむ宇宙と人間観を、第三節で修験道の宇宙観を示す曼荼羅に見られる思想を説明することにしたい。

(一)　宇宙の形成と構造

中世末になる『修験修要秘決集』所収の切紙「世界建立之事」によると鶏卵になぞらえられた天地陰陽未分の混沌とした状態が、大日如来の阿字（一切の法の根源）に譬えられ、そこから天・地と陰・陽が分れ、さらに天・地が和合して万物、陰と陽とが交合して人体が生じたとしている。また『修験指南鈔』では、大日如来の種子がもとになって日本の国土が成立したとしている。なお旭蓮の『峰中灌頂本軌』では雨露に象徴される天・男・水・陰が下って、地・女・火・陽と交わることによって万物が生じるというようによりリアルに宇宙の形成が説かれている。このように修験道確立期の教義書では、大日如来の種子や印文が潜んでいる混沌とした状態から天地が生じ、天地の交わりから万物、男女の交わりから人間というように森羅万象が生み出されるとの宇宙発生論が認められる。

その後一七世紀に成立した『山伏便蒙』では天と地が分かれる以前の宇宙は混沌として鶏卵のような状態であったとしている。ただこの状態にあっても、阿字（一切の法の根源）一仏、阿字一音は存在していた。それは他の宗教では極めることが出来ない空劫な妙処であった。しかしここから地・水・火・風・空の五大が芽ばえ、事物の形や性質が生じた。形の始めを大始、性質の始めを大素、五大（地・水・火・風・空）が整った状態を太初という。このうち軽く清らかな気がたち昇って天となり、重く濁った気が下って凝り固まって地となった。天の気は陽、地の気は陰にあたる。この天と地の中間には仲和の気が漂った。この気が生のもとでここから人をはじめ万物が育まれて、天・地・人が成立したとしている。

このほか仏教の須弥山説が修験道にも導入されている。これによると、宇宙はまずその根底をなす高さ一億由旬（一由旬は約七キロ）、広さ無数の風輪上に直径一二億三四〇〇由旬、高さ八億由旬の水輪さらに三億二万由旬の高さの金輪があり、この金輪中央に七重の山に囲まれた須弥山（妙高

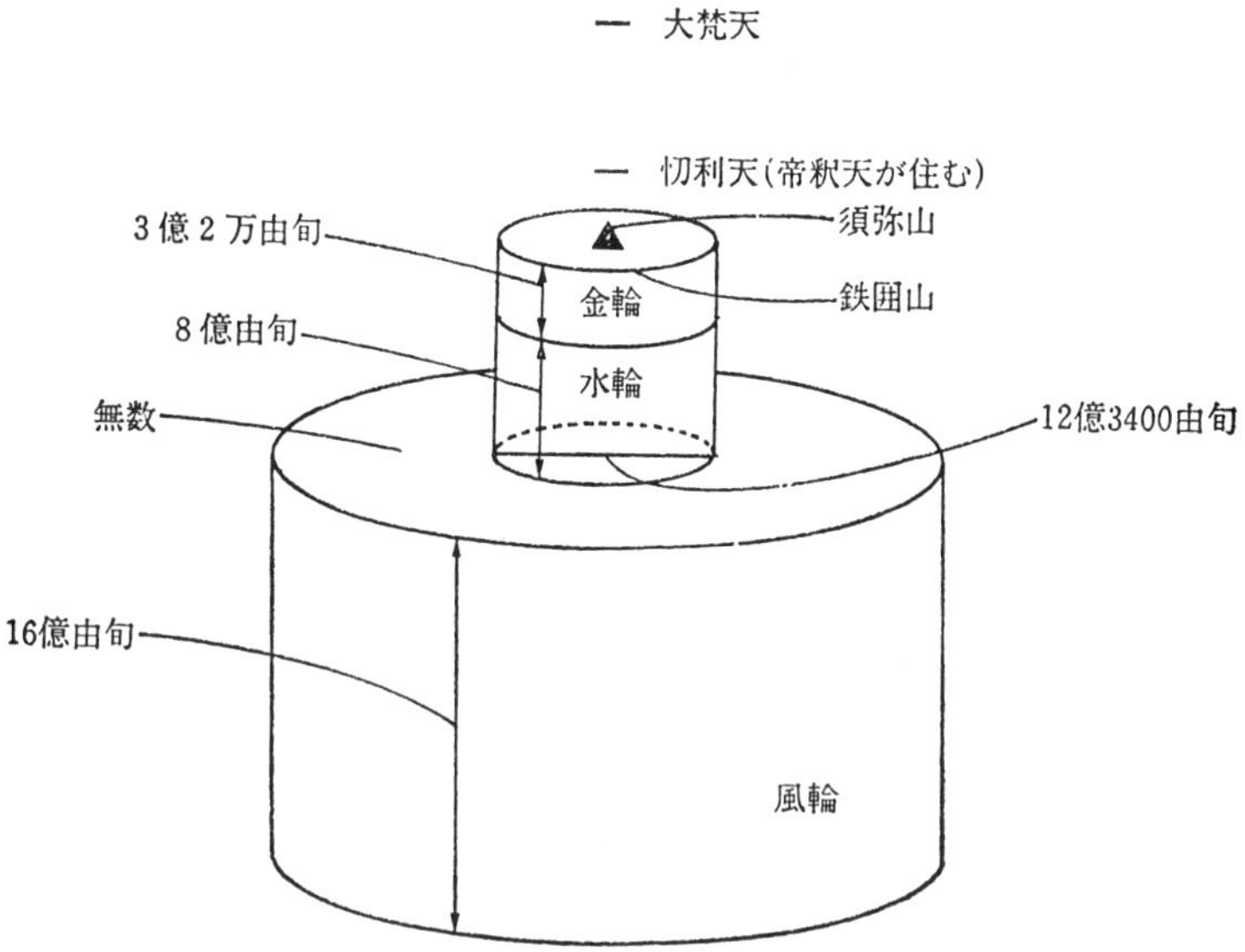

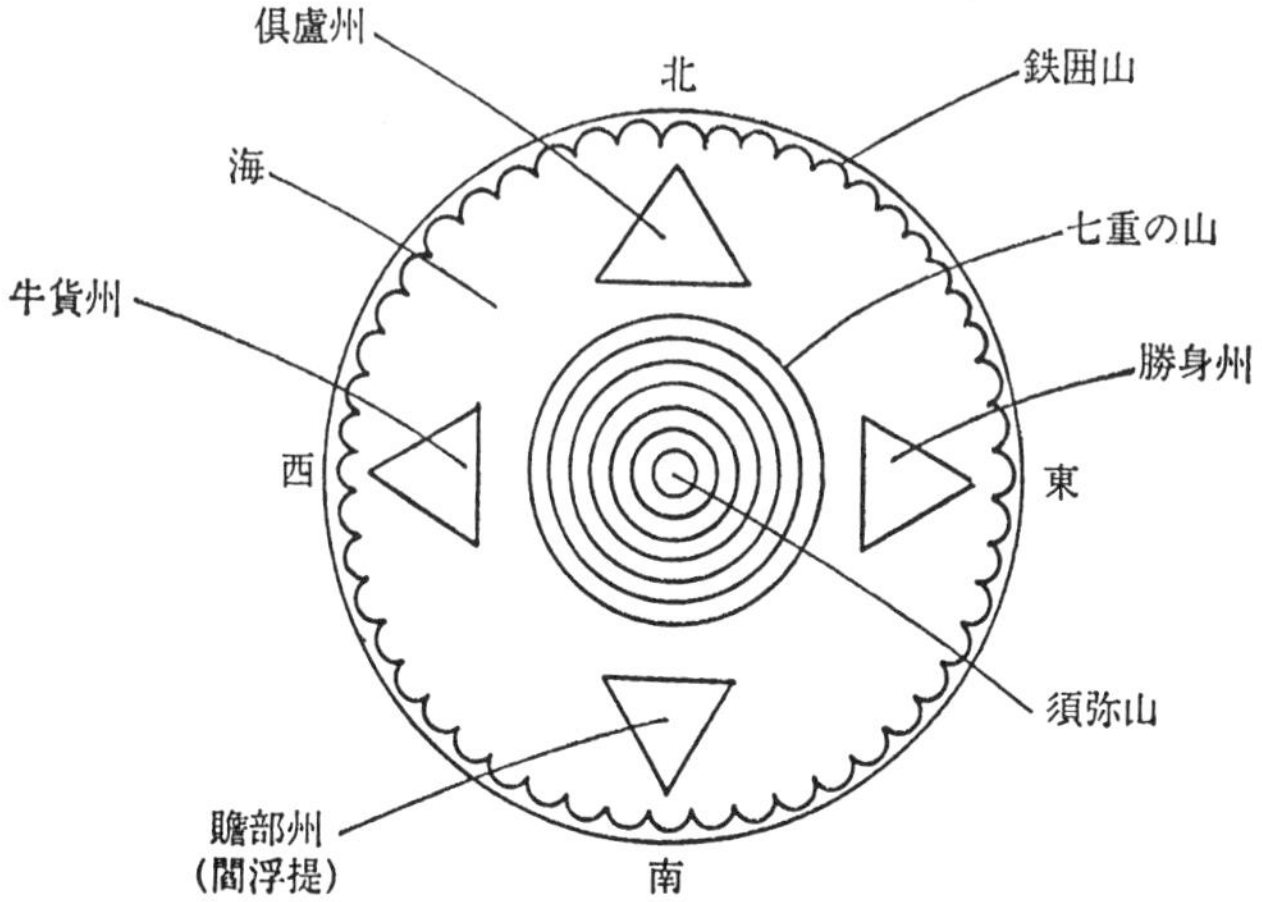

第1図 須弥山宇宙の構造(宮家『修験道思想の研究』春秋社より転載)

山）がある。その周囲は海で、その中に贍部州（南）勝身州（東）、倶盧州（北）牛貨州（西）の四つの太陸があり、金輪の上辺の外周にそって鉄囲山と呼ばれる山脈が連なるという構成をとるとされている。このうち、インド、中国、日本などの国があるのは贍部州（閻浮提とも）である。

この須弥山宇宙観は我国でも須弥山を意味する弥山や妙高山と呼ばれる山があったり、寺院の本尊の台座を須弥壇と呼んでいるように広く認められる。

（二）柱源護摩に見られる宇宙観

修験道の柱源護摩は修法壇の前の壇板上の水輪に立てられた金襴に包まれた赤い房のついた閼伽札、その手前の黒い布におおわれた乳木を用いて、天地陰陽が和合することによって父母が生じ、父・母、陰・陽の和合によって、閼伽札になぞらえられた宇宙軸である修験者が生じることを象徴する秘儀である（第二図「柱源護摩」参照）。その修法は前半部では陰陽未分の混沌とした壇板上に宇宙を観じ、まず水輪中に天・地の水を入れる。次いで父・母を示す左・右の乳木を重ねあわせることによって、本有の仏性を持つ修法者を生むことを象徴している。それと同時に修法者が地・水・火・風・空・識の六大から成っているという意味で、宇宙を体現した大日如来と同じものであることを確認させている。そして後半部では修験者が本来自分は大日如来と同じ性質である六大を持つと観じた上で、その教令輪身である不動明王を招き、その加護のもとに父母の交わりや、水・

米などによって六大から成る仏性を持つ修法者がはぐくみ育てられていることを再度確認している。このあと護摩に入るが、ここで修法者は火によって自己の罪障を焼除し、六大から構成される大日如来と一体になったことによって、一切の秘密を成就することが可能になったことを観じている。そして修法者自身の法名を記した中央の閼伽札を虚心合掌の手にはさみ額の下につける。そしてこの作法によって修法者が大日如来と一体となった故、一切の秘密が成就すること、修法者を含むすべてのものが六大から成っていることを確認している。

このように柱源護摩全体の構造を見ると、まず自己の煩悩を滅した修法者が、自己の構成要素が宇宙（大日如来）の構成要素と同じ六大から成っていると観じる。その上で、天地、陰陽未分の状態から天地・父母があいついで作られ、父母の交わりによって、その子供である修験者が作られる。この三者はいずれも共通の要素（六大）から成っている。そして水盤中央の閼伽札になぞらえられた修法者は崇拝対象の加護のもとに、水・米を受けとってそれによってはぐくまれる。ついで護摩によって今一度自己の罪障を焼除した上で修法者が宇宙（大日如来）となり得たこと、修法者も含めて宇宙のすべてのものが本来同じ構成要素から成ることを確認して修法をおえている。

上記のように柱源護摩では宇宙の開闢、人間（男・女）の生成、さらに宇宙そのものである修験者自身の再生が象徴されている。天地開闢以来の現在迄の時間が撥無され、新たに宇宙が自己の始源に帰って再生されるのである。しかもこの再生は単なる再生ではなく、宇宙そのものや宇宙におけるすべてのものに共通する構成要素を持つものとしての自己・天上・地上・地下を結ぶ宇宙軸と

第２図　柱源護摩

しての自己の性格を再確認したうえでの再生なのである。

(三) 修験道における曼荼羅

曼荼羅は仏の悟りを成就した境地(仏の自内証)の表現であるとともに、仏教的な宇宙の本質(理想)を理念的、体系的に表現したものである。密教では『大日経』にもとづく胎蔵界曼荼羅と『金剛頂経』にもとづく金剛界曼荼羅を中軸としている。そして修験道では峰中修行の根本道場である大峰山系の熊野側半分を胎蔵界曼荼羅、吉野側半分を金剛界曼荼羅に比定しているように、この両曼荼羅を重視している。なお当山派では独自の恵印曼荼羅が作られている。また熊野・吉野・立山・白山・富士などの諸霊山では、それぞれの霊山曼荼羅や参詣曼荼羅が作られている。さらに熊野比丘尼は独自の「熊野勧心曼荼羅」を伝えている。そこで本節ではこれらについて簡単に紹介することにしたい。

胎蔵界曼荼羅は母親が胎児を慈しみ育てるように仏が大悲によって衆生を苦しみから救う精神を絵にしたもので、大悲胎蔵界曼荼羅と呼ばれている。その構成は第三図「胎蔵界曼荼羅」の示す通りである。その中心をなしている中台八葉院は中央の大日如来をとり囲むように宝幢・開敷華王・無量寿(阿弥陀)・天鼓雷音を配し、四隅に普賢・文殊・観音・弥勒の九尊が描かれている。そしてその上部に遍知院の七尊・釈迦院の三九尊・文殊院の二五尊、下部に持明院の五尊・虚空蔵院の

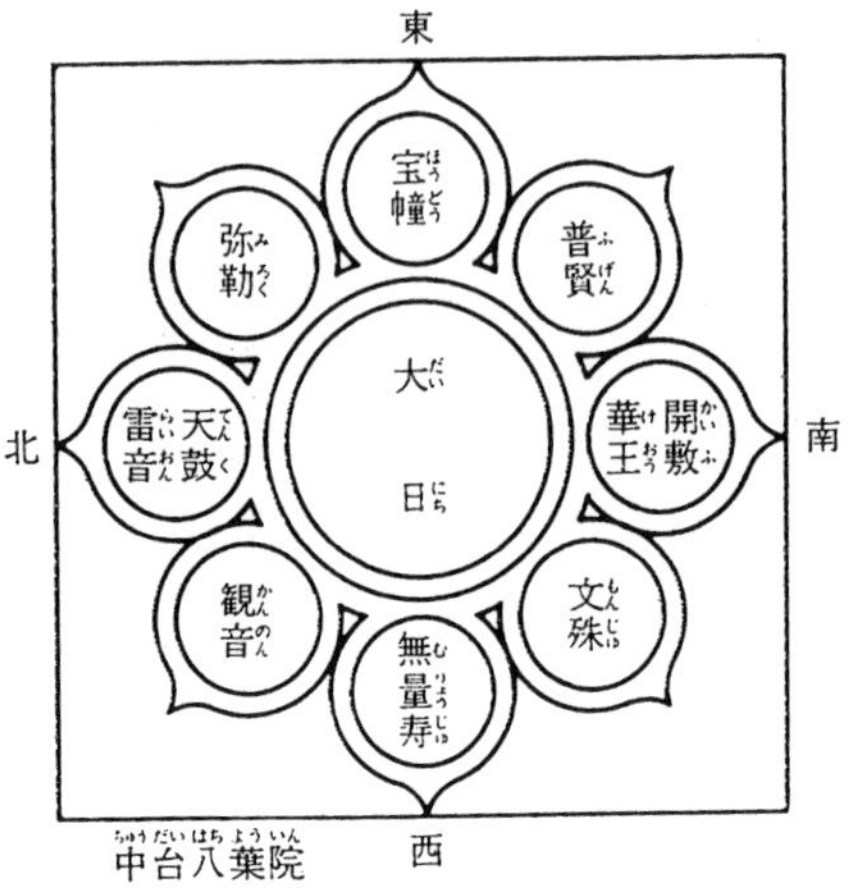

中台八葉院《ちゅうだいはちよういん》

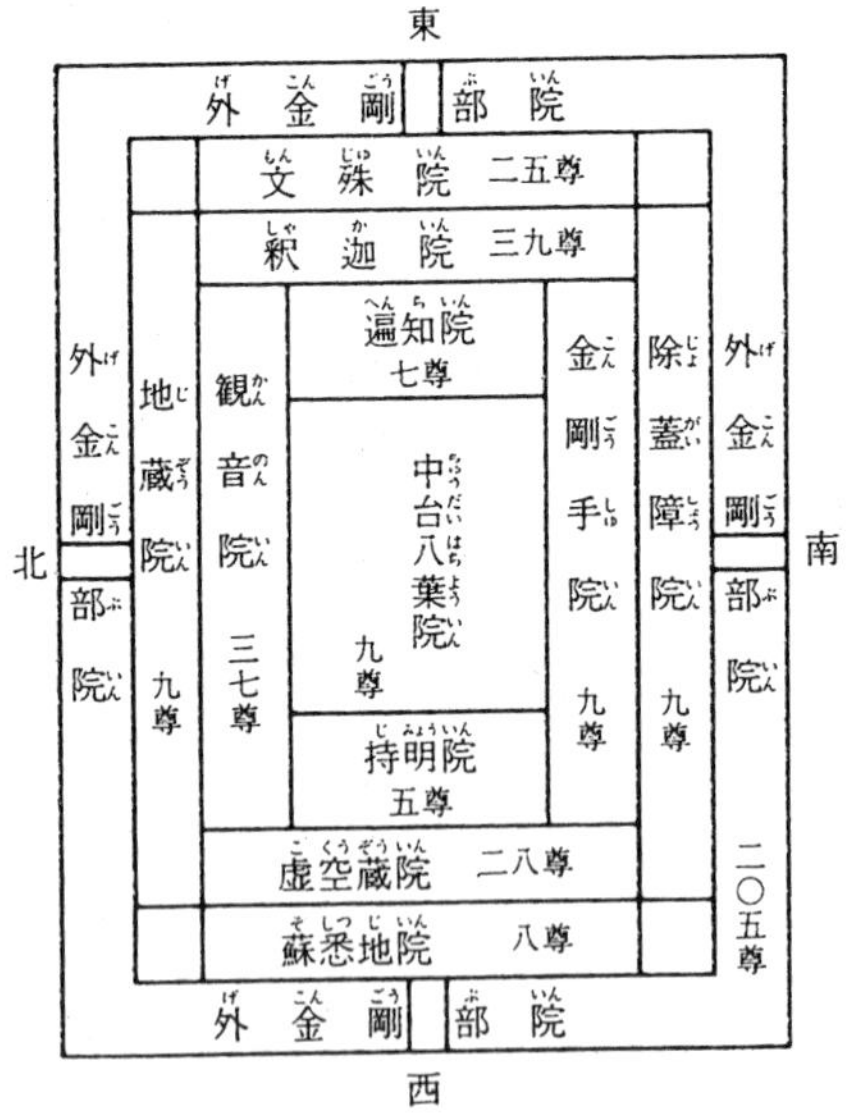

第３図　胎蔵界曼荼羅（勝又俊教『お経　密教』講談社より転載）

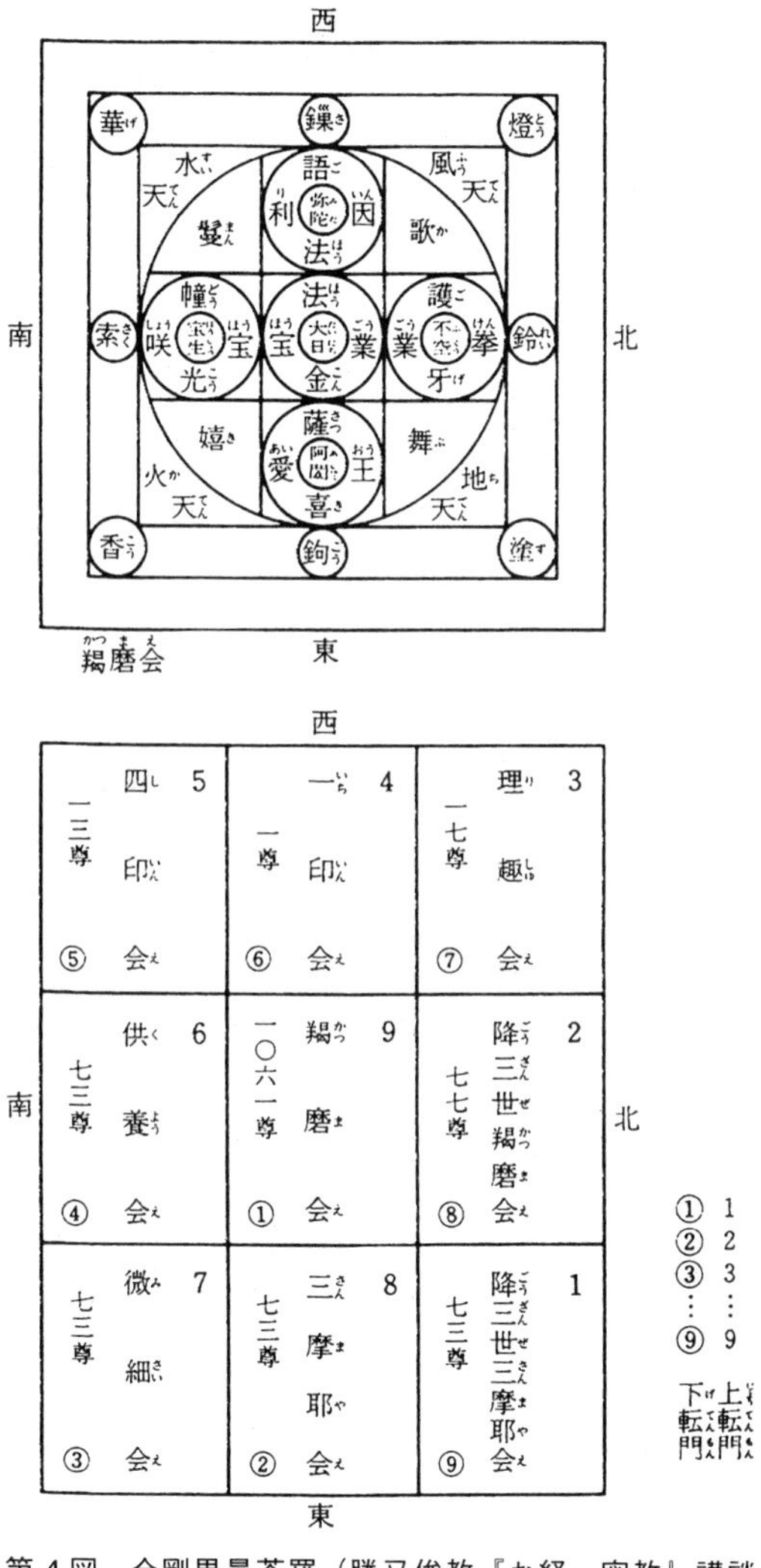

第４図　金剛界曼荼羅（勝又俊教『お経　密教』講談社より転載）

二八尊・蘇悉地院の八尊、右に金剛手院の九尊・除蓋障院の九尊、左に観音院の三七尊・地蔵院の九尊が描かれ、外周を星宿やヒンズー教の神格からなる外金剛部院がとり囲む形をとっている。なお胎蔵界曼荼羅には仏を描いた大曼荼羅の他に種子を描いた法曼荼羅、仏の持物を表した三昧耶曼荼羅がある。

金剛界曼荼羅は金属のように固い不滅の悟りを本体とする曼荼羅で、九つの部分に分けて諸仏を配置しているゆえ九会曼荼羅ともいわれている。第四図「金剛界曼荼羅」に示すようにこの九会の中心をなすのは羯磨会(成身会とも)で大日如来を中心とする次の三十七尊を画き、その外側の枠に賢劫の千仏、外金剛部といわれる異教の諸神を描いている。金剛界三十七尊は大日如来、金剛波羅蜜菩薩、宝波羅蜜菩薩、法波羅蜜菩薩、羯磨波羅蜜菩薩—中輪
阿閦如来、金剛薩埵菩薩、金剛王菩薩、金剛愛菩薩、金剛喜菩薩—東輪
宝生如来、金剛宝菩薩、金剛光菩薩、金剛幢菩薩、金剛咲菩薩—南輪
弥陀如来、金剛法菩薩、金剛利菩薩、金剛因菩薩、金剛語菩薩—西輪
不空成就如来、金剛業菩薩、金剛護菩薩、金剛牙菩薩、金剛拳菩薩—北輪
以上四仏及び十六大菩薩
金剛嬉菩薩、金剛鬘菩薩、金剛歌菩薩、金剛舞菩薩—以上四供養菩薩
金剛鉤菩薩、金剛索菩薩、金剛鏁菩薩、金剛鈴菩薩—以上四摂菩薩
金剛焼香菩薩、金剛華菩薩、金剛燈菩薩、金剛塗香菩薩—以上外四供養菩薩

以上を合せたものである。

ちなみに修験者が読経の終りに必らず唱える本覚讃中の「三十尊住心城」はこの三十七尊をさしている。

この羯磨会（成身会）の下の三摩耶会は羯磨会の賢劫の千仏がその代表の十六尊になる他は尊名はほぼ同じだが、いずれも三昧耶形で描かれている。微細会は図様は成就会と等しいが、各尊を金剛杵の中に描いている。ただ賢劫の千仏は十六仏とされている。この微細会は本源的な音声の象徴としての金剛界三十七尊の図像化である。供養会は諸仏の供養の働きを絵図化したものである。四印会は五部の代表者のみを描き、一印会は大日如来一尊を描く。理趣会は金剛薩埵を囲む飲・触・愛・慢の四菩薩と内外の八供養と四摂の菩薩計十七尊から成る。降三世羯磨会は金剛薩埵が強剛難化の衆生を済度する為に内に慈悲を含みつつも、外には忿怒形を示現して降三世明王となった姿を示している。降三世三摩耶会は降三世明王の三摩耶形を示したもの、すなわち降三世明王の自証に約して明王の心活動を示したものである。なお上記の羯磨会から始まり降三世三摩耶会に到るのは仏が自証の世界から化他に出る従果向因を示している。そしてこれと逆に降三世三摩耶会から始まり羯磨会に到るのは従因向果を示している。

ところで広く修験道で用いられたこの胎蔵界・金剛界の曼荼羅に対して、聖宝に始まる当山派では修験道の秘法を伝授されることによって修験者自身が金胎の両部を合わせた理智不二の存在になったことを感得させる伝法灌頂で用いる「修験恵印総曼荼羅」が伝わっているので第五図「修験恵印総曼荼羅各院諸尊一覧」によって説明しておきたい。

本曼荼羅ではまず中台八葉院で中央に金胎不二の大日を描き、その周囲に胎蔵界八葉院の四仏、金剛界中台の四仏を配することによって金胎不二の思想を示している。そして第二重の四方には金剛界曼荼羅の四波羅蜜が置かれ、四隅に龍樹・不動・愛染・金剛童子の修験曼荼羅が配されている。そして歌・舞・鬘・嬉の内四供を四隅に据えた第三重には弁財天と深沙大王の両修験曼荼羅と北斗七星、十二宮が置かれている。第四重では四隅を華・香・塗・灯の外内供、四方を鉤・索・鏁・鈴の四摂と広目・増長・多聞・持国の四天が固め、その間に二十八宿が置かれている。第五重は二十天である。

このように総曼荼羅全体の構成は金剛界曼荼羅成身会（羯磨会）とほぼ同様の構成をとっている。すなわちまず金胎不二の思想を示した上で、その周囲を修験道で特に崇拝されている龍樹・不動・愛染・金剛童子（第二重）、弁財天・深沙の曼荼羅及び北斗七星・十二宮（第三重）、二十八宿（第四重）、二十天（第五重）でとり囲むという形式がとられているのである。それ故にこの曼荼羅を外側から見ると、諸星宿、天部の諸尊、修験道の崇拝対象などの導びきで中台に示された金胎一致の理智不二の境地に到達することが示されているということが出来る。

ところで当山派修験の中心的な依経である「理智不二礼讃」では、修験者はまず自分が穢悪な状態にあることを知り、菩提心を発して、金・胎の両曼荼羅内の諸尊に帰命し、金剛界・胎蔵界の曼荼羅を観じなければならないとしている。そしてこの金胎の曼荼羅は本来不二の存在であるから、

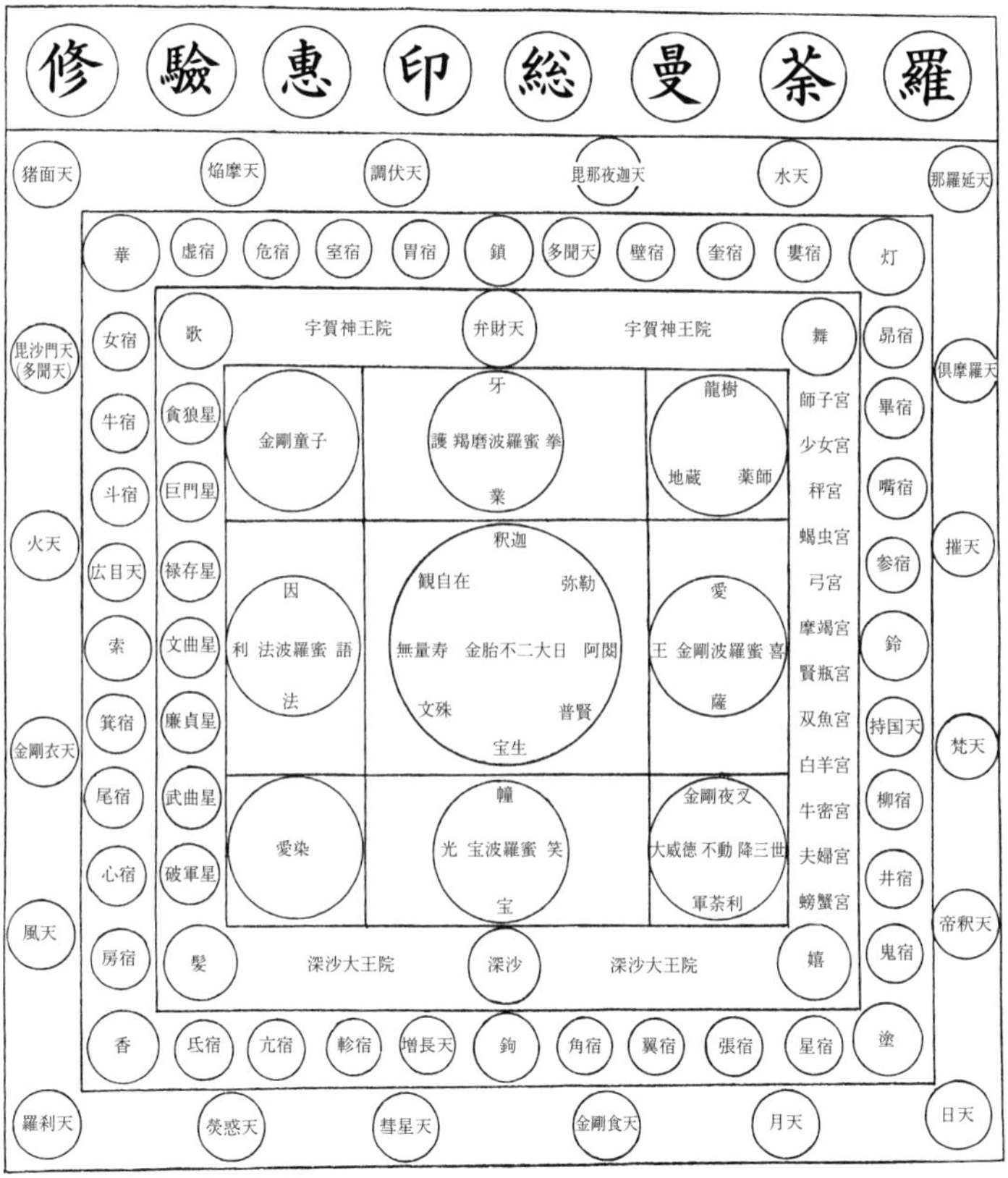

第５図　修験恵印総曼荼羅各院諸尊一覧（宮家『日本仏教と修験道』春秋社より転載）

この両曼荼羅を観ずることを通して、修験者は金胎不二（理智不二）の境地に入り、ひいては金胎両部の大日如来の徳を一身に感得することが出来るとしているのである。それ故、修験恵印総曼荼羅は、修験者が修験道の諸尊の導びきで、理智不二の状態に達し得るということを図に示したものと考えることが出来るのである。

修験霊山にはそれぞれ独自の曼荼羅が見られるが、ここでは熊野本地曼荼羅、吉野種子曼荼羅、熊野比丘尼が唱導に用いた熊野観心曼荼羅を紹介しておきたい。第六図の「熊野本地曼荼羅の中台八葉院」は鎌倉時代の聖護院蔵本に代表されるように、熊野十二所権現の本地のうちの九つを本宮証誠殿の阿弥陀如来を中心にして、胎蔵界曼荼羅の中台八葉院に準ずる形で画き、残りをその周囲に配したものである。なお一万（普賢菩薩）と十万（文殊菩薩）は本来二尊で一組をなしているが、ここでは上・下の二つに分けられている。このように十二所権現の一組のものを分けてまで胎蔵界の中台八葉院に納めようとしたのは、熊野からの大峰山の峰入が胎蔵界の峰とされていることにもとづいている。さらにこの図では略したが、この周囲に熊野に関する諸神が配され、上部には金剛蔵王権現や役行者、大峰八大金剛童子、下部には熊野の王子が配されている。

吉野種子曼荼羅は鎌倉時代末のものである第七図の「吉野種子曼荼羅」に示すようにその構成は中央に役行者が金峰山上で感得した金剛蔵王権現の種子、第二重の上部に役行者の祈念に応えて金剛蔵王権現に先立って現れた過去世の釈迦如来、現在世の千手観音、未来世の弥勒菩薩の種子、両脇に胎蔵界大日、金剛界大日の種子、下半分に同じく役行者が感得した大峰八大金剛童子、第三重

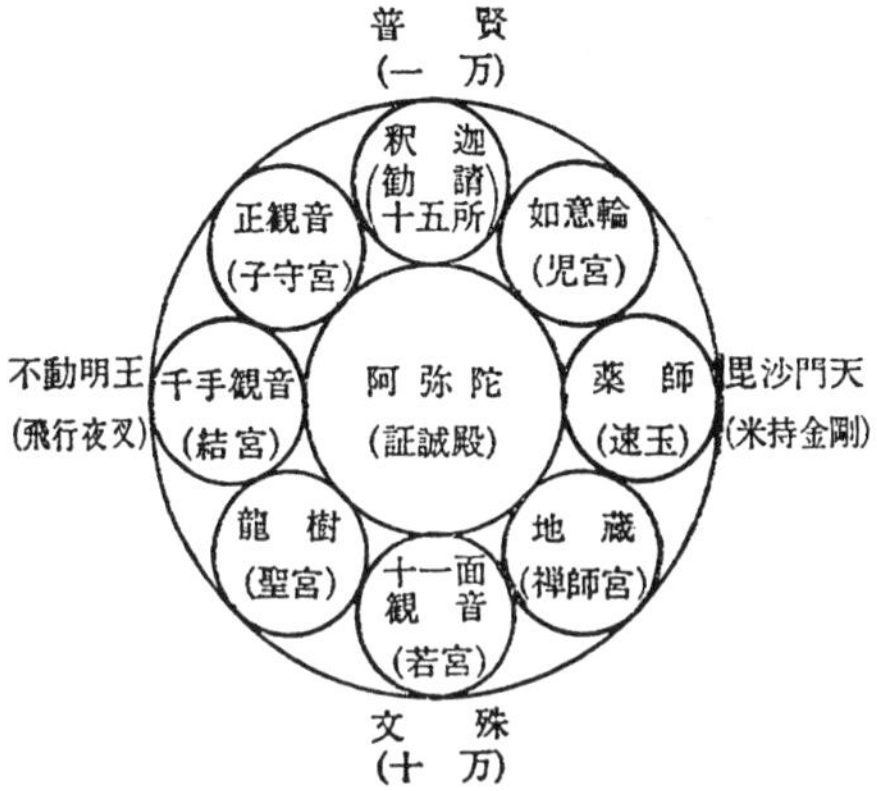

第６図　熊野本地曼荼羅の中台八葉院（宮家『修験道思想の研究』春秋社より転載）

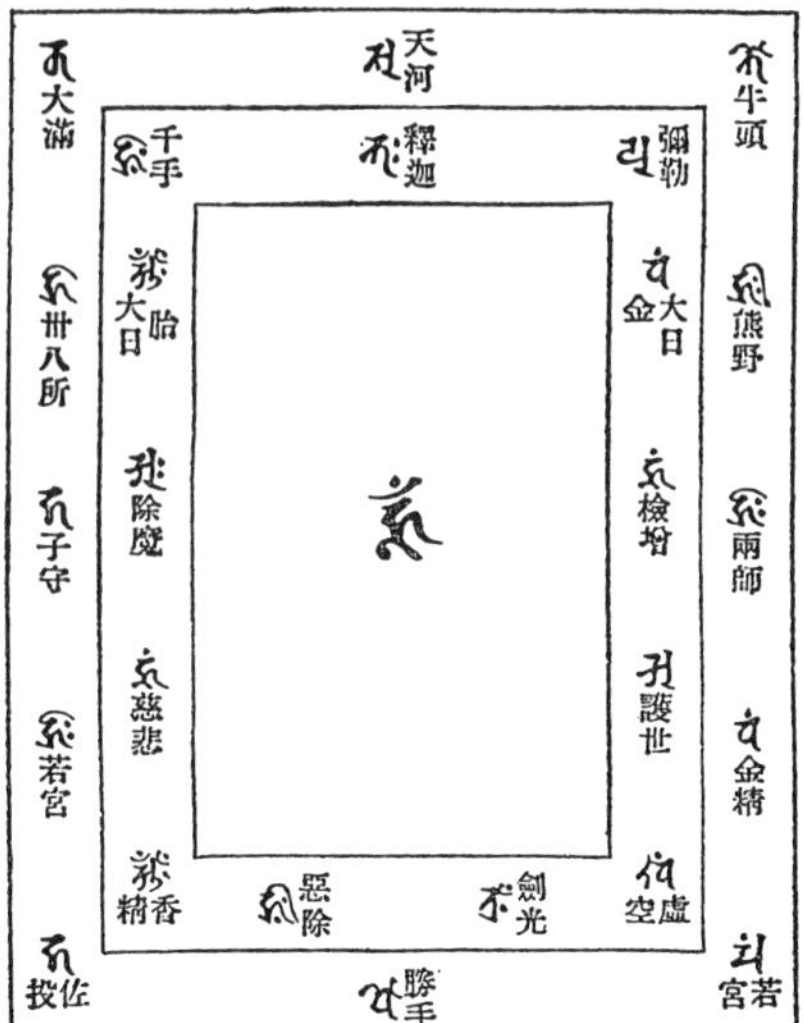

第７図　吉野種子曼荼羅（宮家『修験道思想の研究』春秋社より転載）

には吉野一山の諸社の本地の種子を配するという形をとっている。つまり曼荼羅全体が役行者の金剛蔵王権現感得譚を示す形をとっている。しかし同時に第二重の両脇に胎・金の大日如来の種子を配することによって、大峰山を金剛界・胎蔵界の曼荼羅とする金胎不二の思想をあらわしている。なお『金峰山秘密伝』によると、本来中央の金剛蔵王権現の名号自体も金剛は金剛界、蔵王は胎蔵界を示すとしている。吉野一山とくにその奥に位置する小篠は当山派修験の拠点となっている。ここにもさきにあげた修験恵印総曼荼羅に見られた金胎一致の思想が認められるのである。

熊野観心十界曼荼羅は熊野の修験や比丘尼が用いたもので、ここでは三重県志摩の熊野家蔵本を紹介しておきたい。熊野観心十界曼荼羅では第八図「熊野観心十界曼荼羅図」に見られるように、宇宙に位置づけるかのように最上部の左右に月日を配し、その下に上部三分の一に半円形の山を描いている。その山の右側登り口に赤子がいる館と鳥居を経て人生を追うかのように右側から山上に登ってそこから次第に左側に下って行き、鳥居を出る山道とその背景に種々の木が配されている。これを見ると右端の登り口には若夫婦と赤子の館があり、そこから順に幼児と紅梅、小児と桜、青年と桜を経て山頂に達する。この山頂には松や杉を背景にして壮年の男女が描かれている。そしてここから山を下って行くと紅葉を背景にした老男女がおり、最後の鳥居をへて閻魔王の法廷に出るという順序になっている。このように山を登り、そこからまた下っていく様子は人生の階梯になぞらえられ、これを背後の木によって示しているのである。

これに対して山の内側及び下の三分の二は、山の部分がいわば現世の事象を示しているのに対し

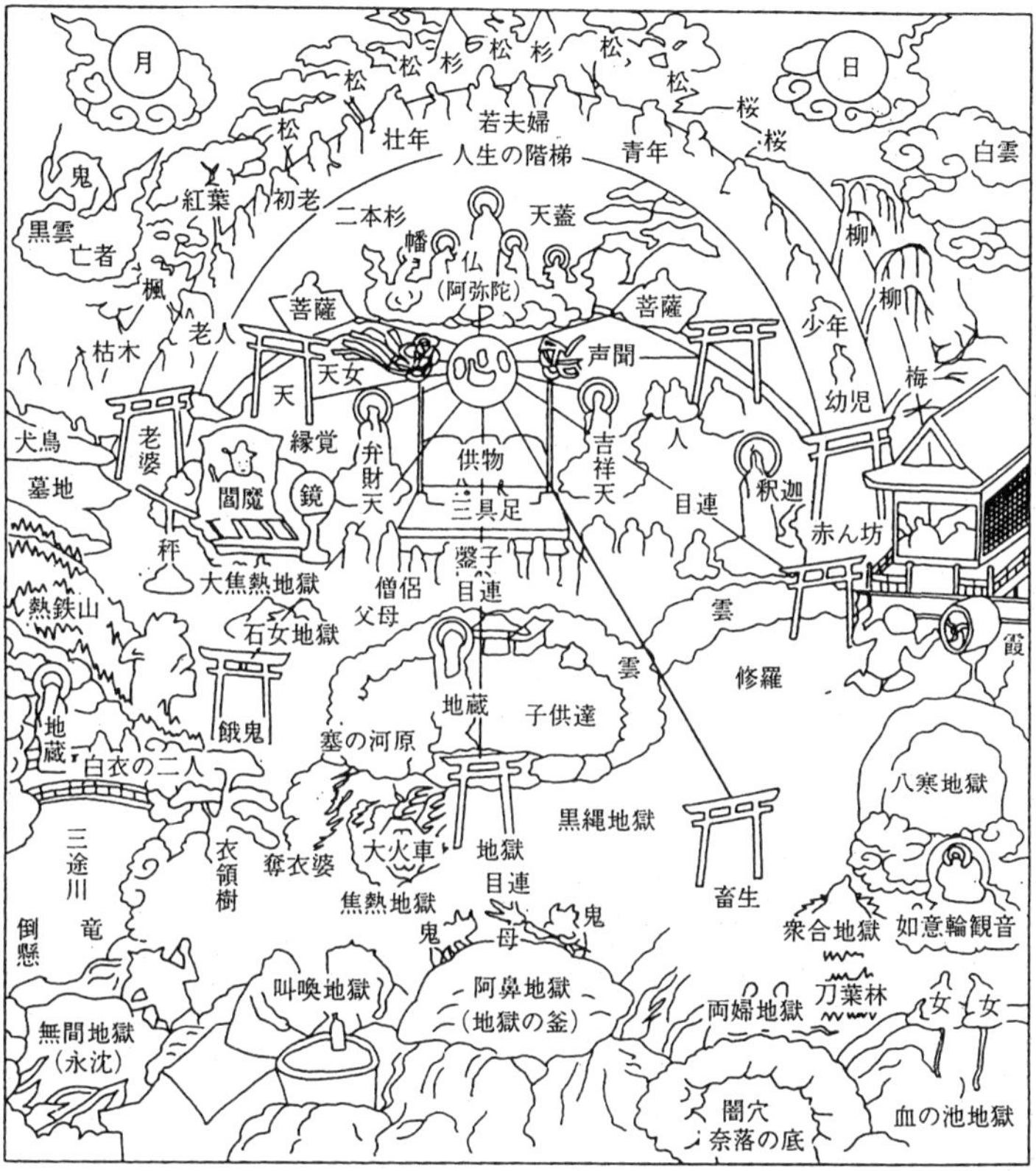

第８図　熊野観心十界曼荼羅図（宮家『修験道思想の研究』春秋社より転載）

て、来世（他界）である地獄・餓鬼・畜生・修羅・人・天の六道と声聞・縁覚・菩薩・仏の四聖から成る十界を描いている。もっともその中心をなすのは下方の地獄で、奪衣婆、火車、刀葉林、血の池、石女地獄などの地獄の凄絶な風景が描かれている。そしてここから鳥居を経て餓鬼、さらに畜生、次の修羅というように六道輪廻の世界が描かれている。

一方その上方の山の半円内の円弧の中央月輪中には心字があり、その上に弥陀三尊や菩薩、さらにその下に弥陀の来迎を寿ぐかのように法会を営む十二人ばかりの僧や在俗の帰依者、飛天などが描かれている。これを十界のうちの四聖に比定すると、在俗の帰依者が人、飛天が天、僧達が声聞・縁覚、来迎の菩薩が四聖の菩薩、阿弥陀が仏にあたるかも知れない。

このように熊野観心十界曼荼羅では基本的には人生の階梯に示される私たち人間の一生というものも、結局は十界に帰し、さらにその十界の根拠は人間の一心に基づくという十界唯一心の思想が描かれているのである。なおこの十界を一心に帰させるという思想は近世初期に当山派修験の常円が聖宝に仮託して著わした『修験心鑑鈔』では、修験道教義の中核をなすものとされており、近世後期の当山派修験では大峰山中の小篠で十界灌頂を行なっていた。また『住吉神社祭礼図』の熊野比丘尼の絵解きの状景では、この観心十界曼荼羅の心字を指し示す姿が描かれている。こうしたことからも、この十界唯一心の思想が熊野観心曼荼羅の眼目をなしていることがわかるのである。

第二章　修験道の他界観

修験道の他界観の根底にある日本の民俗宗教の他界観を里で生活する自己（ego）を中心として図示すると「第九図　他界観の配置」のようになる。一般には高天原のように天上に位置する天上の他界、地獄や黄泉と結びつく地下の他界が想起される。けれども日本の民俗宗教ではむしろ水平線上の山や海が他界と結びつけられている。この二つの他界は霊魂観と関わっていて、山と海は人間の生の根源で霊魂の源であると共に死後の霊魂の行方を想起させるものである。すなわち山に関しては山麓の川辺、海では浜に産屋を設けて生児に霊魂を付与する信仰が認められる。また出産の際に夫やその知人などが馬をつれて山に行き、馬が胴ぶるいをしたら霊魂がついたとしてつれ帰る信仰がある。また豊臣秀頼を吉野の水分神社の申し子、徳川家康を三

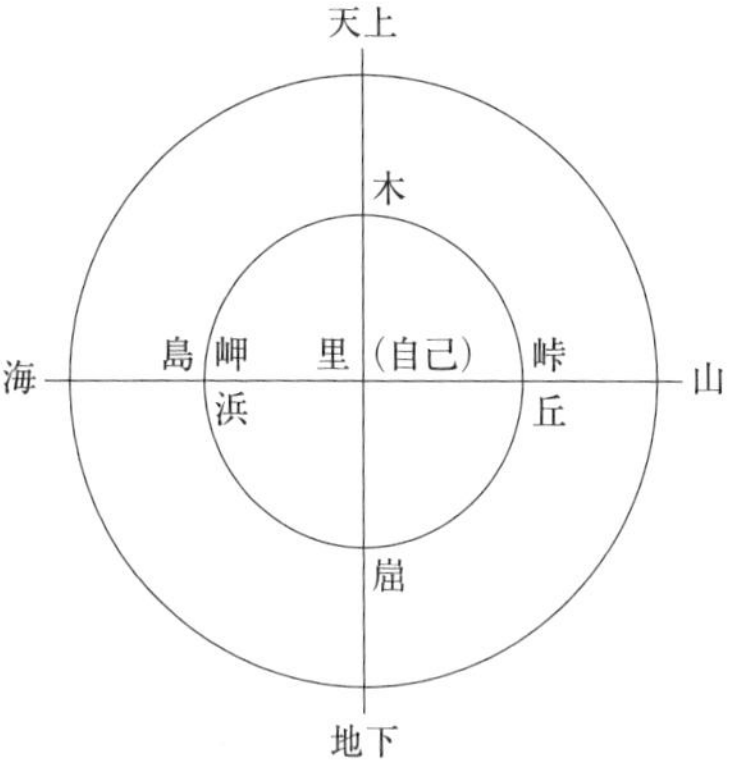

第９図　他界観の配置

河の鳳来寺の申し子とする話、昔話の川上から流れてきた桃（女性の性器になぞらえる）から生まれた桃太郎、山の竹から生まれたかぐや姫の話などは、これである。

今一方で山を死者の他界とする信仰は墓地を山麓や丘に設けたり、古代に天皇の御陵を山稜と呼んだ信仰、盆に山から祖霊がついたとされる盆花をもち帰る信仰に認められる。また漁村では浜に墓地を設ける信仰が認められる。このように日本の民俗宗教では山や海を他界としていたのである。そして図に示したように里と天上の境に峠や丘（そこの巨木）、海の他界との境に浜・岬、島などを他界の入口、窟を地下の他界の入口とし、その境界領域を他界の神と里人との交流の場としたのである。

この民俗宗教の他界観をふまえて、修験道の中心道場である吉野から熊野に至る大峰山系と紀伊友ヶ島から大和の金剛山をへて二上山に至る葛城山系に見られる他界の全体的な特徴を眺めて見ると、山には全体として死者の他界や道教的な仙人などの住む他界の信仰が多いことが注目される。ちなみに伝承では山中で行方不明になった修験者が仙人になったといわれていた。この他では龍神が住む場所が多くなっているが、これは水分の神の信仰との関係を示しているようで興味をそそられる。仏教的に脚色された他界としては、阿弥陀、地蔵、弥勒、観音の他界や大峰山の金・胎曼荼羅観が注目される。これらをもとにして他界観の時代的展開を推測してみると、中世初期には法華経の霊山浄土や弥勒菩薩の兜率天の他界が強かったのが、中世末以降になると、阿弥陀や地蔵の信仰が強くなっている。これは大峰山が次第に民俗宗教の祖先崇拝と習合していったことを示している。

またきわめて興味深いことに他界とされている霊地の近くに、男女が抱き合った聖天や胎内窟が多く認められることである。これはさきに見たように民俗宗教において霊山が生児の魂の源郷とされていることに結びつくと思われるのである。さらに後述するように峰入修行が象徴的に死んだ上であらたに受胎し、他界で修行して、仏となって再生することを象徴的に示すものと思われるのである。なお現在大峰山の山上ヶ岳の山麓の天川村洞川や山上ヶ岳には三十三回の峰入を記念した石碑が数多く認められる。これは仏教の三十三回忌の弔いあげに因んで、生前三十三回峰入することによって、成仏を確信する逆修の思想にもとづいているのである。また女人禁制の山上ヶ岳の山麓で、女性が下山した修験者に跨いでもらったり、加持を受けたりしたら子供にめぐまれるとの信仰も、山中に新しい生を育む力があり、登拝した修験者がそれを得たとの信仰にもとづくと考えられるのである。

大峰山と並ぶ中央の修験道場の葛城山では、法華経二八品に準えた二八箇所の経塚が中心となっている。なおこの経塚の所在地は一般には峠またはその近くの嶽が多く、ごくまれに尾根道、窟（序品窟）、川中の石（流谷、亀の尾）などである。次に経塚の形態は切立、五輪などの石塔、石祠、自然石に種子などを刻んだもので、傍に目印の松などが植えられている。なお現在は多くの経塚は菩提を弔うものと信じられているが、一部雨乞いや修行の場所とされているものも認められた。

そのほか葛城山系の霊地には、葛城八大童子の在所、龍神を祀る水の信仰、死者や地蔵の他界、弥勒や阿弥陀の他界が認められた。ところが近世末になると、友ヶ島の観念窟・序品窟などの窟、深蛇池・剣池などからなる海の他界が重視されている。そしてこれと対をなすかのように、同様に観念窟を持つ二上山周辺の地蔵、弥勒、阿弥陀、大日、観音などを祀った山の他界が見られるのである。

ところでこうした山中他界観は東北地方の出羽三山・鳥海山・岩木山・山寺（立石寺）、中部地方の立山・富士山・白山・木曽御岳、近畿地方では大峰山系や葛城山系に限らず、高野山・伊勢の朝熊山、中国四国地方の伯耆大山・石鎚山、九州地方の英彦山・求菩提山・宝満山などでも認められる。一方海上他界観は那智の補陀落の浜や葛城の友ヶ島の他に佐渡の外海府、四国の足摺峠、国東半島にも認められる。

こうした修験道における山中他界と海上他界を比べて見ると、両者の間に次のような類似点を発見することが出来る。まず他界への入口としては山中の他界では川が、海上の他界では渚や浜があげられる。例えば大峰への吉野側からの逆峰の際は吉野川の柳の宿、熊野からの順峰の際は音無川や熊野川などがいずれも山中の他界への入口となっている。そしてここで垢離をとることによって他界に入って行ったのである。一方海上の他界に行く際には、補陀落渡海などでは浜で修法した上で船に乗りこんだ。他界への道中を見ると、山中の他界へは途中で峠の神、童子、王子などを拝し花を手向けるなどしながら進んでいくのに対して、海上の他界には観音や道祖神を舳先に祀ったひさご型の船で行ったのである。こうして辿りついた山中の他界は、美しい山頂を背景にして、池・

谷・滝・岩場・岩窟などがある所である。一方海上の他界は海上の島や海につき出た岬である。葛城の友ヶ島のように岩場や岩窟が見られることも少なくない。

次に祀られている崇拝対象を見ると、山の他界では阿弥陀・弥勒・地蔵が、海の他界では観音が主な神格とされている。なお山の他界には地獄や極楽を設けたり、聖天が祀られていることもある。一方海の他界は多くの場合、観音の補陀落浄土とされていた。もっとも日光の中禅寺湖や出羽三山の月山では山中の湖や池に観音の補陀落の他界が想定されている。ちなみに立山や石鎚ではブロッケン現象を阿弥陀如来の来臨として崇めている。これに対して海上の他界では熊野・大阪の四天王寺、足摺岬などで行なわれた日想観が注目される。前者は天との、後者では水平線との接点が注目されているのである。

修験道の他界では誕生と死に関係したシンボルが共存し、男女の合体が強調されている。大峰山中で卒塔婆の近くに聖天が祀られたり、死者と結びつくと共に子授けの信仰が見られるのは生と死の共存の例である。また月山の三鈷沢では阿弥陀如来のそばに孕み松があり、その樹上で覗きの行をした由である。また大峰山中の他界では聖天や陰陽石が認められた。さらに大峰山中の弥山の本尊の弁財天は弓箭を持つ女形であるが、これも男女冥合を示すものである。このほか月山の東の補陀落の滝には一〇メートル余の巨大な男根形の立石があり、西の補陀落の滝下には女陰形の胎内くぐりの行場がある。これらはいずれも他界における男女の合体を示しているといえよう。

修験道の他界は山中・海上というように人間の生活空間と同一平面に想定されているわけである

から、当然そこではこの世の自然地理的な状況がそのまま他界として認められているのである。こうした自然現象をそのまま他界とする見方とあわせて、修験道の教義ではこの世のものも他界のものも森羅万象すべてが仏性を持つ故、基本的には同じものとしている。ただこの世にある人間はこのことを気づいていない。それ故、他界である山岳で修行することによって、このことを悟らなければならないというような説明がなされているのである。

第三章　修験道の崇拝対象

(一) 山の神・荒神・権現

修験道の崇拝対象を考察するにあたって、まずその前提となる民俗宗教の山と関わる崇拝対象である山の神・荒神・権現について簡単にふれておきたい。

まず山の神は山にいて山林やそこにいる動植物を領有すると共に、さらに里人を守護する山の神、十二サマ、オサトサマと呼ばれる神格である。神道では大山祇神、その娘の木花開耶姫と名付けられている。そして古来は石や岩、樹木をよりましとしていたが、一般には幣帛をよりましとして小祠に祀られている。なおマタギなどの猟師、木こりなどは山の神を獲物の主、木の主として崇めている。特に猟師は山の神は獲物を与えてくれる女神で十二人の子供を生むとしている。もっとも近畿地方では男性の山の神も認められる。そして烏、猪、猿、狐、蛇などを山の神の使いとして崇めている。柳田国男は、山の神は死者の霊が子孫に祀られて神となったもので、四月八日には里に降りて田の神となって農耕を守護し、秋には山に帰って山の神になるとしている。なお山の神は生まれた赤子に魂を山からもたらすが、それは数年前に死んだ先祖の魂が清まったものともしている。

荒神は家や地域社会で祀られる荒ぶる性格を持ったはげしく祟りやすい神格である。荒神には屋内の竈などで祀られる内荒神と、屋外で屋敷神、同族神、集落神として祀られる外荒神がある。ちなみに荒神の祭日は不動明王の縁日と同じ二八日である。このことからもわかるように荒神は修験道では広く崇められ、羽黒山の勤行式ではまず三宝荒神の宝号と真言が唱えられている。また備前の児島の五流修験は荒神の祭りを行ない、同県やその近隣に荒神信仰や荒神神楽をもたらしている。

権現は本来は仏や菩薩が人々を救う方便として権りに人の姿を示して現れることを意味し、権化、示現、化現などの熟語に見られるように、日本に仏教が伝来してから日本古来の地主神と仏教の仏菩薩との習合を思想的に意味づけるために神は仏菩薩が仮りの姿として示現したものとして権現の称号を与えたものである。ただこの神への権現号の付与にあたっては、その多くが後述する蔵王権現、熊野権現、羽黒権現、彦山権現というように山の神、山の地主神に対してで、それ以外の氏神や集落の神に対しては権現号を付与する例はあまりみられなかったのである。時代的には平安時代中期頃に始まるもので、初期のものには藤原道長が金峰山に奉納した経塚に蔵王権現と記したものや、一二世紀初期になる『今昔物語』にも熊野権現の名が認められる。なお修験道成立後に広く知られた金剛蔵王権現と熊野権現に関しては、以下の第二節、第三節でとりあげることにしたい。

（二）金剛蔵王権現

金剛蔵王権現は役行者が金峰山上で感得したとされ、金峰山のみならず、修験道の本尊ともいえる権現である。延文二年（一三三七）に成る修験道成立期の伝承を記す『金峰山秘密伝』には以下のように記されている。天智天皇（六二六〜七一）の頃、金峰山上の岩の前で役行者が末世にふさわしい守護仏を求めて祈念したところ、まず釈迦如来が現れたが衆生にはふさわしくないとして退けると、千手観音が現れたがこれも柔和すぎるとして退けると、弥勒菩薩が現れた。しかしこれは未来仏であると退けると、青黒の姿をした忿怒の姿をした仏が現れたので金剛蔵王権現として祀ったとしている。現在山上ヶ岳の大峰山寺前の丘にはこの金剛蔵王権現が湧出したとされる岩がある。

その後近世初期の『峰中秘伝』には以下のようにある。役行者が大峰山上で守護仏を求めて祈念すると七日目に弁才天が現れたが、美麗なので山の主とはなしがたいと天川に流すと天川弁才天となった。さらに祈念をこめると十四日目に地蔵菩薩が現れたが、これも適さないと吉野川に流した。これが川上の勝軍地蔵菩薩である。そして二一日目にこれらを一体とした荒神が出現し、右足をあげて天に昇ろうとしたので、ひきとめて自己の守護神として祀った。これが金剛蔵王権現であるとしている。現在吉野では後者の伝承も知られている。

さきにあげた『金峰山秘密伝』の「金剛蔵王尊像習事」の条によると、その尊像は一面三目二臂の青黒の忿怒相で、頂上に三鈷冠を戴き、左手に剣印を結んで腰に案じ、右手に三鈷杵を持って頂上にあげ、左足は磐石、右足は空中を踏みしめたもので、それぞれについて次のような説明がなされている。まずその身体の色が青黒であるのは降魔の相をあらわす。次にその面上の三つの目は、左眼は弥勒の大悲の眼、右眼は観音の大悲の眼、中央の一眼は釈迦の大定不二の眼で、総じてこの三仏の徳を秘蔵して三界を照らして三菩提を開くことを示し、頂の三鈷杵は弥勒、観音、釈迦を表象する。左手の剣印は三世の怨敵を降伏すること、これを腰に案ずるのは、腰が地輪ゆえ、地魔を降伏し国土を鎮めることをさす。一方右手の三鈷杵は法界の魔群を降伏することを意味し、これを空中にかざすのは三妄の雲を払い、天魔を調伏することを示す。次に左足で磐石を踏むのは、四海の重障を鎮めること、右足で空中を踏むのは曜宿の障りを踏みつけることを示している。

なお金峯山修験本宗の『金峯山勤行儀』所収の『蔵王権現和讃』では、その最後に「昔は霊鷲山に在り『妙法蓮華経』を説法し、今は金峯の霊嶽に忿怒の形を示現せり、たのもしきかな大権現、慈悲の方便廻らして、我等衆生を救はんと、利生の示現嬉しけれ、今此の蔵王権現を信心供養する者は所作の罪障皆滅し、災禍も転じて福となり二世の求願も成就し、福徳、円満、智慧自在、寿命も亀鶴の如くにて、心に祈る願望は必らず大悲の霊験を証得せぬことなかるべし、蔵王利生の高大は、言葉も筆も尽し得ず、一言讃むるを縁として六趣の群生を利し給へ、慈悲高大な蔵王尊、和光同塵大権現」とその利益を称えている。

(三) 熊野権現

紀伊の熊野には熊野神邑近くの新宮に熊野速玉神と熊野牟須美神が祀られていた。その後本宮に熊野坐神が祀られた。なお本宮では熊野坐神を家津美御子神(または証誠菩薩)と呼んでいた。なお家津美御子神は木を神格化したもの、速玉神は寄り神、牟須美神は産霊神である。その後那智にも牟須美神、速玉神、家津美御子神が祀られ、本宮、新宮、那智の熊野三山が成立した。その後熊野三山では本地垂迹思想に則って、家津美御子神の本地を阿弥陀如来、速玉神の本地を薬師如来、牟須美神の本地を観世音菩薩とし、熊野三所権現と呼ばれるようになった。

長寛元年(一一六三)になる『長寛勘文』所引の『熊野権現御垂迹縁起』では、熊野権現は唐の天台山の地主神の王子信が甲寅の年に鎮西の彦山に飛来し、その後伊予の石鎚山、淡路の諭鶴羽山、紀伊牟婁郡切部山西の玉那木、熊野新宮の神倉、阿須賀神社の石淵谷をへて、本宮の大湯原の三本の櫟の木に三つの月の姿として天降ったのを猟師の熊野部千与定が発見して祀ったとしている。その後一二世紀末になると、吉野の修験道の影響がこの地に及び、三山のそれぞれに修験道の拠点が造られた。なお吉野には子守などの童子神が祀られ、大峰山中には大峰八大金剛童子が祀られた。その影響もあってか、やがて熊野にも、さきの三神の他に、まず若宮女一王子・禅師宮・聖宮・児宮・子守の五所王子、さらに勧請十五所・一万と十万・飛行夜叉・米持金剛の四所明神が加えられ、

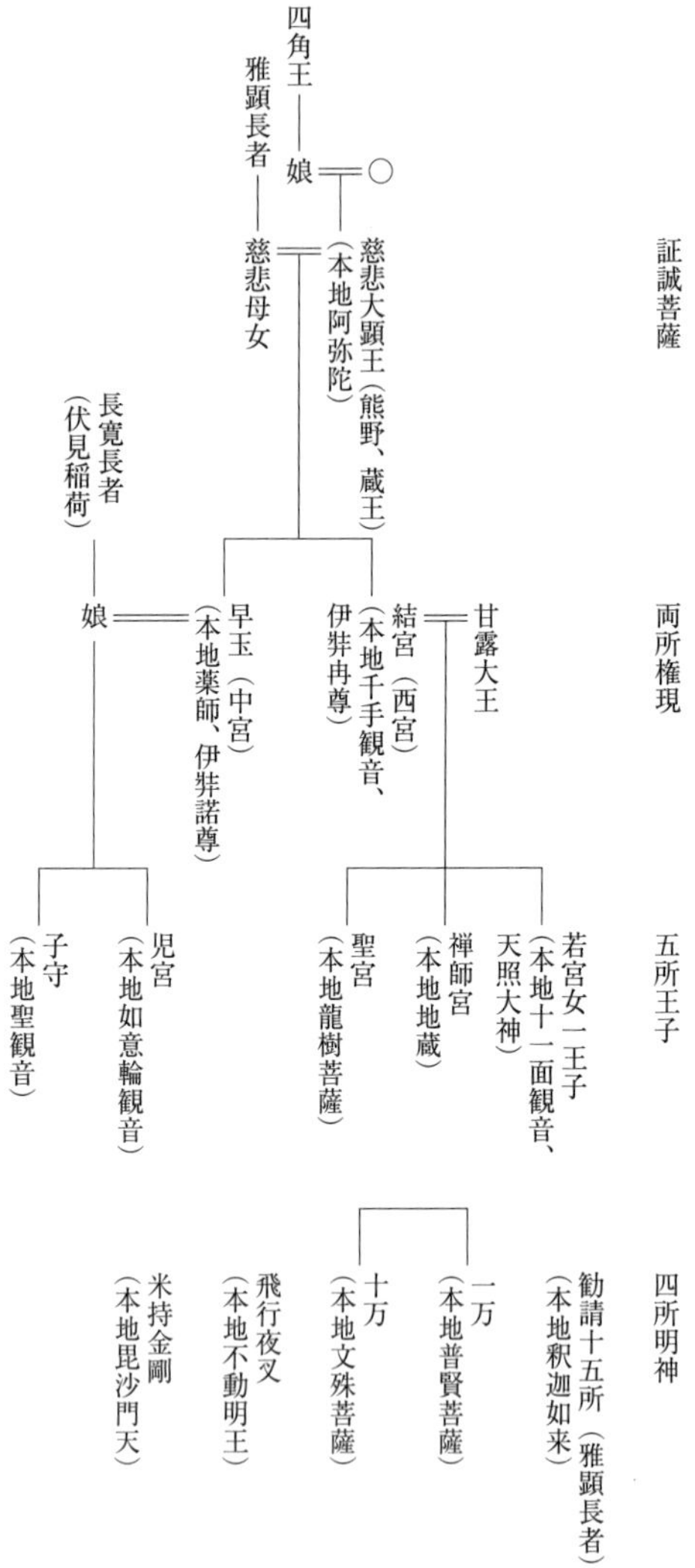

第10図　熊野十二所権現の系譜

第 11 図　熊野十二社権現の諸神格

合計十二の神格からなる熊野十二社権現が成立した。また熊野参詣路にそって道中を守護する九十九王子と総称される数多くの王子が祀られたのである。

修験道が成立した一四世紀末頃になる『修験指南鈔』では、この十二社権現のそれぞれについて以下の説明がなされている。まず本宮の主尊の家津美御子神は本地は阿弥陀如来で人々に念仏往生が真実であることを示すから証誠殿といわれる。インドから渡来した婆羅門僧正（菩提僊那七〇四～七六〇）があらわした。その働きは貧窮を除いて富貴をもたらすことにある。結宮は那智の主尊で証誠殿の西に祀られていることから西の御前ともいわれ伊弉冉尊の別称である。その姿は女体で本地は千手観音で空海があらわした。天魔を払い外道を鎮める働きをはたす。新宮の主尊の速玉神は伊弉諾尊の別称で証誠殿と西宮の中央に祀られていることから中の御前といわれる。俗体で本地は薬師如来、最澄があらわした。除病と延命を司どる。以上の三神を三所権現、結・速玉の二神を両所権現と呼んでいる。

次に五所王子を見ると、まず若宮女一王子は女体で若殿ともいう。天照大神ともされている。本地は十一面観音で熊野修験を統轄した園城寺の開祖円珍（八一四～九一）があらわしたという。次に禅師宮は法体で本地は地蔵菩薩、比叡山の浄土教の先駆とされる源信（九四二～一〇一七）があらわした。聖宮も法体で本地は龍樹、園城寺で修行した後に箕面山に隠遁した千観（九一八～八三）があらわした。この三神は伊弉冉尊と甘露大王の子である。児宮は童男形で本地は如意輪観音、子守宮は女体で本地は聖観音いずれも円珍の弟子で園城寺の座主となった増命（八四三～九二七）によってあらわされた。なおこの二人は伊弉諾尊と長寛長者の娘の子である。次に眷属神の四所明神をとりあげると、まず一万は俗体で本地は普賢菩薩、十万も俗体で本地は文殊菩薩、ともに円仁（七九四～八六四）によってあらわされた。なおこの一万と十万は一組の神格とされている。勧請十五所は本地は釈迦如来で婆羅門僧正によってあらわされ、俗体である。飛行夜叉は不動明王、米地金剛は毘沙門天を本地とし、いずれも夜叉型で、ともに円珍によってもたらされた神格としている。ただ『修験指南鈔』では五所王子、四所明神の働きについては何もふれていない。ところがほぼ同じ頃に成立した『金峰山秘密伝』には五所王子のうち若宮女一王子は人々の苦しみを除き、禅師宮は悪に染まっている人々を救い、聖宮は菩薩の智慧の光をあらわし、児宮は人々を救済し、子守宮は人々を敬愛する神格である。次に四所明神については、一万は人々の迷いを断ち切り、十万は人々を融和の世界に導びく神格である。勧請十五所は汚れた世界から人々を救出し、飛行夜叉は大空を飛んで除魔をはかり、米持金剛は福を授ける神格としている。

なお『修験指南鈔』にはこれとあわせて、熊野権現の本縁をインドに求める次の話をのせている。中部インドの摩掲陀国に慈悲大顕王という王とその臣下の雅顕長者がいた。慈悲大顕王は釈迦の父で浄飯王の五代の孫、雅顕は釈尊の弟子迦葉の三世である。また慈悲大顕王の后の慈悲母女は雅顕の息女である。雅顕は慈悲大顕王の指示に従って釈尊ゆかりの霊鷲、檀特の両山で修行した。その後慈悲大顕王は日本の人々を救うために紀伊の牟婁郡備崎と大和の吉野郡涌出岳に降臨し、熊野では権現、吉野では蔵王となった。その折王に随行した雅顕はすぐに伊勢の皇大神宮に行き、天照大神に自分はインドから飛来した権現・蔵王の使者である。この地に留まって王法を守り、人々を救うことを許してほしいと奏上した。すると天照大神が日本の民の頭は神武天皇であるからその許しを得るようにと答えたので、長者は神武天皇に奏上してその許可を得た。こうして紀州の牟婁郡には十二所権現、大和の吉野郡には蔵王権現が祀られるようになった。なお雅顕は熊野十二所権現の一つ勧請十五所となった。また雅顕は一二〇〇年にわたり七度生まれかわって大峰で修行し、その七度目が役行者であるとの話をのせている。なお雅顕の弟の長寛長者も日本に飛来して伏見稲荷となった。この伏見稲荷は熊野への参詣者に護法を随行させ、その道中を守護したとされている。

（四）不動明王

不動明王は宇宙の真理を表わすために、『大日経』所掲の諸仏諸尊を母胎にいだかれた形でその中におさめられた胎蔵界曼荼羅、『金剛頂経』所掲の諸仏諸尊を九会の枡におさめた金剛界曼荼羅の主尊として重視される大日如来の教令輪身（剛強で教化しがたい衆生を導びくために威のある怒った姿であらわす）の仏である。その際忿怒の中に慈悲をあらわし、奴僕として行者に仕えると共に自身も眷属を使役する仏とされている。またその一身のうちに凡夫の迷いの世界である地獄・餓鬼・畜生・修羅・人・天と悟りの世界である声聞・縁覚・菩薩・仏の十界を備えた仏とされている。その際具体的にはその像容にあわせて、背後の火焰は地獄、黒醜の形像は餓鬼、迦楼羅（金翅鳥）の光背は畜生、剣は修羅、索は人、瓔珞は天、袈裟は声聞と縁覚の二乗、宝索は菩薩、頂の蓮華は仏の十界を示している。それ故修験者は不動明王を念じて修行することによって修験道の眼目である十界一如の理（仏も衆生も十界を互有しているという真如観）を悟るのである。ちなみに不動明王のサンスクリット語のアチャラ・ナータはインドでは「山岳の主」という意味に解されているから、修験道の本尊としてもふさわしいと考えられる。

さらに『修験修要秘決集』に収められた切紙「役行者尊形之事」では役行者は金胎両部の直体、不動明王の全相であるとしている。そして具体的には役行者の身長は八尺（約二メートル四二センチ）で、頭に戴いている長頭襟は胎蔵界曼荼羅の中台八葉院、不動明王が頭に戴く八葉の蓮華、右手の独鈷は煩悩を断ち切り真理を悟る智慧の剣、左手の念珠は広大な慈悲心によってすべての人を救済するための縄である。あるいは『般若心経』を持っている開口の姿は常に阿字を念じ唱えるあるがままの姿をあらわし、身にまとった藤皮は無明を断ずるための火焔、足の鉄駄は永久不変の真理である阿字、壊れることのない磐石を示し、左脇に従えている禅童鬼は矜羯羅童子、右脇の智童鬼は制吒伽童子を示すとしている。

修験者が読経に際して最も重視しているのは『聖不動経』（小経）である。これによると不動明王は無相の法身ゆえ、特にどこといった居所はなく、むしろ人々の心の中に住んで、その望みに応じて利益を与えてくれる仏である。そしてその青黒の色は大悲の徳、座している金剛の磐石は大定の徳、背後にいだく火焔は大智慧、持する剣は大智によって貪・瞋・癡を害すること、手にしている索は三昧の力によって難伏の者を縛することを象徴するとしている。すなわち不動明王は大悲・大定・大智慧によって人々の貪・瞋・癡の三毒を縛し救済する威力にとむ仏とされているのである。なお不動明王に関しては慈救呪、火界呪、不動一字呪が唱えられているが、そのそれぞれの意味は次の通りである。

慈救呪＝一切の金剛、特に猛威大威怒の相を現じて、破壊と恐怖と堅固の徳を備え給う不動明王に帰命し奉る。

火界呪＝一切如来、一切法門とくに一切行に猛威大忿怒の相を現じ、一切の障礙を噉食し、徹底的に調伏の行をなして、常に止むことなく大忿怒叱呵の聖徳を備え給う不動明王に帰命し奉る。

不動一字呪＝一切金剛とくに不動明王に帰命し奉る。

このうち特に慈救呪と不動一字呪は好んで用いられている。

(五) 修験道で崇める諸仏

修験道では仏教の諸仏諸尊や全国各地の山岳信仰に関わる神格、権現を崇めている。そこでまず諸仏諸尊に関して、現在『本山修験勤行常用集』所収の諸真言に所掲の仏菩薩名をあげると(○は特に重要)、○大日如来、○釈迦如来、阿弥陀如来、薬師如来、地蔵菩薩、文殊菩薩、普賢菩薩、観世音菩薩、法起大菩薩、愛染明王、○孔雀明王、○金剛童子、降三世明王、○蔵王権現、三宝荒

神、毘沙門天、弁財天、大黒天、大聖歓喜天、〇不動明王、五大明王、降三世夜叉明王、軍荼利夜叉明王、大威徳夜叉明王、金剛夜叉明王、大日大聖不動明王とある。なお元本山派修験の「修験道」（総本山五流尊龍院）の『修験道勤行集』の宝号では、熊野十二社大権現、天照皇大神宮、八幡大菩薩、春日大明神、稲荷大明神、金毘羅大権現、修験道高祖神変大菩薩、大峰中興聖宝理源大師、修験道列祖諸大先徳、大峰山上大権現、富士浅間大権現、彦山大権現、出羽三山大権現、石鎚山大権現、大山智明大権現、戸隠山大権現、御嶽山大権現、日光二荒山大権現、岩木山大権現、当所鎮守氏神大明神、日本国中の大小の神祇があげられている。

これを見ると諸真言では大日如来、釈迦、阿彌陀など仏教の代表的な諸尊と不動明王を始めとする明王部の諸尊が中心をなしている。また宝号では熊野、伊勢、八幡など日本の代表的な神格、諸霊山の権現、修験道の高祖役行者、当山派の祖である聖宝があげられている。

以下この両勤行集所収の重要なものをまとめて見ると、まず修験道の本尊ともされた不動明王、金峰山の金剛蔵王権現、大峰八大童子、葛城七大童子と開祖役行者、大峰を中興した聖宝をあげることができる。次に諸仏菩薩を見ると、まず如来部では大日如来、釈迦如来、阿弥陀如来、薬師如来が重視されている。観世音菩薩は不動明王と並ぶ重要な位置を占めていて、なかでも正観音、十一面観音、如意輪観音が重視され、その他では釈迦如来の滅後五十六億七千万年後に下生して人々を救う第二の釈迦如来とも呼べる弥勒菩薩が金峰山などで崇められていた。また釈迦如来の両脇侍である文殊菩薩と普賢菩薩が注目される。次に他界信仰と結びついて注目されるものとしては、阿弥陀如来と地蔵菩薩とその対をなす虚空蔵菩薩がある。すなわち地蔵菩薩は地獄におちた人を救済する仏とされ、虚空蔵菩薩は初期には記憶力の増進をはかる「虚空蔵求聞持法」の仏とされたが、後には天界の祖霊の守神とされた。明王部の諸尊では東方降三世夜叉明王、南方軍荼利夜叉明王、西方大威徳夜叉明王、北方金剛夜叉明王が崇められた。特殊なものには役行者がその呪を用いて降魔をはかった孔雀明王がある。なお比叡山の本尊である薬師如来は峰の薬師として霊山でも崇められた。また大峰山麓の天川（奥院は弥山）などで富貴の神とされる弁才天、鞍馬山などでも祀られる軍神の毘沙門天（多聞天）なども修験道でも崇められている。

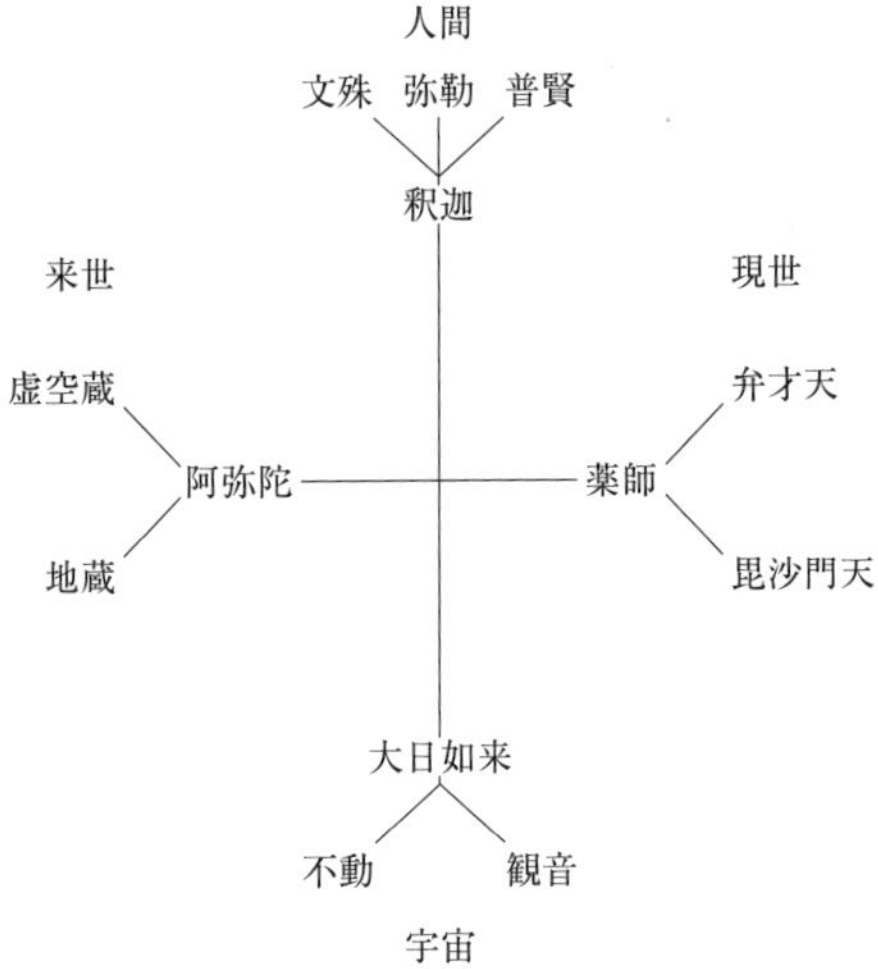

第12図　修験道の諸仏の相関

そこでこれらの修験道で崇められている諸仏菩薩の位置を図示すると、第一二図のようになる。この図では縦軸に釈迦如来を中心にその当来仏の弥勒菩薩、脇侍である文殊菩薩と普賢菩薩をあげている。下には宇宙と結びつく大日如来とその教令輪身の不動明王と観音をあげている。左側には来世と関わる阿弥陀如来と天の他界と関わる虚空蔵菩薩と地獄からの救済主地蔵菩薩をあげている。

右側には現世利益と結びつく治病の薬師如来と福徳神の弁才天、軍神の毘沙門天をあげている。修験道はこうした多様な仏菩薩と関わりを持っているのである。

（六）地方霊山の仏菩薩・権現

各地の代表的な修験霊山ではそれぞれ独自の仏菩薩や権現が祀られている。そこでその主なものをあげておきたい。

羽黒山では永治元年（一一四二）になる『羽黒山縁起』では、崇峻天皇の皇子参弗理が烏に杉の大木に導びかれて、そこに観世音菩薩を発見して観世音菩薩として祀っているとある。日光では鎌倉初期になる『補陀落山建立修行日記』に以下のように記されている。勝道が大同三年（八〇八）、日光山麓の中禅寺で念誦読経した。すると三〇歳位の天女、一五歳の狩衣の青年、五〇歳位の束帯の三柱の神が鹿に乗って現れて、自分達はこの地の山の神だが、今後は護法となって人法を守るといったので、これを日光三所権現として祀ったとしている。立山では鎌倉時代末成立の『類聚既験抄』では、佐伯有若が山中の窟に追いつめて射た熊が金色の阿弥陀如来になったので恐れおののいて立山権現として祀ったとしている。白山では一四世紀頃になる『泰澄和尚伝』によると、泰澄が夢にあらわれた貴女に導びかれて、山頂の御前嶺で九頭竜（本地十一面観音）別山で宰官（本地聖観音）大汝峰で老翁（本地阿弥陀如来）に見えたので、白山三所権現として祀ったとしている。

伯耆大山では鎌倉末になる『大山寺縁起』には出雲国玉造の猟師依道が美保の浦で発見した金色の狼を追って山の洞で射殺そうとしたら地蔵菩薩が現われ、狼は老尼となり都藍尼と名乗った。そして自分は三世にわたってこの山で修行して、山の神となった。ともにこの洞で地蔵を祀りたいといったので発心して、依道は金蓮と名乗った。山内の人々は彼を霊像権現（本地観音）と崇めたという。石鎚山は『日本霊異記』によると、八世紀中頃寂仙という禅師が修行して人々から菩薩と崇められていた。彼は死の直前に、皇子として再生して神野親王と呼ばれると予言した。その後桓武天皇の皇子（後の嵯峨天皇）が神野親王と名付けられた。彦山に関しては建保元年（一二一三）になる『彦山流記』によると、彦山権現はインドの摩訶提国から中国の天台山の王子晋の旧跡をへて彦山に飛来し、南岳は俗体で伊弉諾尊（本地釈迦如来）、北岳に法身で天忍穂耳尊（本地阿彌陀如来）、中岳に女体で伊弉冉尊（本地千手観音）の三所権現として示現したとしている。

そこで最後にさきの金剛蔵王権現と熊野権現も含めて全体としてまとめてみると、まず金峰山で役行者が金剛蔵王権現を顕したように、宗教者が山岳の守護神を顕す事をめざして修行の末に顕現させたものと、熊野の千与定が猪を追って山中に入り熊野権現を発見したように、神使の導きで権現に接して祀ったものがある。前者の修行によって権現を顕した宗教者には、役行者の他に、熊野の裸行、熊野十二所権現の個々の神格を顕わした僧侶、羽黒の参弗理、日光の勝道、白山の泰澄、彦山の法蓮などがある。一方、神の使いの動物が狩猟者を権現の所に導いたとの伝承を持つ霊山には、熊野本宮・新宮、立山、伯耆大山がある。もっとも、その動物は猪（本宮）、熊（新宮・立山）、狼（伯耆大山）というように、多様である。なお、羽黒では烏、彦山では鷹が修行者を導いている。また、白山・伯耆大山では美女が修行者や猟師を導いている。

次に権現が顕現する場所は、岩（金峰・新宮神倉）、洞窟（立山・伯耆大山）、木（羽黒・熊野）、湖・池（日光）、山頂（白山）、月（熊野）など多様である。その顕現する姿は、観音（羽黒・白山）、阿弥陀（立山・白山）、地蔵（伯耆大山）などの仏菩薩、法躰・俗躰・女躰の三神（白山・彦山・熊野）、金剛蔵王権現（吉野）、童子・王子（熊野・大峰）、九頭竜（戸隠）などである。このうち法躰・俗躰・女躰の三神は、空海が猟師の狩場（高野）明神の導きで、高野山の丹生津姫神に会い、その守護のもとに高野山を開いたとの伝説に見られるように、山の女神（女躰）とその子供の神またはそれを祀る猟師（俗躰）、この山を開いた宗教者（法躰）を示すと考えられるのである。

第四章　修験道の始祖崇拝

(一) 開祖の役小角

修験道では役小角（役行者、役優婆塞）を開祖に仮託している。そし中世初期の成立期にはその伝記が作られ、中世後期には役行者に仮託した書物や儀軌も作られている。けれども正史に見られる役小角の記述は、延暦一六年（七九七）に成立した『続日本紀』にあげられているもので、葛木山に住して呪術に秀でていた役君小角がその能力をねたんだ弟子の外従五位下韓国連広足の妖惑（あやしい言葉で人をまどわす）の罪をおかしているとの讒言によって遠処に配された。世間では小角は鬼神を使役して水を汲み、薪を採らし、その命に従わなかった者を呪縛したとの記述のみである。もっとも後半は『続日本紀』の成立頃の世間の噂である。

これからわかるように修験道は日本における仏教諸宗のように、特定の仏教経典に基づいたり、教祖が自己の神秘体験や仏典の研鑽をもとに悟りを開いて開教したりした日本における仏教諸派とは全く異なっている。ただその後も役小角について種々の伝承が作られ、中世初期には精緻な伝記、中世後期の確立期には大乗仏教の祖とも云える龍樹（一五〇～二五〇頃、空の思想を確立した大乗仏教の祖）と結びつけた修験道の開祖にふさわしい伝記が編まれ、役行者に仮託された書物や儀軌が作られたのである。そこで本節では修験道成立期にあたる中世初期の『諸山縁起』所掲の役行者伝承と確立期の『修験修要秘決集』所収の役行者の内容を簡単に紹介しておきたい。

『諸山縁起』では「金峰山本縁起」との表題のもとに次の伝記をあげている。役優婆塞は高賀茂氏の出身で大和国葛上郡茅原郷に生まれた。そして藤皮の衣を着、松葉・花汁を食し、三十年にわたって孔雀明王の呪を唱えて修行し鬼神を使役する験力を得た。その呪力は我国でも無双のものだった。そして諸神に命じて金峰山と葛城山の間に橋をかけさせようとしたが、葛城山の一言主神が従わなかったので譴責した。これを恨んだ一言主神が役優婆塞が皇位を傾けようとしていると王宮に讒言した。王宮では彼を捕えようとしたがかなわずかわりに母を捕えたので、彼は母を救うために縛につき、伊豆の島に配流された。彼は昼は王命に従って島に留まったが、夜は富士山で修行した。一言主神はさらに役優婆塞を殺すように託宣した。そこで王宮ではこれに従って彼を斬首しようとしたが、彼は執行者の刀を借りて自分の身体にあて、これをなめると、役優婆塞は賢聖ゆえ赦免して崇めるようにとの富士明神の表文が現われたので、王宮では彼を赦免した。役優婆塞は讒言した一言主神を呪縛したうえで、大宝元年（七〇一）母と共に渡唐し、唐の四〇人の仙人のうち第三座を占めている。そして道昭（六二九～七〇〇）が新羅の山寺で『法華経』を講じた席に現れて、恨み故にこの国にきて八部衆を使役している。ただ三年に一度は日本に行って金峰、葛城、富士で修行し、天皇を助けていると話したという。なおこの伝記を「金峰山本縁起」の見出しのもとにあげているのは役優婆塞を金峰山の開山とする信仰があったことを示している。また役優婆塞と表記したのは、彼を在俗の宗教者（優婆塞）ととらえていることを示している。

『諸山縁起』にはこの他、修行者の理想を示すかのように役行者と表記した上で彼が葛城の二上山から摂津の箕面に行き、滝本で千日籠った上で血穢、産穢、魔を退けて熊野に詣でた話、金峰山からやはり魔をさけて熊野に行く話、大峰山中の宝塔ヶ岳の岩屋にいる母の処に日夜三度参詣した話、母の供養のために唐から仙人の北斗大師を招いて千塔塔婆供養をした話、役行者の弟子に彦山の寿元、出羽の興（黒か）珍、伊予（石鎚か）の芳元がいたとの話をあげている。

修験道確立期の『修験修要秘決集』所収の「役行者略縁起」では、冒頭に「役優婆塞は大日如来の変化身で不動明王の分身である。そして真理の世界から出て広大な慈悲心ですべての人々を救済し悟りに導びくことを誓願した。また月氏国（中央アジアの遊牧民の国家）では迦葉（仏陀の十大弟子の一人、死後経典の編集にたずさわった）と名乗り、中国では香積仙人となのって生滅不二（生と死は高い次元からみれば一つとする）の秘術を修した道教の聖人として現れた。そして日本では十界一如（凡夫の迷いの世界である地獄、餓鬼、畜生、修羅、人、天と聖者の悟りの世界である声聞、縁覚、菩薩、仏も高い次元から見れば一つの世界である）という秘密の修法を作り出した」とあり、こうしたことからインド、中国、日本の三つの国の教えを一つにした聖人であるとしている。

役優婆塞は東大寺を総本山とする華厳宗の依経の『華厳経』にあげる、法喜菩薩説法の浄土とされる金剛山になぞらえられた大和の葛城山（金剛山）の麓の葛城郡茅原村で、賀茂役公の一族として生まれた。母は金色の独鈷が天から降りてきて口に入るのを夢見て受胎した。そして舒明天皇の三年（六三一）一〇月二八日に生まれた。七歳の時から不動明王の慈救呪を一〇万遍唱えて、儒教と仏道を学び、布施、持戒、忍辱、精進、禅定、智慧の六道の修行をなし、金剛界曼荼羅の一印会の悟りを得た。ある時、五色に光る雲に導びかれて、攝津国の箕面山の滝壺に到って龍樹が南天竺で体得した無相三密（人の身体、言語、心による行ないが仏によって行なわれた理想的な行為と一致することを示す）の印契を授かり、これをもとに入峰修行の秘法を定められた。そして三二歳の時家を捨てて葛城山に入り、三〇年余り岩窟に住んで藤皮を衣とし松の実を食して修行して、人々を悟りに導びいた。さらに日本の霊山のほとんどすべてで修行し、鬼神を使役した。七一歳になった大宝元年（七〇一）六月七日五色の雲に乗って唐に渡り、日本には帰らなかった。ただ毎月七日には必らず日本を訪れて箕面の龍穴で修行しているとしている。

なお『修験修要秘決集』の「役行者尊形の事」の項には既述のように役行者は胎蔵界と金剛界とをあわせた両部曼荼羅そのもので、不動明王と同体である。その身長は八尺（二メートル四二センチ）で身につけた長頭巾は胎蔵界曼荼羅の中台八葉院であり、頭には不動明王と同じく八葉の蓮華をいただいている。そして右手の独鈷は煩悩を断ち切り真理を悟る智慧の剣、左手の念珠は広大な慈悲心によってすべての人々を救済するための縄である。また六つの輪がついた錫杖を持っているが、これは衆生を六道輪廻から解脱させること、口を開いた姿は常に阿字を念じていること、藤の皮の衣服は根源的な無知から生じる悪い行ないを焼きつくす焔をあらわし、鉄の足駄は永遠不変の真理である阿字、壊れることがない岩石を表わす。半行半座（片足で歩き、片足で坐る）の姿は、行・往・坐・臥など日常の動作が戒律にあったものであることを示している。また左の脇侍の禅童鬼は義覚ともいい、矜羯羅童子で左手に持つ水瓶は胎蔵界の慈悲の水である。口を開いているのは胎蔵界の阿字を示す。一方左の脇侍は義賢ともいい制多伽童子である。その右手の斧は金剛界の智慧の剣である。その身体が赤色なのは智慧の火の色を表わす。口を閉じているのは金剛界の吽字を示すとしている。そして背後の岩は釈迦如来が『法華経』を説いた霊鷲山の鷲になぞらえている。

なお役小角は寛政八年（一七九六）の一千百年の御遠忌にあたって光格天皇から神変大菩薩の諡号が授けられ、それ以後現在まで神変大菩薩として崇められている。

（二）大峰再開の聖宝

聖宝は醍醐寺の開山で、役行者以来跡絶えていた大峰山の峰入を再興した修験道中興の祖とされている。そして中世期には大和を中心とする当山方の修験者が崇め、近世期に当山十二正大先達の修験を統轄した醍醐三宝院を本寺とする当山派が成立すると、その派祖とされた。そこで本節では史実に基づく聖宝の伝記を示した上で、修験道成立期の伝記、近世の当山派における伝記を修験道に焦点をおいて紹介することにしたい。

聖宝の没後二八年にあたる承平七年（九三七）になる「醍醐根本僧正略伝」によると、聖宝は天長九年（八五二）天智天皇から五世目にあたる葛声王の子として生まれた。そして一六歳で東大寺に入り、貞観寺別当で空海の実弟にあたる真雅（八〇一～八七九）の元で出家し、三論、法相、華厳を学んだ。なお東大寺在位中の僧房で鬼神を退治したとか、金峰山で修行したとされている。その後京都で真言密教を学び、貞観八年（八七六）京都の東南の笠取山に醍醐寺を創建した。そして天慶三年（八七九）空海の甥の東寺長者真然（八〇四～八九一）から金胎両部の大法を授かった。寛平八年（八九六）には東寺別当となり、延喜五年（九〇五）には東大寺内の東南院の院主となっている。ただ延長九年（九〇九）に死亡した。なお略伝では彼は金峰山登拝の要路にあたる吉野川に渡船を設けて登拝者の便をはかったり、金峰山に堂舎を建立して如意輪観音、毘沙門天、金剛蔵王菩薩を祀り、さらに南都の僧が金峰山修行の拠点とした現光寺（比蘇寺）に弥勒と地蔵を祀っている。

鎌倉初期になる『諸山縁起』の第一項「大菩提山仏生土要の事」の項には、聖宝が大峰山中の忿怒月獣峰に『三部経』並びに『摩訶止観』を埋蔵し、般若波羅蜜の峰に醍醐天皇の使いとして天皇直筆の『法華経』をおさめたと記されている。また同書の第一一項、「大峯金剛童子の次第」では、大峰山中の深仙で大峰の金剛童子の一つ虚空遍普当光童子（香正童子）を行いあらわしたとしている。なお正安元年（一二九九）書写定誉との奥書がある『醍醐寺縁起』所収の聖宝の略伝には、役行者の修行の後、大峰に大蛇がいて抖擻が中絶したのを、聖宝がこれを退治して修行の道を再興したとしている。また『密宗血脈鈔』には、延喜二年（九〇二）聖宝から伝法灌頂を授かったが、後に吉野の奥の鳥栖に鳳閣寺を開いて隠棲した第四代醍醐寺座主貞崇（八六六〜九四四）が、その地に聖宝の遺骨を納めた廟塔を造ったとの話をのせている。なおこの鳥栖の鳳閣寺には正平二四年（一三六九）に勧進聖円口が一八〇二八人の結縁者をあつめて、南北朝を代表する石工の行長に依頼して作った石造宝塔がある。それ故に当時この鳳閣寺を拠点にして円口など聖宝を大峰中興の祖と崇める修験者が数多くいたことが推測される。その後一六世紀中期に成立した『修験道峰中火堂集』によると、大峰山には最初は南都の三論宗、法相宗、次いで天台宗や真言宗の末流の行人などが入峰した。その後聖宝が峰入して、吉野から熊野の逆峰の修行法則を作った。これ以来大和の修験者は聖宝の名のもとに集団を形成するようになったとしている。

近世初頭の慶長一八年（一六一三）幕府は修験道法度を定め、醍醐三宝院に聖宝を祖とあおぐ当山正大先達衆を掌握させた。その後天保一三年（一七〇〇）に醍醐三宝院門跡高賢（?〜一七〇七）は江戸の直末寺戒定院を聖宝の廟がある吉野の鳳閣寺と改称し、同寺を当山派諸国総袈裟頭三宝院の上臈院家とし、その住職を鳥栖鳳閣寺住職の兼職とした。その鳳閣寺住職俊賢の『当山門源起』（一七四二〜五〇頃成立）では以下のようにある。聖宝は大峰山中の深仙で法螺を吹いて毒蛇を退散させた。そして吉野の奥に百螺山鳳閣寺を開基して秘密三部経を安置した。更に聖宝がここから奥に入ると、役行者が彼の法威を感じて現れた。そこで聖宝が「南無金剛山中興法起菩薩」と唱えて拝すると、役行者も「南無補陀落山大聖如意輪自在菩薩」と唱えて返礼した。こうして聖宝によって峰入が再興し修験道が繁栄したとしている。

天保七年（一八三六）に当山派総学頭の行智が著した『踏雲録事』には聖宝の修験道再興について以下のように記す。寛平九年（八九七）聖宝は宇多天皇の命で金峰山で毒龍を下し、閉塞されていた峰入を再開し、大峰山中の秘処窟で役行者と対面した。すると役行者は聖宝を一の道場に導いて、自分が龍樹から授かった理智不二の秘密灌頂を授法した。その後昌泰二年（八九九）四月聖宝は鳥栖の真言院でこの灌頂を実践する峰受灌頂を行なった。そしてさらに翌三年に鳥栖の真言院道場で滅罪灌頂を行ない、自らが作った「理智不二礼讃」を用いた理智不二三昧の修行後、滅罪灌頂、覚悟灌頂、伝法灌頂、一般むけの結縁灌頂を行なったとしている。なおこの四つの灌頂を始めとして、聖宝が峰中で役行者を介して授かった龍樹に始まる灌頂などの秘法をもとにする法流は恵印法流と呼ばれ、それに属する儀軌はすべて「修験最勝恵印三昧耶」との表記が付されている。具体的には供養法としては「修験最勝恵印三昧耶普通次第」「修験最勝恵印三昧耶六壇法儀軌」、護摩法としては「修験最勝恵印護摩法」「修験最勝恵印三昧耶柴灯護摩法」などが編集され、いずれも聖宝作とされている。なお朝廷では宝永四年（一七〇七）その翌年の聖宝の八百年忌にさきだって理源大師の諡号を授けている。

（三）園城寺の円珍と熊野

天台宗寺門派の祖円珍は弘仁五年（八一四）讃岐国那珂郡金倉郷に生まれた。父は宅成、母は空海の姪の佐伯直氏である。天長一五年（八二八）一五歳の時叔父仁徳に伴われて比叡山に登り二代門主義真に師事、一二年間籠山した。その後仁寿三年（八五三）四〇歳の時、右大臣藤原良房の外護を得て入唐、天台山などで天台学を学び、長安の青龍寺で法全から胎蔵界、金剛界、蘇悉地界の三部の大法を授かり、天安二年（八五八）に帰国した。翌三年（八五九）三井寺（園城寺）を修造し、翌年四九歳で園城寺別当に補任された。貞観六年には清和天皇に灌頂を授けている。同一〇年六月五五歳で延暦寺座主となる。そして二四年間座主を勤め、その門弟から七人の座主を出し、儀軌を授けた者は一〇〇人に及ぶとされている。また三井寺を伝法灌頂の道場としている。『法華論記』十巻、『菩提場経略義釈』五巻のほか多数の事相や曼荼羅に関する撰述がある。寛平三年（八九一）七八歳で入滅、延長五年（九二七）智証大師の諡号を贈られた。ただし正史には金峰、熊野ならびに修験に関する事績は見られない。

ところで既述のように寛治元年（一〇八七）白河上皇は大峰・葛城で修行し自己の熊野詣の先達を勤めた園城寺の増誉（一〇三二〜一一一六）を熊野三山検校に補任し、聖体護持の寺として聖護院を賜わった。増誉は聖護院の鎮守として熊野権現を勧請している。この増誉は長保二年（一一〇〇）園城寺長吏に補されている。これを契機に園城寺僧が熊野三山検校に補任され、熊野三山が園城寺の管轄下に入っていった。そして園城寺末の聖護院の道興（一四三〇～一五〇一）が二二代熊野三山検校になって以来、この職は聖護院の重代職となっていった。そこで園城寺開基の円珍を熊野や修験道と結びつける伝承が生み出された。以下その主要なものをあげておきたい。

その当初のものは鎌倉時代初頭の『諸山縁起』第一項「大菩提山仏生土要の事」の項の大峰山系の胎蔵界曼荼羅の諸尊の峰々への貴紳の奉納を列記した項の胎蔵界曼荼羅釈迦院に位置づけられた如来慈護念の峰（平等所近くの二所の石室）に円珍が清和天皇の依頼で、その御使いとして大乗経五部を安置したとの記事である。なおこれと関わるのが永徳三年（一三八一）になる『金峰山雑記』の清和天皇（八五〇～八八〇）が貞観一二年（八七〇）円珍を使いとして御本尊と般若経等を奉納され、陽成天皇（在位八六八～九四九）も大峰山中に御本尊ならびに『大乗経』をやはり円珍を御使いとして奉納されたとの記述である。『諸山縁起』にはこの他熊野の御山に権現の本地を顕わし給うた宗教者を列記した中で、円珍は熊野十二社権現のうち若宮王子、礼殿執金剛童子、米持金剛童子を顕わしている。

なお一四世紀初期になる聖護院蔵の「熊野本地仏曼荼羅」には円珍を伏見稲荷を思わせる老翁とむかいあわせて描かれている。その後室町初期になったとされる『修験指南鈔』（聖護院蔵本）では、これとほぼ同様に五体王子のうちの若宮女一王子（本地十一面観音）、四所明神のうち飛行夜叉（本地不動明王）と米持金剛（本地毘沙門天）、満山護法（本地弥勒）、礼殿執金剛神（本地八字文殊）、新宮の阿須賀（本地大威徳明王）を智証大師が顕わしたとしている。

一方園城寺側の史料では、応仁天皇（一四六七）十一月に尊通が撰じた「智証大師年譜」によると承和一二年（八四五）に三二歳の円珍が大峰・葛城に峰入し、さらに熊野山で那智滝に千日間籠居して苦行されたとある。これは『三巻記』『八巻記』と名付けられた書物にも記されているとしている。その後応永年間（一三九四～一四二八）に慶恩院志晃が記した『寺門伝記補録』には「三井修験道始」と題して智証大師の峰入のことを次のように記している。智証大師（円珍）は比叡山で一〇年の籠山をおえて山を出て役行者の跡を慕って大峰・葛城の険阻をよじ登って、さらに熊野三山に入ろうとされた。けれども役行者がなくなって以来一四〇年もたち、山中には人もなく鬼神や魑魅魍魎がはびこっていた。大師は心を無相に住し、神呪を誦えて錫杖をふって進んでいった。ただ左右は木々が茂り雲や霧がたちこめ東西もわからず茫然として立ちつくした。その時大通智勝仏の十六王子が忽然として現われて方向を示し、また八咫の大烏が来て先導してくれた。大師はそれに従って進んで熊野の証誠殿に到着した。そして殿上にあがって一七日間にわたって法華経八軸を講讃したが、その間多くの霊威があった。これが三井修験道の始まりであるとしている。またこれに続けて熊野山に秘記があり、那智の滝のもとに千日間篭って苦行をつんだ者のみが始めて見ることを許される。この秘書は那智三巻書または八巻記と名づけられており、その中に智証大師の峰入の顛末が記されているとしている。その後増誉、行尊などが大峰・葛城両山で長く修行し、熊野三山抖擻の行をおこした。堀河天皇の寛治四年（一〇九〇）白河上皇が増誉を先達として熊野に御幸され、増誉を熊野三山検校に補された。増誉は聖護院を創始し、熊野権現を勧請して修験道の鎮守とし、修験道を広められたとしている。

近世末の深仙灌頂系譜には、役小角—義学—義玄—義真—寿元—芳元—助音—黒珍—日代—日円—長円—智証大師とし、智証大師の項には「或記云、貞観年中（八五九〜七七）智証大師熊野本宮に参詣し、法華八講をなす」としている。

上記のように園城寺長吏の増誉が熊野三山検校に補され、さらに中世末になって園城寺末の聖護院門跡がその職を重代職とした。この結果智証大師が熊野十二所権現の主要な神格をあらわしたり、大峰さらに熊野に峰入したなどの伝承が作られたのである。

（四）修験霊山の開山伝承

日本各地で修験道の拠点となった山ではそれぞれの開山伝承を持っている。そこで以下その主要なものを紹介したい。

羽黒山の開山伝承は永治元年（一一四二）に山城法印永忠が記した『羽黒山縁起』によると、容貌が醜悪な崇峻天皇第三皇子の参弗理大臣が烏の導びきで羽黒山に入り、杉の木の下に観世音菩薩を発見して祀って修行したことにはじまる。その後この土地の降待次郎という猟師が皇子にまみえてその霊異に感服して弟子となった。たまたま降待の住む大泉庄の国司が腰病にかかりなかなか治らないでいた。それを聞いた降待は聖になった皇子に相談した。皇子は『般若心経』の呪を唱えて智火をおこして国司の病を治した。喜んだ国司は皇子がいた処に観世音菩薩を安置する寺を寄進し、その寺を聖とそこに導いた烏に因んで羽黒山寂光寺とし、庄内三郡を付された。聖はさらに月山の山頂に阿弥陀如来を祀り、湯殿山で火に包まれた権現（本地大日如来）を祀った。そしてこの権現が化した宝珠を羽黒山の荒沢に納め、ここに不動明王と地蔵菩薩を祀った。また宝珠から出た火を常火堂に納めた。その後天武天皇の御代（在位六七三〜六八六）に役行者が荒沢にきて、能除太子の導きによってこの常火で柴灯護摩を行ない、修験道を弘めた。また行基、弘法も荒沢で修行したという。

日光の主峰二荒山は弘仁九年（八一八）になる仁朝・道珍・教旻・道欽（尊鎮とも）の『補陀落山建立修行日記』によると、天応二年（七八二）下野国芳賀郡の高藤介の子勝道によって開かれた。勝道は母が天から錫杖が下る夢を見て受胎し、千手観音の申し子とされた。幼い頃から仏を拝していたが、二〇歳の時伊豆留の岩屋に籠って千手観音を念じて三年間にわたって修行した。そしてその北方に聳える大剣嶽の山頂をきわめ、その近くの岩窟で三年間虚空蔵求聞持法を修した。さらにその北にある二荒山の登頂を決意した。その途中で川にさえぎられたが、深沙大王が化した二匹の蛇が橋（現在の神橋）となって渡してくれた。そこでその対岸に四本龍寺を建立して修行の拠点とした。ここで一年余修行し北方の大きな湖（中禅寺湖）に至り、ここから登拝を試みたが、失敗し、四本龍寺に帰って一四年間練行した後に、天安二年（七八二）道珍、勝尊、教旻、仁朝らと登頂した。下山後湖畔に寺を建立し千手観音を祀り、中禅寺と名づけた。そして大同二年(八〇七)には四本龍寺を日光一山の鎮守にしたとしている。

富士山は一二世紀中期になる『本朝世紀』の久安五年(一一四九)四月一六日の条には、富士上人(末代)が富士山に数百度登り、山頂に仏閣を作り、これを大日寺と称したと記している。彼は人々に大般若経の書写を勧めたとしている。なお後年の『地蔵霊験記』によると、末代は伊豆国日金郡の人で、富士浅間大神の本体を求めて山腹の樹下で一〇〇日間断食修行して一尺八寸の水晶を感得してこれを山麓の村山に祀った。これが村山修験の拠点の大日寺であるとされている。

立山に関しては鎌倉時代末になる『類聚既験抄』には越中守佐伯有若が三月上旬に城中の鷹を逃がしてしまった。そこで鷹を追って深山に入ると熊がいたので矢を射かけると熊は高山に逃げていった。そこで熊を追って山深くに入り、追いつめて射殺そうとすると、その熊が金色の阿弥陀如来となったのを見て菩提心をおこして、沙弥となって慈興と号し、立山の開山になったとの話をのせている。

白山は天徳二年(九五八)に浄蔵の口授をその弟子の神興が筆録したとされる『泰澄和尚伝記』に次の話をのせている。泰澄は天武天皇六年(六七七)越前国府の出身で三神安角の二男として生まれ、十一面観音を念じて近くの越智山で修行した。そして越智山から白山を眺めて登頂して山の霊神をあらわすことを念じた。その後、臥行者と浄行者を弟子とした。三六歳になった霊亀二年(七一六)夢にあらわれた貴女に林泉(現在の平泉寺)にいざなわれた。そこで彼女から自分は伊弉冉尊で妙理菩薩と呼ばれている。ここは中居の地で平素は山頂にいると告げられた。そこで彼は山頂（大前峰）をきわめ、翠ガ池の側で祈念したら九頭竜が現れたので彼が竜に真身を示すように求めると、十一面観音が示現した。彼がさらに左の孤峰で祈念をこめると、祭官姿の神格が現れて、自分は妙理菩薩の神格を補佐する小白山別山大行事で、真身は聖観音であると名乗った。最後に右の孤峰（大汝峰）に行くと老翁が現れてやはり妙理菩薩を補佐する者で本地は阿彌陀如来であるが、大己貴命として現じていると名乗った。こうして白山三所権現を顕じて、臥行者、浄行者と共に山頂で一千日修行して養老三年（七一九）に山を下った。これを契機に他の行者も白山に登るようになった。爾来彼はすぐれた験者として活躍し、四一歳の養老六年（七二二）には元正天皇の御悩を治して護持僧となり禅師号を許されて神融禅師と称した。また天平九年（七三九）五六歳の時、当時蔓延した疱瘡を十一面観音の法でくいとめて大和尚位を授かり、泰澄和尚と号した。その後天平宝字二年（七五〇）七七歳になったのを期に越智山の大谷に籠り、神護景雲元年（七六七）八六歳で死亡するまで、そこで活動した。

伯耆大山は鎌倉時代末の『大山寺縁起』に以下のように記す。出雲国玉造の猟師依道が美保の浦近くで金色の狼が現れたので後を追って行くと山の洞に入った。射殺そうと矢をつがえると、矢先に地蔵菩薩が現れ、狼は老尼となり、自分は都藍尼といい三世にわたって行人として修行しこの大山を守り、今は山の神となっている。この山の洞で一緒に地蔵菩薩の利益にあずかろうと熱心にさそった。依道はこれに応じて僧となり、大山の中門院で修行した。彼はさらに南方に釈迦の像を祀って南光院を開き、西の方に阿弥陀如来の像を祀って西明院を開いた。なお彼は一山の人々に霊像権現と呼ばれ、狩衣をまとって弓矢を持った姿で現わされ、本地は観世音菩薩とされている。

伊予の石鎚山は『日本霊異記』によると、石鎚の形の神が祀られているのでこう呼ばれた。ただ険しくて浄行の人のみが登り得た。八世紀中頃にこの山で寂仙という禅師が修行した。人々はその清浄な行を讃えて菩薩と呼んだ。寂仙は天平宝字二年（七五八）に死亡したが、弟子に自分は死後国王の子として生まれかわり、神野と名付けられると予言した。その二八年後に生まれた桓武天皇の皇子が神野親王と名付けられたので、人々は寂仙の生まれかわりと噂した。この皇子は後に嵯峨天皇となられた。ちなみに同天皇は石鎚山で修行した空海を外護された。なお石鎚山に関係した寺院の開山の名を見ると、前神寺と横峰寺は石仙、正法寺が常仙、石中寺が隆仙、登拝口の今宮にいた修験者は法仙というように、いずれも仙の字が付されている。

豊前の彦山に関しては、建保元年（一二一三）に著された最古の縁起『彦山流記』には次の話をあげている。彦山権現はインドの摩訶国から中国天台山の王子晋の旧跡をへて、彦山に飛来し般若窟に居を定めた。その御神体は八角の水晶だった。その後法蓮が般若窟で一二年間にわたって『金剛般若経』を読誦して修行し宝珠を獲得した。けれども宇佐八幡の化身の老翁がきて、これを懇望して、宇佐八幡に弥勒寺を造り、法蓮を別当としてむかえてその代償として宝珠を獲得したという。なお般若窟は宝珠があったので、その後玉屋窟と呼ばれたという。

その後の元亀三年（一五七二）宗賢坊祇暁が著した『鎮西彦山縁起』には以下のように記す。継体天皇二五年（五一八）北魏の僧善正が日本に仏法を広める為に大宰府に来たが、化人のすすめで彦山の石窟で修行し霊山寺を開基した。その頃日田郡藤山村の藤原恒雄という猟師が山に入って善正に会い交流した。その後宣化三年（五三八）恒雄は山中で白鹿を発見して射ると三匹の鷹が鹿を蘇生させた。そこで彼は鹿や鷹は山の霊神が変化したものと知り、発心して善正の弟子となり、忍辱と名のり祠を造って三匹の鷹は方便の姿ゆえ真身を見たいと祈念した。すると北嶽に法身の神が姿を現して本地は阿弥陀如来といった。次に南嶽に俗身の神が現れて釈迦如来の化身だといった。そして最後に中嶽に女身の神が姿をあらわれて自分の本地は観音菩薩だといった。忍辱は喜んで善正とともにこれらを彦山三所権現として祀った。その後善正はあとを彼に託して故国に帰り、忍辱は霊仙寺二世となった。その後彼の弟子達は白鹿がたおれた処に忍辱の祠を造って狩籠の護法神として祀ったという。

以上の各山ごとにあげた開山伝承の全体的な特徴を見ると、宗教者が開山に関係したのは、葛城山の役小角、日光の勝道、富士山の末代、立山の有若、白山の泰澄である。次に無名の猟師を主人公にした熊野の千与定、伯耆大山の依道、彦山の藤原恒雄の話がある。これに対して石鎚山の仙人、羽黒山の能除は開山神話ともいえるものである。次に諸山が開かれたとされる時代を見ると、その多くが奈良時代である。

ところでこれらの開山は遊行宗教者や仏心をおこした狩猟者とされている。なかでも日光・富士・石鎚は宗教者のみ、熊野・大山では狩猟者のみが開山者となっている。しかし彦山の善正などは外来の宗教者が地元の猟師の助けを得ていることが注目される。その際開山者が神話的な人物の場合には、その宗教的性格を示す名がつけられている。すなわち羽黒山の参弗理、大山の依道などは神の憑依を示している。

なお彼らによって開かれた山岳は富士、石鎚などすでに仙人が活動していたり、その山の神格や宗教者が中国や朝鮮などと関係がある（熊野・彦山）というように外国と関わる者も認められる。諸山が開かれる経緯は、羽黒・富士・白山などのように宗教者が登頂や山岳の守護神を顕わすことを目的とするものと、猟師が山の神の化身である獲物を追って山中に入って神を感得して祀る立山・熊野・大山などの二つに大別することが出来る。獲物を追って山中に入った猟師が修行中の宗教者を発見してこれを助ける（羽黒・彦山）というものも認められる。なおその猟師などを導びいた動物は鷹（立山・彦山）、猪（熊野）狼（大山）などで、後に神使とされたものである。

彼らが導びかれた霊地は山頂（日光・富士・白山）洞窟（立山・大山）や木（羽黒・熊野）、岩（金峰）などである。なお霊地で示現する神は日光の天女、富士の仙女、白山の貴女、大山の都藍尼のように多くは女神である。そしてこの女神と修行者の関係は大峰山の役行者とその母のように母と子、大山のように夫婦である。なお多くの霊山では神格は三体で女体、狩衣姿の俗体、法体である。なおこれらの神格に本地仏が充当されているが、その本地仏は必らずしも一定せず、観音、阿弥陀、地蔵などが適宜に用いられている。また出羽三山（羽黒・月山・湯殿）、白山（大前峰・別山・大汝峰）、熊野（本宮・新宮・那智）、彦山（中岳・南岳・北岳）というように三体の神格が三つの峰のそれぞれの主尊とされている。

　このように一見多様な形をとっているように思われる諸山の開山伝承は、基本的には山岳修行者が苦行の末に、あるいは狩猟者が偶然に神使の動物に導びかれて、山頂・山中の窟・木・湖がある霊地に達し、そこで山の神の示現にあい、それを祀って山を開くという構造になっていると捉えることが出来るのである。

第五章　修験道の人間観

人間観とは人間の持つ聖なる特性に関する観念をさしている。本章では修験道の人間観を、山伏の名義、字義やその髪型、衣体に関する聖なる特性の説明を通して明らかにすることにしたい。

(一) 山伏の名義

修験道確立期の『修験修要秘決集』に見られる山臥・山伏・修験・客僧の漢字の表記の説明を通して修験道の人間観を考察する。まず中世期に主に用いられた「山臥」に関しては、「山」の字は、母胎八分の肉団(胞衣)、本有八葉の心蓮を意味し、「臥」の字はこの本有の肉団の蓮華座に安住した苦楽のないあらゆる分別から離れた真理の境地を意味するとしている。そして総じて山臥は父母から生まれる以前の修行者の本覚無作の真理を示すとしている。「山伏」は修験者が胎内八分の肉団を出て、断惑証理の修行をへて金胎両部の峰に入って、始めて内証真理の本徳を開くことを意味するとしている。「修験」は、「修」は修生始覚の修行、「験」は本有本覚の功徳のことで修生の始覚と本有の本覚を兼ね備えて欠けることがないから修験と称するとしている。これらに対して「客僧」はひたすら悟りを思い願って、あるがままの真理の世界を修行の場とする者のことで、住む処を定めず執着しない者をさすとしている。

近世末期の当山派惣学頭行智の『木葉衣』では、ヤマブシは本来「山臥」と書いた。この山臥は山中に真臥して修行したことを意味する。山伏は一般に山中で起臥して修行したことを示す名称である。これらに対して修験はかつては験者ともいっており、持呪勤行の功により、効験を得ることからおこった名称、客僧は諸国練行の山伏をさす言葉としている。

(二) 山・伏の字義

『修験三十三通記』所収の切紙「山伏二字之大事」には、「山」の字を分割して縦の三画を右から報身・法身・応身の三身、蓮華部・仏部・金剛部の三部、空諦・中諦・仮諦の三諦を表わすとし、これを横の一画で結ぶことによって三身即一、三部一体、三諦一念を示すと説明している。このうちまず三身即一の三身は法身（不生不滅の相、常住の妙理）、報身（修因成果の智体）、応身（随類応現の色身）をさし、これを下の横の一画で結ぶ山の字はこの三つの在り方が修験者の一身のうちに備わっていることを示すとしている。三部一体の三部は密教の胎蔵界曼荼羅の仏部（中台八葉院・遍智院・五大院）、蓮華部（観音院）、金剛部（金剛手院）の三部で、換言すれば、仏部は如来蔵の現体で理智具足覚道円満をさし、蓮華部は我々の心中にある浄菩提心の理をさし、金剛部は我々の持つ智であり、その智の働きによりあたかも金剛のように諸煩悩を破る故、金剛部とよぶとし、この三部が一体であることを示している。三諦一念は文明一四年（一四八二）に彦山大先達宥快がまとめた『彦山修験道秘決灌頂巻』では、我々の執着心にもとづく現象を実体がない「空」、次々におこる煩悩を「仮」とし、これらの「空」や「仮」は所詮は我々の心の中のことと悟ることを「中」としている。そしてこの三諦の理を心の中でわきまえて修行することを三諦一念と捉えている。

次に「伏」の字に関しては『修験三十三通記』の「山伏二字之大事」では、「イ」は人をさし衆生所具本有の法性、「犬」は動物の犬で衆生所具の元初の無明を示すとし、両者を含め現わすことによって無明法性不二の理を示すとしている。そしてさらにこのことを無明がないと色法が現れず、無明があっても法性がないと心法が現れないことを示すとしている。その後正保二年（一六四五）の「山伏二字義」では伏は単に無明法性不二のみでなく、色心不二、凡聖一如、煩悩即菩提、生死即涅槃、衆生本来成仏、我即大日というようにより広く解釈している。

（三）髪型と身分の宗教的意味

山伏の頭髪による区分には『修験三十三通記』の「三身山伏之事」の項では全く頭髪を剃らず後頭部にのばす下山伏、髪を一寸八分に切る摘山伏、完全に剃る剃山伏・比丘山伏の三種がある。そして下山伏は優婆塞の形姿で、自然のままの形姿は凡聖の性相、本有常住の理体を示し、法身形であるとしている。その形姿はそのまま十界を互具し、色心の二法を一身に備えた大日如来そのものであることを示している。次に摘山伏は報身形の山伏としている。ここで一寸八分に髪を切ることは、胎蔵界の八葉九尊の九尊と金剛界の九会をあわせて十八になることにもとづくとし、これによって金剛不二、因果一体、修因感果兼備の一知体を示すとしている。剃山伏は近世以来一般化したもので、特に当山派では派祖の聖宝に因んで多くがこの形をとった。この髪型の山伏は内に菩薩の心を秘めながら声聞の修行をすることから応身山伏とされている。具体的にはある時は慈悲忍辱の相、またある時は忿怒暴悪修善の働きをするので、応身山伏と呼ぶとしている。このように「三身山伏之事」では、長髪・摘髪・剃髪の山伏のそれぞれを法身・報身・応身に位置づけることによって、修験者が無作三身の覚体であることを、具体的に説明しているのである。

(四) 山伏の身分の意味

修験者の身分である先達・大先達・大越家・年行事に関して、近世期の『修験日用見聞鈔』には簡単な説明がなされている。まず先達について先は先規の儀、達は通達の儀で、役行者の内証によく通達し衆生を救済する者をさしている。先達はさらにこの活動を自由自在にしうる者で、それをなし得るのは大般若の智慧を得て三世の因果を明了したことによるとしている。大越家は修験道の棟梁をさす言葉である。そして仏性を持った修験者が成仏によって完成した段階をさすとしている。また年行事は各地の修験者を統括する役職だが、教義上は全体として難苦をいとわず年歴修行することによって事（総体・差別の現象）理（絶対平等の真理）不二を体得した者をさすとしている。

（五）衣体分十二通

修験者が峰入などの際に身につける法具について『修験修要秘決集』「衣体分十二通」でなされている説明を簡単に紹介することにしたい（第一三図「山伏十二道具と十六道具」参照）。

（1）頭襟

修験者が頭にいただく円形の十二の襟がある黒色の頭襟は大日如来が頭に頂く法界体性智（究極的実在そのものである智）、大円鏡智（鏡のようにあらゆる姿を照し出す智）、平等性智（自他の平等を体現する智）、妙観察智（あらゆるあり方を沈思熟慮する智）、成所作智（なすべきことをなしとげる智）の五智が欠けるところなくその身に備わっていることを示している。そして十二の襞はすべての人々に見られる十二因縁〈無明〈無知〉・行〈潜在的形成力〉・識〈識別作用〉・名色〈心身〉・六処〈眼・耳・鼻・舌・身・意の六感覚〉・触〈感覚と対象との接触〉・受〈感受作用〉・愛〈渇愛〉・取〈執着〉・有〈生存〉・生〈生まれること〉・老死〈無常な姿〉〉が即十二聖位であることを示している。なお

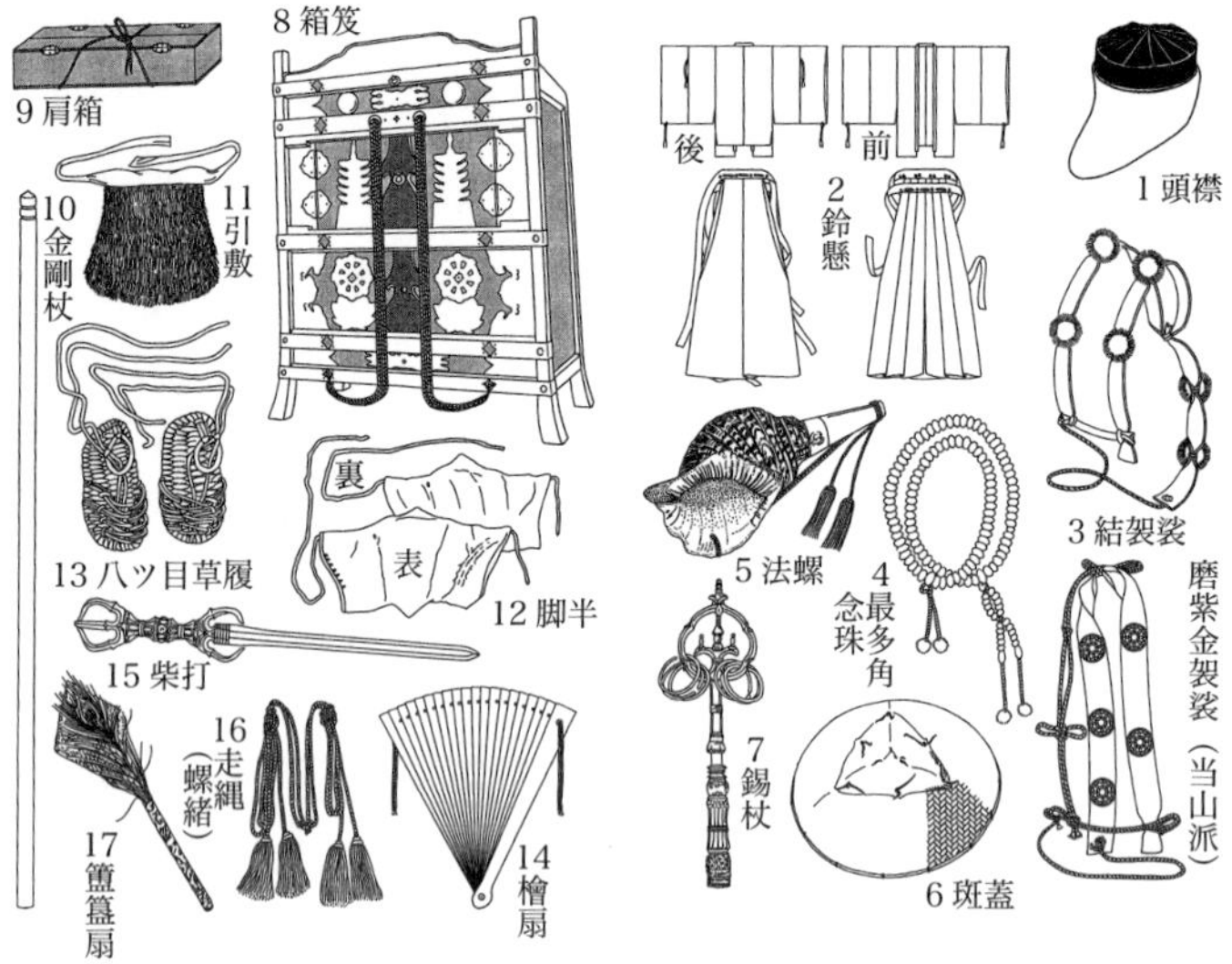

図 13　山伏十二道具と十六道具（宮家『現代語訳修験道聖典』春秋社より転載）

この頭襟を頭の前、頭頂から八分の処に着けるのは行者が不動明王と同様に八葉の蓮華を頭に戴いていることを表わしている。

(2) 斑蓋

行者が頭にかぶる斑蓋は仏の頭頂を飾る天蓋で、修験者が仏の慈悲に覆われ守護されていることを示している。具体的には母親が胎内で受胎から出産まで胎児を育む胞衣を意味している。

(3) 鈴懸

入峰修行の法衣である上衣と袴から成る鈴懸は、上衣の九布は金剛界九会、八布の袴は胎蔵界の八葉で両者で金胎不二を意味し、修験者がその身そのままで、金胎不二の境地にあることを示している。なお略装として不動明王の種子カンマンを描いた白色の衣を着ることがあるが、これは自身即不動明王であることを示している。

(4) 結袈裟

九つの結び目がある九條袈裟を簡略化した修験独自の袈裟を用いる。この九つの結び目は地獄・餓鬼・畜生・修羅・人・天・声聞・縁覚・菩薩の九界をへて仏界に至る修験者がこれを身につけることによって、十界一如、凡聖不二となることを示している。なお袈裟につけられた六つの房は人々を救済するために菩薩が行なう六つの実践行である布施・持戒・忍辱・精進・禅定・般若の六波羅蜜を示している。

(5) 法螺

法螺はバン(梵字)字型をしているが、これは金剛界大日如来の智恵の本体である真実そのものを示している。なお法螺を吹く時に唱える法螺の文「三昧法螺声、一乗妙法説、経耳滅煩悩、当入阿字門」は精神を統一して吹く法螺の音声は真実の教えを説いているゆえ、この経の音声を耳にすれば煩悩を滅して必らず物事の本源である阿字の教えのすべてを感得することが出来るということを意味している。

(6) 最多角念珠

念珠の念は自分の心に本来備わっている悟り、珠は永久不変で平等無差別な万物の本体を意味している。念珠の各珠はそろばんの珠状(最多角)の形をしている。そして他界(悟りの世界)を示す母珠と衆生界(凡人の住む迷いの世界)の間に過去、現在、未来の六根(眼・耳・鼻・舌・身・意)がそれぞれ六根を持つ故計三六、それがさらに過去・現在・未来の三世にわたることを示す総計一〇八珠から成っていることをしている。そして読経などに際して念珠を転じることによって一〇八の煩悩を転じて聖に入ることを意味している。

（7）錫杖

短かい杖の頭の円状の輪に左右各三、計六箇の小環が掛けてあって、これを振ると鳴るようになっている。この六環は六波羅蜜（布施・持戒・忍辱・精進・禅定・般若）を意味することから菩薩型の錫杖と呼ばれている。なお円形の環の中央外側に法界（真理そのもの）を示す五輪塔、内側に心・仏・人それぞれの五大（地・水・火・風・空）を示す三つの小五輪塔がつけられている。そして前後左右の四面の半月形の飾りは須弥山を囲む四大陸を示している。なおこの錫杖を振ることは六道輪廻の眠りをさまして、すべての人々を悟りの世界に入らせることを意味している。そして修験道ではこの錫杖を振って唱える「錫杖経」が重視されている。

（8）縁笈

修験者が峰入りの際に背負う笈は胎蔵界大日如来の理の徳を示している。具体的には笈を包む布は母親の身体、中に納める五穀の種子は母親が嬰児を育てる母乳である。それゆえ新客が笈を背負うことは母胎の中にいる自己の姿を示すとしている。

（9）肩箱

峰入の際に笈の上に乗せる峰中で用いる書籍などを納める肩箱は、金剛界大日如来の智慧を示すとされている。なお胎蔵界大日を示す笈の上に金剛界大日を示す肩箱を乗せることによって金胎不二を示している。

(10) 金剛杖

金剛杖は峰入二度以上の度衆が用いる杖で上部は剣頭、下部は四角形で、長さは修験者の身長にあわせている。上部の剣頭はバン字、金剛界大日の智恵そのもの、下部は阿字で胎蔵界大日の理徳を示すとし、全体で金胎不二の塔婆を意味している。また下部が四角形なのは発心・修行・菩薩・涅槃の四門を示し、周囲が五寸なのは地・水・火・風・空の五大を示している。なお杖にはこの金剛杖の他に新客が毎日三度の閼伽桶、小木をかつぐ担木がある。

(11) 引敷

峰入者が尻にあてる獅子になぞらえた鹿などの皮の座布団を思わせるもので、獅子乗を示す。峰入修行をする修験者が獅子に乗って根元的な無知を断ち切り、迷う人々を真理に導びくことを意味している。

(12) 脚半

峰入の時に足に巻く脚半には、春の熊野から吉野へ向う順峰の時につける先が四角形で黒色の脚半と、秋の吉野から熊野に向う逆峰の時につけるやはり黒色だが、先が剣先の形の脚半がある。前者の四角は地大を示し、地大が阿字であることから胎蔵界大日如来を意味している。一方後者の先端が剣先の脚半は金剛智断（金剛界大日如来の智恵で煩悩を断つこと）を示している。なお脚半をしばる上の紐は上求菩提、下の紐は下化衆生を示している。

以上山伏十二道具のそれぞれについて、その宗教的意味を個別に略説した。これを全体としてみると、峰入の中心道場である大峰山系を金胎両部の曼荼羅ととらえることに対応するかのように金剛界・胎蔵界の両者を示すものに鈴懸衣の上・下、笈と肩箱、金剛杖の上と下、順峰の脚半（胎蔵界）と逆峰の脚半（金剛界）がある。ほかに頭襟を大日如来の五智の宝冠や不動明王になぞらえたり、不動明王の種子を記したカンマン着のように崇拝対象を示すものがある。

なお十界一如（結袈裟の九つの結び目と行者）、六波羅蜜（結袈裟）十二因縁（頭襟）転俗入聖（錫杖）など、思想の実践と結びつけたものも認められる。より具体的には、念珠、錫杖、法螺などでは凡を転じて聖に入ることを示している。また斑蓋や笈を母胎になぞらえていることは、峰入を擬死再生とする民俗宗教と結びついた思想を示すと考えられる。

（六）山の異人と山伏

長期にわたって山に篭って修行した山伏は仙人、童子、鬼、天狗と密接な関係を持ち、里人からはいずれも山の異人と見なされることも多かった。そこでここではこれらの全体的な特徴と相互の関係について考えて見ることにしたい。

まず最初にその本性と出自を見ると、山伏と仙人は本来人間が発心し隠棲して山に入った者である。ただし女仙の場合は山の女神が人間の姿をして現れたと思われるものであり、山伏や仙人の一部にも山の女神の子供が一度人間界に生を受けたが、成長後山に帰っていくというモチーフのものが認められる。次に童子は山童、河童などのように山の女神の子供で、当初から山中に住まっているのがもとの姿である。もっとも童子は本来は人間に姿を見せぬものであるが、山中で修行した高僧によって現されている。なお童子は穢れをいとわず山の神のお産を助けるなどの活動をしている。しかしながらこのほか当初は寺院の稚児や小僧だったものが山に入って山伏や仙人に仕える童子になったものもある。

これに対して鬼は当初は雷などの自然の猛威、天狗は流星やこだまなどのように自然の怪異を人格化したものとされている。ただし後には鬼は死霊、天狗は怨霊や増長慢の人の霊とより強く結びつけられていった。またいずれも邪悪な性格をもったものであったが、改悛して善なる存在となり、山伏や仙人に使役されるようになってもいる。

なお山伏に焦点をおいて見ると、山深くに隠棲して修行した山伏が仙人と呼ばれたり、役行者に使役された前鬼・後鬼がその後仙人となったり、天狗が山伏と捉えられたり、山伏が母なる山の女神の童子とされるというように、山伏は他の四者と密接に関連づけられている。換言すれば仙人・鬼・天狗・童子の四者はいずれも他の人々から山伏のイメージの一面を示すものと見られていたと考えられるのである。

次にその形姿を見ると山伏と仙人はいずれも頭髪が長く痩せぎすの老人である。この老翁の姿は、彼らが神と人間の中間に位置する境界的な存在であることを示すとも考えられよう。これに対して鬼は角をはやし、口が耳までさけ牙をむくというように半人半獣の姿である。また鬼は龍神や蛇に連なるものともいわれる。童子も鬼に似てみにくい姿をしているが、これも龍神と関係を持っている。ただ鬼よりは人間に近い存在である。これらに対して天狗は山伏姿で鷹か鷲のような顔をし羽根を持ち羽毛で覆われているというように半人半鳥である。烏天狗といわれるものもある。ただし修験に関係した鬼は笈・独鈷・鉞・瓶などを持ち、天狗は頭襟、鈴懸を着けるというように修験の法具を身につけている。こうした形姿からすると鬼と天狗は人間と動物の境界をなす存在と捉えることができる。

その居所を見ると、いずれも山岳に住むというものの若干その場所を異にしている。すなわち山伏は本来水辺の洞窟を居所とし、仙人の居所は樹上や草堂である。一方童子は水辺や宿、鬼は窟や古塚、天狗は樹上か岩上である。次にその修行内容を見ると、山伏は断食・抖擻・水行・採薪汲水・読経を主とし、仙人は穀断・読経・静座などを行なっている。一方童子や鬼は呪を唱えたり、採薪汲水などして山伏や仙人を助けており、天狗は武術に秀でている。次に術の内容を見ると、山伏は童子を使役したり、憑祈祷による治病や火の操作などをし、仙人は飛行、飛鉢、火の操作をし、仙薬を作り不老長生を得ることを目的としている。一方童子も飛行、飛鉢のほか穢をいとわず山伏

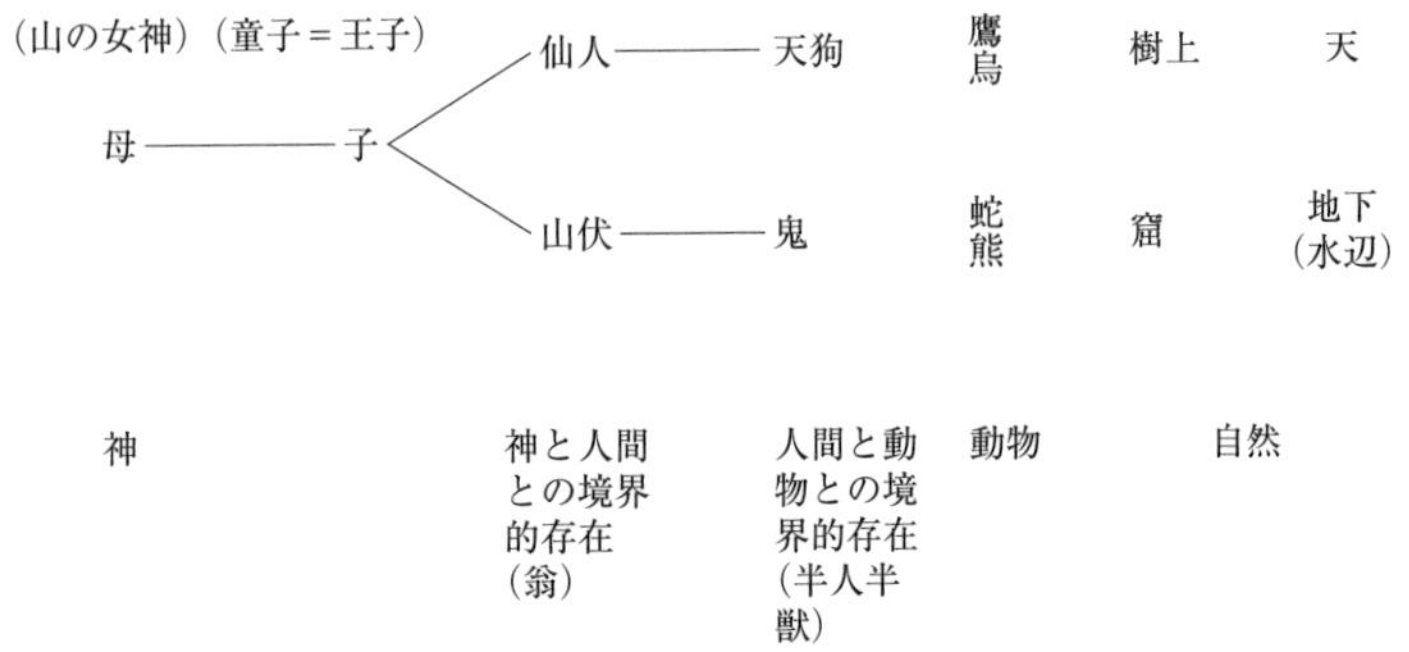

図14　山の異人の相互関係

に奉仕している。鬼の術は人さらいや招福で、天狗は飛行や火や風の操作を得意とし、稚児や幼児をさらっている。これを見ると仙人と天狗が特に飛行を主要な術とし、山伏やその弟子の童子や鬼が呪術的な方法によって除災をはかっていることが注目される。

さて最後にこれらの構造的連関を見ると、第一四図「山の異人の相互関係」のようになる。ここに示すように、まず山においては山の女神になぞらえられた母と童子が山伏たちが山に入る以前の神格として存在している。さらに山中に入った山伏や仙人がこの山の女神の子供や配偶者的位置を与えられていることもある。大峰山中の宝塔ヶ嶽の母を日夜三時に参拝した役行者、吉野の女仙と結婚して仙人となった味稲などはこの例である。一方童子は山中の山伏や仙人を助ける修行に欠かせない存在である。それ故こうした童子が山で得られぬ時には、修験者は稚児を随行したり、さらったりするのである。次に鬼と天狗を含めて、これらの構造的連関を見ると、山伏と鬼、仙人と天狗が対応する。すなわち山伏と鬼はいずれも窟に住み大地や水と結びつき、仙人と天狗は樹上に住んで天空や風、雲と関係する。さらに鬼は蛇・熊・牛などの動物と、天狗は烏、鷹などの鳥と対応する。鬼熊・牛鬼・烏天狗などの名称はこれらの異人の半人半獣であることを物語っている。そして総じて山伏や仙人は人間の世界と神の世界をつなぐ境界的な存在、天狗や鬼は人間の世界と動物や自然界をつなぐ境界的な存在と考えられるのである。

山伏はこうした性格を持つ童子・仙人・鬼・天狗と同様のものと信じられ畏れられていた。このことは山伏たちが里人から山の母神の子供として、あるいは天界を飛行する仙人として、山の母神や天界の神と直接に接触することが出来る存在であると信じられていたことを示すと思われるのである。そしてさらに里人たちは山伏に天狗や鬼のイメージを与えることによって、山伏が動物の世界あるいは自然の神秘に触れうる存在であると信じられていたことを示しもしたのである。このように山岳に入って修行した山伏が里人から仙人・童子・天狗・鬼などの山の異人のイメージを持って見られていたということは、彼らがこうした人々から神の世界、自然や動物の世界と接しうる境界的な仲介者の役割をはたす宗教者であると信じられ、かつ期待されていたことを示していると考えられるのである。

第六章　修験道の成仏論

一般に成仏は釈迦がブッダガヤで悟りを開いた故事にもとづいて、釈迦と同様に人間が本来持っているが煩悩によってくもっている仏性をとりもどし、仏としての悟りを得ることをさしている。本章ではまず修験道において成仏の前提となる仏身のとらえ方を述べ、次いでその成仏の種類とそのもとで理想とされているもの、成仏のための方法について述べることにする。

（一）成仏の前提

修験者が本来持っているとされる仏性の内容は、まず第一は修験者は大日如来、金胎の曼荼羅、身・口・意の無想三密など密教的世界観に則った仏性を本来有しているとの捉え方である。第二は修験者は無作の自性身・受用身・変化身の三身を持つという見方、第三は修験者は十界本具の本性を持つとの見方である。なおこの十界本具の本性というのは、具体的には修験者が本尊とし、それとの同化を目指す不動明王が、その身の火焔は地獄・黒醜の姿は餓鬼・迦楼羅は畜生・利剣は修羅・懸襷は人・環は天・袈裟は声聞・臂釧は縁覚・宝索は菩薩・頂上の蓮華は仏道というように、その一身のうちに十界を互具して、まさに成仏を体現した仏身とされている。それ故修験者は不動明王との同化を通して十界本具の本性を持ち得るとしているのである。さらに修験者がこの十界本具の仏性を持つということを展開して、人間も仏も含む森羅万象は十界を備え、この十界の各々もその中に他の九界を含むとする十界一如の思想が成立しているのである。

(二) 成仏の種類

修験道では即身成仏・始覚、即身即仏・本覚、即身即身・始本不二の三種の成仏を説いている。このうち前二者は天台宗の三因仏性、密教の三種の即身成仏と同様であるが、最後の即身即身は修験道独自のものである。そこでまず天台宗の三因仏性、密教の三種の即身成仏について説明したうえで、修験道独自の即身即身について説明することにしたい。

まず天台宗の三因仏性は、成仏のための三要因である一 正因仏性（すべてのものが本来具えている真如の理）、二 了因仏性（理を照らし表す智慧）、三 縁因仏性（知慧を起こす縁となるすべての善をさしている。次に密教の三種の即身成仏は理具（肉身の姿が大日如来の法身そのものである）、加持（衆生の本覚の功徳が如来の三密の加持力と相応して一切の仏の働きをなしとげる）、顕得（自身が三密の修行を成就して法性の功徳を顕得する）である。

この天台と真言の三種の成仏に対して修験道では、即身成仏・始覚、即身即仏・本覚、即身即身・始本不二の三種の成仏をあげている。このうちの即身成仏は人間の本性がもともと六大（あらゆる存在物を合成しその本質を構成する地大・水大・火大・風大・空大と精神的要素である識大）をもつ法身であることを意味している。次の即身即仏は自己の三業（身・口・意）が仏の三密（身密・口密・意密）と一体になることを意味している。このように即身成仏と即身即仏の両者はともに衆生と仏の両者を区別する立場のものである。この両者に対して修験道でいう即身即身は生仏不二の立場に立つ修験独自のものである。無作三身（法身・報身・応身の三身は修行することなく本来おのずから仏である事を示す）の直体となって、常境無相、常智無縁の内証を得ること、換言すれば、修行者が即座にそのまま仏果の源底であることを示す、修験独自のものとしているのである。

（三）十界修行——成仏への階梯

修験道では峰入で十界修行を修めることによって十界一如の理を悟り、さらに即身即身の境地に達することが出来るとしている。その際この峰中の十種の修行の各々は凡夫の迷いの世界である地獄・餓鬼・畜生・修羅・人・天の六道と聖者の悟りの世界である声聞・縁覚・菩薩・仏の四聖に充当させている。以下具体的にこの十界修行の各々について紹介する。

第一の地獄に充当されるのは業の秤りである。これは不動石を錘石にして新客（初入峰者）の三業の罪障の軽重を計る修行である。第二の餓鬼は七日間にわたって穀物を断つ修行である。第三の畜生は一定の期間飲むことは勿論、手水、うがい、洗顔など水を用いることを一切禁じる苦行である。第四の修羅は新客が正先達の前で相撲をとることによって瞋恚、闘諍、我慢、勝地の境地に導びく形儀である。なお新客全員が相撲をとりおえると、一同が「錫杖経」、役行者および童子の宝号、八句文を唱え、さらに床定を修した上で床開きになっている。

第五の人は新客が正先達に五体投地の三礼をしたのち、三業（身体的動作、言語表現、心的行為）の罪障を懺悔する作法である。その作法は新客が正先達の前で五体投地の三礼をして三業の罪障を懺悔し今後は罪を犯さないとの誓誡の証を打つ。そして最後に「我昔所造諸悪業、皆由無始貪瞋癡、従身語意之所生、一切我今皆懺悔」の懺悔文を授けられ、一礼後踞坐して退座する。こうして全員が懺悔をおえると、一同が錫杖経、神変大菩薩と八大童子の宝号、八句頌（蓮華三昧文）を唱えたあと、床定をして解教する。なお教義の上では上記のものを事の懺悔とし、これに対して諸悪や業障が貪・瞋・癡、妄想、因縁顚倒や妄心によることを知って懺悔した上で実相を思ったり、これらのものが一切空であると悟る理の懺悔を本来の懺悔としている。第六の天は延年とよばれる歌舞の類で天道快楽の修行とされている。新客全員が舞い終ると、一同が「錫杖経」役行者及び童子の宝号、八句頌（蓮華三昧文）を唱える。延年は長寿、鎮護国家、寿福増長、悪霊退散、降魔などの目的で行なわれた。

この六種の事の修行に対して、四聖の修行は妙法修行道場でなされる理の修行である。『修験修要秘決集』によると、四聖といった場合、顕教では声聞は四諦（苦集滅道の教えを聞いて因果を悟ること）、縁覚は十二因縁（現実の人生の苦悩の根元を追求し、その根元を断つことによって苦悩を消滅するための十二の条件すなわち、無明・行・識・名色・六処・触・受・愛・取・有・生・老死を観じ、生死を悟ること）、菩薩は六度すなわち六波羅蜜（布施・持戒・忍辱・精進・静慮・智慧）を行じること、仏は自覚・覚他・覚行円満を指すとしている。しかし修験道では声聞は苦諦即法身・集諦即菩薩・滅諦即涅槃・道諦即自性を悟ること、縁覚は煩悩即菩提・業障即解脱・苦道即安楽を観じること、菩薩は無相の六度が一切衆生の六大本具の相であると悟ることをさしている。そして最後の仏は修行者の色心が胎金本具の曼荼羅ゆえ、その当体がそのまま大日如来であることを示すとされている。なお『修験三十三通記』ではこの十界修行を行なった修験者は十界の妙理を備え、十界一如となった故、六凡は四聖の当位をあらためず、大日如来の無相三密の境地に達し得るとしている。

（四）四門と三関三度

四門は本来は密教の曼荼羅で東・南・西・北の四方を発心・修行・菩提・涅槃に配し、その東門を発心門、南門を修行門、西門を菩提門、北門を涅槃門と名付けている。修験道の吉野から大峰山の山上ヶ岳の登拝では、吉野から山上の大峰山寺迄の間に、発心・修行・等覚・妙覚の四つの門を設けて、これを順に通りぬけて山上の大峰山寺に達することによって成仏し得るとの思想が認められる。すなわち現在の吉野からの山上詣では、吉野町の入口に発心門、金峰神社に修行門、山上のお亀石の処に等覚門、大峰山寺の入口に妙覚門を設け、これらをへて大峰山寺に詣でている。なお出発点の発心門の処では、「吉野なる銅の鳥居に手をかけて、弥陀の浄土に入るぞうれしき」との唱えごとがなされているが、他の門ではこうした唱えごとはない。

なお山上ヶ岳の山頂近くや洞川の真言宗醍醐派の龍泉寺の境内や洞川からの登拝口では、女人結界の入口の手前に山上ヶ岳の登頂三十三回を記念した供養塔が立てられている。これは日本人の霊魂観に見られる死後三十三年目の弔いあげの法要に因むもので、生前に三十三回登拝することによって、死後ただちに自らの霊魂が山上ヶ岳に赴いて成仏することを確信するのである。ちなみに教派神道の山である木曾御岳では行者が登拝路や登り口に霊神碑を建立しているが、これもそれによって行者の霊魂が神格化したことを示している。

これらに対して寛文一二年（一六七二）に常円が著した『修験心鑑鈔』にあげる三関三渡の思想は即身成仏に到る階梯を示すものである。それによると、三関は貪・瞋・癡の三毒をさしている。そして人間はこの三毒がもたらす煩悩によって苦しんでいる。そこで無明の煩悩を消除して菩提に達するためには戒・定・慧の三学を修めて三関（三毒）を克服しなければならないとしている。なおこの他三関を法障・業障・煩悩障すなわち無明とし、これを法身・般若・解脱の三徳によって打破するとの説もある。また三関を克服するためには、三学（戒・定・慧）や三徳（法身・般若・解脱）の他に十力（すなわち、仏が持つ十種の力である1処非処智力（道理にかなうことと道理にかなわないことを弁別する力）・2業異熟智力（一つ一つの業因とその果報との関係を如実に知る力）・3静慮解脱等持等至智力（四禅・八解脱・三三昧・八等至などの禅定を知る力）・4根上下智力（衆生の機根の上下優劣を知る力）・5種々勝解智力（衆生の種々の望みを知る力）・6種々界智力（衆生や諸法の本性を知る力）・7遍趣行智力（衆生がもろもろの世界におもむくありさまを知る力）・8宿住随念智力（自他の過去世のことを思い起こす力）・9死生智力（衆生が死んでかの所に生まれることを知る力）・10漏尽智力（煩悩を断じた境地と、それに到達するための手段を如実に知る力））を得ることが必要であるとされている。

これらに対して羽黒山の『羽黒古実集覧記』では、羽黒三所権現の下の谷にある羽黒権現の根源の地とされる本地の阿久谷を現世の観音、月山は過去世の阿弥陀、湯殿山は未来世の大日如来であるとし、この各々の権現の下で三世を超越して真如実相・即身即仏の妙果を得ることを三関三渡としている。またより具体的に秋の峰の一の宿を胎内で過去世、二の宿を胎外で現世、三の宿を未来世とし、この二の宿から三の宿は入る時を有為の岸から無為の彼岸に渡る故、大渡りと呼んでいる。そしてこの三つの宿を順に参拝することによって三世を超越して永遠の生命が得られるとして、これを三関三渡としている。さらにより簡単に、夏の峰の際に羽黒・月山・湯殿と三山を駈けることが、羽黒山の阿古屋権現で娑婆の一の関を越え、月山で弥陀の浄土に入って二の関、最後に湯殿山で大日如来の寂光浄土に入ることで三の関を越えることを意味するとしている。このように羽黒山では三関三渡の成仏は、三つの宿や三山をへることというようにきわめて具体的に説明されているのである。

第七章　修験道の災因論

修験道においては諸宗教と同様に権現や神仏に祈念をこめて生活の順調や災厄の除去をはかることがなされていた。けれどもそれ以上に多くの修験者がその本領としたのは、病・貪・争などの災厄に苦しむ人に対して、その災因を説きあかし、それに応じた儀礼や助言をして災因を除去する活動である。そこで本章では除災招福という言葉で表現される修験者の宗教活動のうちにその救済の思想をあきらかにすることにしたい。

(一) 邪霊、邪神への教化

近世中期になる宮家蔵の「枕祈祷幣付教化諸文」には、修験者が病人の枕元で生霊・死霊・疫神など病気をもたらしているものに聞かせて退散させる教化文があげられている。もっともこれは単に障碍している邪霊・邪神だけでなく、病人やその関係者にも聞かせる意図をもっている。そこでここに見られる生霊、死霊、鬼霊(怨霊)、地神と荒神に対する教化文を紹介したい。

この教化文を全体として見ると、いずれの場合もほぼ同様に障りをもたらした神霊に対して、障りをもたらしたのは、なんらかの理由からであろうと相手の心情を理解し、その上で退散するように説得を試みている。その際ただ単に説得するだけでなく、それぞれに応じた修法を行ない、こうした修法を行なった故、障りを止めるように諭すという形式をとっている。すなわち、全体が病因(障りをおこした理由)、説得、修法の説明、命令・依頼からなっているのである。そこでこれらを指標として教化文の内容を表化すると、第一表「教化文の内容」のようになっている。

これを見るとまず病因では、生霊は瞋恚の念を持って病人の身体に入り、怨念を持つ死者の霊である鬼霊も病人の身体に入って病気をもたらしている。ただ死霊は妄心、煩悩から「此床にきて」病気をもたらしたとしているが、憑依しているかどうかは定かではない。これに対して荒神や地神は、病者が禁忌を侵犯したから、疫神は衆生の「悪心を知らせるために」病気をもたらしたとしている。このように生霊、鬼霊、死霊はそれ自体が瞋恚、怨念、妄心というように負の価値を持った心情から憑依して病気をもたらすのに対して、地神・荒神や疫神の場合は人間の禁忌の侵犯、悪心を知らせるために病気をもたらしたとされている。それ故、後者の場合は祟っている神が正の価値を持ち、祟られている病者が負の価値を持つとされているのである。

こうした病因の違いは当然説得や修法、退散のさせ方にも影響をおよぼすことになる。すなわち、生霊に対しては瞋恚の念があると功徳を積んでも果報は得られない。それ故、道理に背かず改悛の念を起して病者の床を離れ、菩提心を発すれば許すとしている。この場合には教化のみで特別の修

	病因	教化	処方	命令・依願	テキスト
生霊	瞋恚 病人の身体に入る	瞋恚があると功徳を積んでも駄目	道理にそむかず改悛の念を生じて病者の床を離れるように命令する	無上の菩提心を発すれば許す	「生霊教化」
死霊	妄心・煩悩 一念の妄心から、三毒の煩悩により此床にきた	汝と病者は一如不二病者を悩ますと汝も悩まされる	仏戒を授けたので諸仏の位に入った	以後は病者を憐れむように	「死霊教化」
鬼霊	怨念・邪執 病人の身体に入る	怨念は受苦の根源、妄心は輪廻の業因	印明加持の法を行った	邪執の他国を去って自国に帰れ謹んで教化す	「鬼病教化」
地神・荒神	禁忌の侵犯 神霊の罰を蒙って災厄を与えられた 勧善懲悪　断疑生信	和光同塵の利益は抜苦与楽の本誓	行者が阿闍梨の位にのぼって病者に秘密真言の加持を授けた	忿怒の心を止めて本覚の宮へ帰れ敬って教化す	「教化」
疫神	衆生の悪心 悪心を知らせるために苦病を与える	疫神は薬師の権現、牛頭天王の変作	医王の宝号、秘密の神咒を唱え、本地を法楽した	和光同塵の夢を醒し自受法楽の都へ帰れ敬って申す	「疫神教化」

第１表　教化文の内容

法はなされていない。一方、鬼霊に対しては、怨念はかえって苦を生み、妄心は輪廻の業因となるので印明加持の法を行なった故、自己の本来の居所に帰るよう諭している。また死霊には、病人を悩ますと汝も悩まされる故、これを止めるよう諭した上で、止悪・行善・化他を勧める三聚浄戒を授け、以後は病者を憐れむように説いている。それ故、ここでは死霊に仏戒を授け、成仏させることによって、煩悩による障りを止めさせているといえよう。

これらに対して、地神や荒神の祟りは、病者（またはその関係者）が禁忌を侵犯したことによるとされている。それゆえ教化文でもその祟りは「勧善懲悪、断疑生信」のためであるとまず肯定し、行者が病者に秘密の加持を授け、その仏性を目覚めさせたので、忿怒の心を止めて本来の住所に帰るよう願っている。

また衆生にその悪心を知らせるために病気をもたらした疫神に対しては、疫神は本地は薬師如来、牛頭天王であるとその徳を称え、その宝号や神咒により、法楽した上で、恭しく退散を求める形がとられている。このように神が祟っている場合には、その祟りを勧善懲悪の行為として肯定し、祟られている病者を加持して仏性を開かせ、さらに悪心を止めさせ、その上で神にこのことを述べて病者も改悛した故、退散するよう恭しく願っているのである。

ところで近世中期になる『山伏便蒙』には、これらの諸神霊の性格や、それが災厄をもたらす理由と、それを防いだり除いたりする方法が簡単に記されている。それによると、まず生霊については、人間は互いに敵同志であるとする。そしてこの敵が怨みを持つと、その徳が消えて災厄をもたらす、怨みを持つ敵は怨敵（ウラムルカタキ）というが、こうした怨敵に対して自分の方で怨念を消すと、ちょうど毒薬が変じて良薬となるように相手の怨みも消える。ちなみに悪霊は他人を憎む志のある者の霊が化したものである。しかし正直で人を掠めるようなことをしない頌徳の人は悪霊も避けるとしている。このように『山伏便蒙』では、敵の怨みが生霊と化して病気をもたらすとし、それを防ぐためには読経によって徳を得ることが必要であるとしているのである。

またこの他に、怨念を持って呪咀したり、その家の動物霊が働いて病気をもたらすこともあるとしている。なお『修験深秘行法符呪集』所載の切紙「呪咀返大事」によると、呪咀は毒薬のようなもので人を害するが、観音の力を念じると、呪咀した人の所に帰る。また動物霊は邪鬼とか外道とかいわれるが、これは不動加持によって除き得るとしている。

死霊による病気とその処方に関しては、『山伏便蒙』には、人間は陰と陽、寒と暖の調和が保たれていると健康である。しかし陰・寒である死霊が身体に入って、この調和がくずれると病気になる。それ故、これを治すためには大日加持によって、病者に陽の極である大日の火を加えて、調和をとり戻すことが必要であるとしているのである。

我国において障りをする死霊の代表的なものは餓鬼で、そのために盆に施餓鬼会がなされていることは周知の通りである。『山伏便蒙』には、餓鬼は生前慳貪の言行のあった人が死後なったもので、その姿は頭と腹が太鼓のようにふくらみ、首や手足は糸のように細く、乞食そっくりである。餓鬼は生前に犯した罪によって八種に分けられる。財産争いから他人を殺した針口餓鬼・善人を害した食貪餓鬼・酒に水をまぜて売った食水餓鬼・人民を殺した熾燃餓鬼・姪女の法によって財をなした欲色餓鬼・邪法を信じた魔神餓鬼・不浄の食を僧に施した食糞餓鬼・夫にかくれて美食をした女性が化した无食餓鬼がこれである。こうした餓鬼がとりついたことから起った病気の際は、誦徳回向することによって治すことができると記されている。

神の祟りによる病気は生死霊より以上に怖れられた。また病状も重く、流行性を持つとされている。すなわち『修験故事便覧』では、疫病、疱瘡、瘡疹、瘧病は四大や五臓に病因がある疫病ではなく、瘧鬼、疫神、瘡疹の神、疱瘡の神の祟りによるとし、その証拠を病人が幻、あるいは夢に異類や奇形を見ることに求めている。そしてこれらの病気はいずれも流行性を持つ癘病ゆえ、神呪を用いなければいけない。しかしその多くは業病ゆえ、これだけでは不充分で、こうした修法と合わせて、病者の懺悔と信力が必要であるとしている。この記述から推測すると、こうした病気をもたらす神はさきの「教化文」で、薬師如来の権化、牛頭天王の変作とされていた疫神と考えることができる。事実病因や処方においてもさきの疫神の教化文と同じ論理が見られるのである。

なお『山伏便蒙』ではこの疫神を流行疫神と呼び、諸疫病の本神で十二神から成り、さらに七千の夜叉がいるとしている。ちなみにこの十二神は宮毘羅大将・伐折羅大将・迷企羅大将・安底羅大将・額儞羅大将・珊底羅大将・因達羅大将・波夷羅大将・摩虎羅大将・真達羅大将・招杜羅大将・毘羯羅大将である。いうまでもなく、これらは薬師如来の眷属の十二神将である。そして同書ではさらにこの諸疫病の本神について、この神は煩悩や慳貪の念を持って悪業をなす者には取付くが、清浄堅固で読経三昧にある者には取付くようなことはしないとしているのである。なお陰陽師はこの十二神将を式神として使役するとされているが、これはこの神のこうした性格にもとづいてのことと考えることができよう。

なお『山伏便蒙』にはこの他災厄をもたらす神として大六天魔王をあげている。これは四主天・忉利天・夜摩天・兜卒天・化楽天・他化自在天の六神で、この神が煩悩魔（煩悩をひきおこす）・陰魔（苦しみを与える）・死魔・天魔（善行を妨げる）となって人々を苦しめるとしている。しかしこの魔も誦徳した男女からは退散するとされている。

さてさきの教化文ではこの他に地神、荒神があげられていたが、この荒神の祟りについて、『修験三正流義教』には、荒神は祀らなければ祟りをするが、祀れば祟ることもなく、むしろ善をもたらすと記されている。

（二） 病因の相互関係

病因に関しては上記の資料では病気には精気の衰えなど、病人自身に原因が認められるものもあるが、その多くは生霊・死霊・怨霊・地神・荒神・疫神などの障りとされている。またこれらが障りとなるのは、争いによる怨みが生霊の憑依をもたらし、禁忌の侵犯が神の怒りをひきおこし、それが祟りの原因になるというように、病因が重層的な構造をとっている。

		㋑発動者	㋺災厄名	㋩障りの内容	㋥発動因	㋭自然的社会的原因	㋬処方
(A)自己に原因	自己の霊魂	1自己の魂	衰弱	魂が弱る	心労	葛藤	鎮魂
		2自己の魂	心神喪失	遊離魂	驚愕	急な事件	鎮魂、招魂
(B)他者に原因	a人間霊	3生霊	病気	憑依（動物霊）	瞋恚、恨み、妬み	争、秩序無視	憑きもの落とし
		4死霊	病気	憑依、祟り（幽霊）	煩悩、不満	法要の怠り	供養、戒
		5怨霊（鬼霊）	疫病、天変地異	祟り（虫など）	怨念、恨み、妬み	争いによる死（自殺、殺人）	加持 祀りあげ
	b神霊	6地神 荒神	病気、自然災害	祟り（神・怪物）	勧善懲悪	侵犯、祀りの怠り	祀りあげ
		7疫神	天変地異 疫病	祟り（神・怪物）	勧告	体制の異変（為政者の咎）	祀りあげ
発見の仕方		卜占 憑祈禱	症候、自然現象（応）	患者の動作・示現	解釈・説明 思いあたり	説明 思いあたり	

可知 → 不可知

神・霊の力　弱 → 強

第２表　災因および処方一覧表

そこでこれらをより包括的に検討することにしたい。

そのための目安として作製したのが、第二表「災因および処方一覧表」である。以下この表に則して修験道の災因に見られる相互関係を検討することにしたい。

まずこの表の上欄にあげたように、災因をその直接的な原因が自己にあるもの（A）と、他者にあるもの（B）に分類した。前者は自己の霊魂が自分の災厄の直接的な原因となるものであり、後者の他者は生・死霊・怨霊・人間霊（a）と神霊（b）の二つに分けることができる。一方、表の左欄には災厄の発動者、種類（災厄名）、障りの内容、災因や処方などの項目をとりあげて、これに㋑㋺㋩の記号を付しておいた。これらを順に説明しておくと、まず㋑欄の発動者では、直接災厄をもたらすとされる霊や神の種類が具体的にあげられている。次に㋺欄には病気・天変地異など、これらの発動者が主にもたらすとされる災厄の種類があげられている。また㋩欄の障りの内容では、その障りが遊魂・憑依・祟りのどれに当たるかということと、それがどのような形で示現するかを示している。㋥欄には㋑欄の発動者が㋩欄にあげたような障りをする発動因となった心情や意図、㋭欄には発動者にそうした発動因を起させる背景となった自然的社会的要因があげられている。このように第二表は具体的な災厄㋺がひきおこされる原因を、それをもたらした発動者㋑、障りの内容㋩、発動因㋥、その自然的社会的背景㋭に分けて表化したものである。なお最後の㋬欄には、上記の災因に応じた処方があげられている。

さてこの表の（A）自己の霊魂に直接的な災因があるものには、まず葛藤など㋭の結果心労が重なった状況㊁の時に魂㋑が弱って㋩身体が衰弱した㋺もの（1）がある。日本では古来こうした状況に陥ることを防ぐために魂を鼓舞する鎮魂の作法がなされているのであり㋬、修験者が患者の頭上や背後で錫杖を振って加持するのは、この流れをひくとも思えるのである。次の（2）は交通事故、急なショックなど㋭により、驚愕のあまり㊁魂㋑が身体を離れ㋩心神喪失の状態㋺になったとされるものである。この時は魂を身体に戻す鎮魂作法や招魂作法㋬が行なわれる。

次の他者に原因があるもの（B）のうち、人間霊に起因するものは、生霊（3）、死霊（4）、怨霊（5）の三つを挙げることができる。このうち（3）の生霊は、社会的秩序の紊乱や争い㋭から瞋恚・恨み・妬みの念㊁を持った人の生霊㋑が直接憑依したり、そうした生霊の権化ともいえる動物霊が憑依して㋩、病気をもたらす㋺もので、こうした時には憑きもの落しの修法㋬がなされている。

死霊の場合（4）は、子孫が祀りを怠ったなど㋭のことから、煩悩に捉われ不満を持った㊁死霊㋑が、幽霊となってあらわれたり、身近かな遺族に憑いたり、祟ったりして㋩、病気などをもたらす㋺というものである。この時には仏戒を授けたり、祀りあげることによって、障りを止めさせる方法㋬がとられている。一方、（5）の怨霊は争いの結果㋭死に追いやられた霊㋑が怨念を持って㊁自己をそうした状況に追いやった者や社会に祟って㋩疫病などを蔓延させるもの㋺である。なお怨霊が害虫と化して㋩凶作をもたらしたり、菅原道真や平将門の霊のように天変地異をもたらす㋺こともある。こうした怨霊の祟りは簡単な場合は加持によって治すことができるが、より強い時は丁重に祀りあげることが必要とされるのである。

一方、災厄をもたらす神霊は、地神、荒神などの神格（6）と疫神（7）の二種に代表させることができる。このうち前者（6）の地神と荒神はその土地を侵したり、祀りをしないこと㋭を怒った地神や荒神が㋑勧善懲悪㋥のために祟って㋩、病気や自然災害をもたらす㋺ものである。なおこうした際、被害者が夢や幻想のうちに異様な姿をしたこうした神の姿を見ることがある㋩といわれている。一方、後者疫神（7）は人間の悪意や為政者の咎㋭に対する勧告のために㋥、疫神が㋑祟って㋩疫病や天変地異㋺をもたらすものである。この場合にも、患者が夢や幻想のうちに疫神を見たり、疫神が第三者に託宣して自己の意志を表明すること㋩が認められるのである。

以上災因をその発動者に焦点を置いて、それぞれに見られる重層的構造を紹介した。そこで次にこれらの発動者の相互関係を検討することにしたい。するとまず自己の魂の衰弱や遊離、特に衰弱が生死霊の憑依や祟りをひきおこす誘因となることが指摘される。次に生霊・死霊・神霊の障りが災因となっている場合には、第三表「生霊・死霊・神霊の比較」に示したように、三者それぞれで若干性格を異にしている。すなわち、生霊では、社会経済的秩序の混乱に対応できず、瞋恚の念を持った人の生霊が憑依した結果、病気などがもたらされている。そして教化文などを見ると、この場合は憑依した生霊が悪いとされている。これに対して神霊では、人間が超自然的秩序を無視したことに対して神が怒り、罰として祟って災厄をもたらしたとされている。それ故、この場合は罰を受けた人間の方が悪いとされている。そして懺悔した上で神に祈って祟りをやめてもらう形がとら

発動者	障りの内容	発動因	悪とされる側	混乱する秩序	処方
生霊	憑依	瞋恚	憑依した方	社会経済的秩序	追い出す
死霊	憑依・祟り	煩悩	どちらも	社会的秩序・超自然的秩序	祀りあげる
神霊	祟り	罰	罰を受けた方	超自然的秩序	祈る

第３表　生霊・死霊・神霊の比較

れるのである。

この両者に対して死霊は子孫に祀ってもらえないことから、煩悩に苦しんで憑依したり祟ったりしている。ここでは祖先という社会的性格を持った超自然的秩序の無視が咎められているのである。もっともこの場合には、祀らない子孫の方も煩悩を持って災厄をもたらした死霊の方も、どちらも悪いとされている。なお処方においては、死霊が憑いている時は祀りあげている。このように死霊が災因となっている時には、生霊や神霊が災因の場合を集合したような両義的な性格が認められるのである。日本の民俗宗教においては、生者が死後子孫に祀られて神となるという基本的な思想が見られるが、これに照らして考えた場合、死霊はヒトとカミの境界を占める存在であり、それが今述べたような境界的な災厄観となってあらわれたと考えられるのである。

ところで災因の発動者の比較と関係して今一つ指摘しておきたいことは、神の祟りや罰があるにも拘わらず仏の罰がほとんど見られないことである。

これについては神は垂迹神ゆえ、正直だから祟りをするが、仏は正路にある故、罰を加えることなく、むしろ誤ちを犯した人に自らにそれを気づかせるとしている。なお一般に日本の民俗宗教では神が祟り仏がその祟りを鎮める働きを果たすとされていて、仏は本来祟らないものと捉えられていることを付言しておきたい。

ところでさきの第二表にあげた七種の災厄の発動因は、同表の下段に矢印で示したように、自己に原因があるものや、生霊・死霊の憑依の方が怨霊や神の祟りよりも一般の人々により可知的な性格を持っている。また災厄をもたらすように働く神霊の力も、生霊よりは死霊さらに神霊というように、表の左に行くほど強く、病気ならより重いもの、天変地異ならより大きいものとなっているのである。

結　章　修験道思想の展開・諸相・構造

（一）修験道思想の展開

修験道の思想は修験者が修行の場とした山岳、そこにおける崇拝対象、修行そのものや修行によって得られる神秘体験、それにもとづく験力に関する宗教的意味づけを中心としている。これらに関する教義書、儀軌、イコンの類が修験道の成立宗教化にともなってますます精緻化していったのである。ここでは本書で主要テキストとした教義書の成立過程を通して修験道思想の形成を考えることにしたい。

するとまず修験道の成立に先だつ平安時代中期には、修験者が修行の場所とした山岳に関する縁起の類が作られている。その代表的なものには『熊野権現御垂迹縁起』（長寛の勘文）所収と『諸山縁起』所収の「大峰縁起」がある。前者は猪に導かれた猟師に櫟の木に示現した熊野権現が発見されて祀られた経緯を記したもの、後者は熊野から吉野に到る大峰山系の各峰を胎蔵界・金剛界の曼茶羅内の諸尊の峰とし、そのそれぞれに納められた仏像や経巻を書き加えていったと思われるものである。

鎌倉時代初頭の修験道の成立期には、葛城・大峰・笠置などの霊地や大峰の宿、役小角の伝記、さらに大峰山中の先達の口伝を合わせて編まれた『諸山縁起』や、葛城山に関する修験道の神話をまとめた『大和葛城宝山記』が作られている。また鎌倉時代末から南北朝時代にかけては、吉野の金峰山の縁起・社寺・諸神の供養法を記した『金峰山創草記』『金峰山雑記』『金峰山秘密伝』などの書物が作られている。この他『神道集』にも、「熊野権現事」など修験の霊山縁起が収められている。

修験道がほぼ確立した室町時代には、峰入修行の切紙をまとめた教義書が作られていった。代表的なものには、金峰山の『青笹秘要録』『小笹秘要録』『峰中灌頂本軌』、彦山の『修験三十三通記』などがある。そしてその後一六世紀初頭には、彦山に寄寓した日光の遊行宗教者即伝によって『修験修要秘決集』『三峰相承法則密記』『修験頓覚速証集』などの切紙を集成した教義書が編まれている。なお同じ頃に本山派では、熊野と金峰の縁起を合わせた『修験指南鈔』『両峰問答秘鈔』が編まれている。また修験道の開祖役小角の本格的な伝記『役行者本記』も作られている。こうして室町時代末期には、山岳や社寺の縁起、切紙集成の形をとった教義書、開祖伝が作られ、修験道の教義がほぼ完成するのである。

江戸時代初期には『修験修要秘決集』の注釈書(『修験記』『修要鈔』など)、始祖の役小角伝などが作られた。また山伏の字義、衣体、十界修行など教義上の重要事項のみをまとめた教義書が編まれている。次いで中期には、本山派、当山派の教団が確立したこともあって、両派の間で教義上の論争がなされている。また修験者が庶民生活に入り込んでいったことを示すかのように、民間の行事や山伏の日常的な宗教活動の解説書(『修験故事便覧』など)、啓蒙書、修験の霊山や社寺の略縁起などが作られている。なお末期には、当山派修験に行智があらわれて、『木葉衣』『踏雲録事』などの考証的な研究書を著している。

明治五年、修験道は政府の神仏分離政策によって廃止されたが、海浦義観、牛窪弘善などによって修験道の典籍が集められた。そしてこれらをもとに、修験道の教義書、儀軌、縁起、史伝の集大成ともいえる『修験道章疏』全三巻が編集された。また醍醐三宝院でも当山派修験の書物を集め『修験聖典』を発行した。さらに本山派の聖護院は『修験』、当山派の三宝院は『神変』、金峯山寺は「修験道」の機関紙を発刊し、修験道の布教に努めている。これらに見られる近代の修験教学は、在家仏教運動的色彩を強く持ち、峰中の十界修行の生活倫理化など、平易な形で、修験の教えを説くことに力点が置かれている。

（二）修験道思想の諸相

（1）宇宙観

修験道ではこの世と他界、人間と諸神諸霊、山川草木などの森羅万象を含む宇宙の存在を認め、この宇宙の創造、構成などに関する思想を展開させている。すなわち、宇宙、神格、人間の起源に関しては、水中から天地、葦芽が生じ、それが金剛杵さらに慈悲神王、梵天に変じる（『大和葛城宝山記』）とか、大日如来の種子が山と化し、そこに生じた金剛杵が本尊さらに修験者そのものに化す（『道場観』）とされている。また「柱源護摩」では水から天地、陰陽が生じ、その交わりによって宇宙軸としての修験者が生じるとの修法がなされている。この他山伏神楽の式舞でも、鶏卵のような天地未分の状態から天地が分かれ、この天地が和合して万物が生じることが演じられている。

周知のように密教では、宇宙を金剛界・胎蔵界の両界曼荼羅から成るとしているが、大峰山系の吉野側を金剛界曼荼羅、熊野側を胎蔵界曼荼羅とし、山中の峰々に曼荼羅内の諸仏諸尊を配している。なお両界曼荼羅は灌頂などの際にも用いられているが、当山派の恵印灌頂では山中の崇拝対象の種子を配した恵印曼荼羅が用いられている。また熊野では十二社権現の本地・垂迹神・この両者のそれぞれの熊野曼荼羅、吉野では役行者の金剛蔵王権現感得の状景と山内の神格を描いた吉野曼荼羅が作られている。この他、熊野の那智、白山、立山、富士などの山岳・社寺、風景・神格を描いた山岳曼荼羅、人生の転変や成仏が当事者の心に帰することを示す熊野観心十界曼荼羅のように唱導用の曼荼羅もある。

（2）他界観

我国では古来山中や海上が、祖霊、神霊、魑魅魍魎などの住まう他界とされてきたが、この信仰は修験道にも継承されている。特に山中他界観は、大峰、葛城、出羽三山、彦山を始め、修験霊山のほとんどに認められる。また海上他界観は那智の補陀洛山寺、和歌山市加太の友ヶ島などで知られている。なおこうした山中の他界は、森・丘・湖、海上の他界は島に比定されることが多い。水、丘、森などが他界を構成する重要な要素と考えられているのである。

もっとも修験道の他界観は仏教思想をとり入れて、さらに展開していった。すなわち山中の湖や海辺の他界は観音の補陀洛浄土、修行の場所とされた山岳は霊山浄土・密教の曼荼羅・須弥山や宇宙軸と信じられた。また死者の他界は阿弥陀、地蔵、虚空蔵、地獄・極楽の信仰と結びつけられた。さらに山岳は末法後に弥勒が下生して宇宙を再生する場所、道教の蓬萊山のように不老長生の場所と捉えられもした。なおこうした山岳に入って抖擻、籠居などの生活をする修験道の峰入修行は、他界遍歴的性格を持つと考えることができる。

（3）崇拝対象観

修験道ではその当初から他界とされた山や島の木・岩・水などの自然物に神霊の存在を認め、峰入修行などの際には、これらを権現として祈念をこめることが多かった。やがて修験道が成立すると、独自の神格である金剛蔵王権現が案出された。この神格は役行者の感得譚によると、水分神や祖霊の信仰を超克した忿怒神、過去・現在・未来を一身に備えた神格と捉えることができる。またイコンの上では金剛蔵王権現の前身は、金剛童子か執金剛神とされている。なお役行者の本地とされる法起菩薩は華厳経の金剛山の神格をもとに案出された神格である。

修験道ではこの他に、不動明王などの明王部の諸尊、観音、薬師、阿弥陀 弁財天、毘沙門天、地蔵、虚空蔵などが祀られている。なかでも不動明王は、修験道の本尊ともいえる位置を占め、五大明王や不動明王の持ち物の剣と索を神格化した倶利迦羅不動も崇拝された。また熊野ではこれらの仏菩薩を本地とする十二社権現が祀られている。さらに修験道では山の主尊の使いとして修験者を山岳に導くと共に、主尊と同化した修験者に使役される護法が重視された。護法は童子や王子ともいわれている。金剛蔵王権現や不動明王もその前身は童子であったとされている。こうした点からすると、修験道の崇拝対象は基本的には、護法的性格を持つと考えられるのである。

（4）始祖崇拝

修験霊山の開山の多くは、山の女神の使いである童子、猟師、動物などに導かれて山に行き、女神を感得して祀って山を開いた宗教者である。彼らはさらに山で修行して験力を得、加持祈禱などで効験をおさめ、後には自分も神として祀られている。こうしたことから多くの修験霊山では、山の女神（女体）、それに仕え開山を導いた童子または狩猟者（俗体）、開山（法体）の三種の神格が祀られている。

修験道の開祖役小角は、韓国連広足の讒言で伊豆に配流された飛鳥時代の葛城の呪術者であるが、鎌倉時代以降は修験道の開祖とされ、役行者・役優婆塞、神変大菩薩と崇められている。そして、不動明王の化身で本地は法起菩薩とされ、母が独鈷を呑んだ夢を見て妊娠した。成長後は葛城、大峰などで修行し、箕面で龍樹菩薩から秘法を受法した。その後、一言主神を呪縛したことから讒言され、伊豆に配流されたが許されて帰京し、母を鉢に乗せて共に渡唐したとの開祖にふさわしい伝記が作られている。

もっとも当山派では、醍醐寺の開山聖宝（八三二～九〇九）を派祖としている。この聖宝（理源大師）についても、本地は如意輪観音、大峰山で大蛇を退治して峰入を再興し、役行者の導きで龍樹から秘法を授かり、恵印灌頂を始めたとの伝承が作られている。さらに天台寺門宗の派祖円珍（八一四～九一）を熊野と関係づけた伝説が作られている。このように修験道では、諸山の開山、開祖、派祖を神格化する伝承を作り、崇拝対象として崇めているのである。

（5）人間観

修験道では基本的には人間も宇宙を神格化した大日如来、そのあらわれとされる諸仏諸尊と同一の性格を持った存在ゆえ、このことを悟って修行すれば、成仏することができるとしている。そしてこのことを、字義や衣体に託して密教や天台本覚論の思想を用いて説明しているのである。

すなわちまず、山伏は総じて無作三身の覚体、自身即一念法界、色心即仏体である。そしてその山伏・山臥・修験・客僧の四種の表記のうち、山伏は始覚・山臥は本覚・修験は修は始覚で験は本覚ゆえ始本双修・客僧は無所住で執着心を持たぬゆえ始本不二を示すとする。また山伏の山は縦の三画を横の一画で結ぶことによって、山伏が三身即一・三部一体・三諦一念・三学併修の存在であること、伏は左の人は菩提・聖、右の犬は煩悩・俗、両者あわせて山伏が煩悩即菩提・凡聖不二であることを表わすとしている。

次に山伏の衣体は全体として、胎金両部の直体、十界本具の内証、即身即仏の外用、ひいては不動明王そのものをあらわすとしている。そしてより具体的には、鈴懸・笈と肩箱・螺緒は金胎一致、結袈裟は十界、錫杖や金剛杖は宝塔、法螺は転凡入聖、念珠は煩悩即滅、柴打・檜扇・走縄は不動明王を示すというように、それぞれが宇宙、成仏、崇拝対象を示している。さらにこの衣体を身につけた山伏が凡・聖、金・胎、定・恵、男・女、上求菩提・下化衆生というように二元的対立を超克した存在とされていることに注目しておきたい。

山岳に住む山伏は里人からは、仙人、天狗、鬼などと呼ばれ、異人として恐れられた。こうした山伏にかかわる異人の伝承を検討して見ると、山伏と仙人は神と人との境界的存在、天狗と鬼は人と動物との境界的存在とされている。また仙人と天狗は樹上に住んで天を志向して鳥と結びつけられ、山伏や鬼は地上や水辺の窟に住み、蛇と関連づけられている。いずれにしろ山伏は里人からは他界である山岳の神や動物と人間を仲介する境界的存在と捉えられているのである。

（6）成仏観

本来仏性を持つ山伏はこのことを悟って峰入修行をすることによって、成仏しうるとされた。峰入修行はそれに先立つ前行、いよいよ山に入る時の入成や入宿作法、峰中での三時の勤行や十界修行、出成や宿出の出峰儀礼などから成っている。その中心をなすのは、人間の成仏過程を示す地獄・餓鬼・畜生・修羅・人・天の六道と、声聞・縁覚・菩薩・仏の四聖に、業秤・穀断・水断・相撲・懺悔・延年・四諦・十二因縁・六波羅蜜・正灌頂の十種の修行を充当させて、これらすべてを終えることによって成仏し得ると説く十界修行である（『修験三十三通記』『修験修要秘決集』）。なおこの十界のうち、六道は事の修行、四聖は理の修行で、この両者を行なうことによって、事理不二の境地に入りうるとの教義的な説明もなされている。

もっとも十界修行に関しては、この他に自行としての床堅・閼伽・小木・正灌頂と、他者の滅罪のための大悲の行としての上記の六道の修行を、一床堅・二懺悔・三業秤・四水断・五閼伽・六相撲（修羅）・七延年（天）・八小木・九穀断・十正灌頂の順序に配列し、この十種の所役をおさめることによって成仏しうると具体的に説明したものもある（『三峰相承法則密記』）。修行によって神秘体験を得るための階梯としては、この方がより実践的なものと考えられよう。これに関しては第三部「修験道の儀礼」でとりあげる。

こうした形式的に整った峰入がなされる以前の鎌倉時代には、山中で年を越して春先きに出峰する晦日山伏の修行が行なわれていた。この往時の晦日山伏の修行の面影を伝える羽黒山冬の峰の結願の祭りである松例祭の験競べを分析すると、山伏たちが籠山修行によって、護法や火の操作能力さらに豊穣をもたらす力を得ようとしていたことがわかるのである。

なお修験道の教義書では、本来自分が仏身であることを悟る即身成仏（始覚）、修行者の三業と仏の三密が一致する即身即仏（本覚）、生仏不二の境地である即身即身（始本不二）の三種の成仏をあげ、即身即身を至極のものとし、その際に得られる境地は自性清浄心であるとしている。

（7）救済観

峰入修行を終えた修験者は神秘体験のうちに獲得した験力を用いて積極的に救済儀礼を行なった。その一つは豊穣祈願である。特に本来の修験道の峰入とされる山中での冬籠りを終えた修験者が、農民たちが山の神が農耕を守護するために里に下って田の神となる日とした卯月八日に出峰しているることは、出峰の山伏が村人から豊穣をもたらす山の神と受けとめられていたことを示すとも思われるのである。

もっとも山伏の救済儀礼の中心をなすのは、病気などの災厄除去の活動である。山伏は災因を当事者が社会的秩序や超自然的秩序を乱したことに対して、生霊・死霊・神霊などが怒って憑依したり、祟ったりして災厄をもたらしたことによるとした。そして憑りましにこうした障碍霊を憑依させて、災厄をもたらした理由を語らせ、それに応じた処方を行なって災厄を除去したのである。もっとも障碍している神霊が強力な時には、護法を使役するなどして憑きもの落しや調伏の修法を行なった。このように修験者はシャマン的な活動によって災因を発見し、除災をはかったのである。

(三) 修験道思想の構造

(1) 宇宙・神格・人間

修験道では山岳を神霊の住まう他界とする我国古来の山中他界観に密教の宇宙観を導入し、大峰山系を金胎の曼荼羅とする山岳曼荼羅観が案出された。また大峰山系を須弥山になぞらえたり、金峰山や大峰山の中台近くの前鬼を国軸山と呼ぶことからわかるように、山岳を宇宙軸と捉える思想も認められる。こうしたことからすると、修験道では山岳そのものが聖なる宇宙と考えられていたと思えるのである。

ところで周知のように密教では聖なる宇宙を神格化した大日如来を主尊としている。そしてこの大日如来の体である地・水・火・風・空・識の六大、相である大曼荼羅・三摩耶曼荼羅・法曼荼羅・羯磨曼荼羅の四種曼荼羅、用である身・口・意の三密は仏菩薩は勿論、人間をはじめ森羅万象に見られる基本的な原理であるとする。そして仏も人間もこの基本的な原理にもとづいているということのうちに、成仏の根拠が求められているのである。

さらに修験道ではこうした宇宙の原理（法）は、そのまま真理であるとし、その真理を空・仮・中の三面から説き、しかもこの三つは修行者の一念のうちにあるとする天台教学の三諦一念の思想を受け入れている。また同じく宇宙を六凡四聖の十界に分け、仏菩薩も修験者もすべて一身のうちに、この十界を所具するとする十界一如の思想も採り入れている。このように修験道では、宇宙・神格・修験者の三者は本質的に同じ存在であるとし、それ故、修験者が、宇宙そのものとされた山岳に入って修行して、自分が仏と同一性格を持つ小宇宙であることを自覚することによって成仏が可能になると説いているのである。

(2) 体験と思想

修験者は峰入修行によって神秘体験のうちに宇宙そのものを神格化した崇拝対象と一体になったと観じることによって、即身即身の境地に到達する。そしてその体験を思想的に表現するのである。その修行の階梯は仏道修行一般に従えば、戒・定・慧の三学に分けることができる。この最初の戒は身心の調整をはかる修行とされているが、修験道独自の戒には、山中での集団生活上の注意を列挙した「峰中制戒」がある。次の定は心を統一し、純化させる修行で、十界修行や洞窟内での禅定がこれにあたる。また最後の慧は、悟りの智慧を得る修行で、当山派の恵印灌頂や大日如来の五智の獲得がこれにあたると考えることができる。

ところで戒・定・慧をおさめて成仏するまでの期間は、仏教では三大阿僧祇劫という無限に近い長期間を要するとされているが、修験道では春（順峰）・秋（逆峰）・夏（順逆不二）の峰入を三回くり返すことによって成仏しうるとしている。また大峰山では吉野から山上ヶ岳までの間に、発心・修行・等覚・妙覚の四つの門を設けて、これをくぐって山上に達することによって成仏しうるとしている。このように修験道では具体的な事例にもとづいて現世での成仏を説いているのである。

さて戒・定・慧の三学の修行で得られた神仏との一体観や、不二絶対の境地は、山伏の字義や衣体の教義的説明という形で具体的に説かれている。ここでは教義的な説明のみをあげておくと、仏との合一感覚は、無作三身・十界一如・無相の三密、不二絶対の境地は、凡聖不二・迷悟不二・順逆不二・理智不二などの言葉によって表現されている。なおこうした不二の体験の根底にあるのは、深い清浄感であるとされている。そしてこの清浄感にもとづいて、戒は自性本来清浄で無垢無染、定は自性本来寂静で無動乱、慧は自性を本来明らかにした無疑心というように、三学すらもが清浄心の現われと捉えなおされているのである。

（3）験力と思想

修験者の験力は本来峰入修行をした修験者や本尊の力にもとづくものであるが、一般の信者の間では、昔話の魔法の杖のように、修験者が祭りや除災儀礼の際に用いる法具の類に験力がこもっているると信じられている。そこでまず修験道の祭りや除災儀礼の特徴とその際に用いられる法具を紹介しておきたい。

修験道の祭りや芸能は、修験者が神霊を祭場に招いて、憑りましに憑依させ、託宣させたり演じさせたりすることによって、聖なる秩序とその根源を示す儀礼で、そのための法具としては、錫杖・刀・棒・縄などが用いられている。一方除災儀礼は、災厄を邪神邪霊によって宇宙の秩序が乱されたことによるとして、秩序を修復するために行なう憑きもの落しや調伏などである。この除災儀礼にあたっては、独鈷・刀・錫杖・縄などが用いられている。このように修験者が験の行使にあたって用いる法具には、独鈷・刀・錫杖など棒状のものと索の二種類のものが見られるのである。

ところでこの棒と索は、修験道では宇宙を神格化した大日如来の教令輪身で、修験道の本尊とされる不動明王の持ちものである剣と索になぞらえられている。ちなみに修験道では、この剣と索を神格化した倶利迦羅不動が崇められてもいる。さらに不動明王と同化の上で修法を行なう修験者は、柱源護摩によって宇宙軸に変じたと観じており、腰には金剛界、胎蔵界を示す螺緒をまわしている。また独鈷はそれから不動明王、役小角、修験者自身が生じた宇宙の根源的なもの、錫杖は須弥山を示すとされている。

こうした教義による意味づけに従えば、棒や索などの法具が聖なる秩序を出現させたり、それを修復したりする力を持つのは、それらが不動明王の持ちものであり、しかもそれ自体が須弥山や金胎を示すというように宇宙の根源にかかわっていることによると思われるのである。これに加えて、修験者自身も宇宙軸と化し、腰に金胎を示す螺緒を巻き、不動明王と同化した上でこの法具を操作している。修験道における験力はこのように、不動明王、修験者、その法具の持つ宇宙に根源的につらなる性格にもとづくと考えられるのである。

第三部　修験道の儀礼

修験道の儀礼ではまず日常の崇拝対象に対する供養法、その眼目である峰入の作法とそれによって獲得された験力の行使に関する多様な儀礼が認められる。なお峰入の最後や祭りの際には採（柴）灯護摩がなされている。そして修験者は里にあっては、卜占、巫術、祈祷、調伏、符呪などを行なっている。そこでこの第三部では修験者のこうした儀礼を具体的に紹介したうえで、その全体の構造を明らかにすることにしたい。

第一章　修験道の供養法

（一）仏壇での作法

日常の仏壇などでの礼拝では位牌の前で左右の十指の先をぴったりとあわせた堅実合掌をする。なお右掌は仏、左掌は自己を示し、これをあわすことによって自己の仏性をめざめさせ、仏と一体となることを示している。ついで焼香するが、その際はまず仏前で合掌して礼拝し、右手で香の粉末を一回または三回左手をそえて捧げて焼香し、あらためて合掌、礼拝する。なお線香の場合は一本または三本を左手をそえて右手でさしあげる。読経では三礼、般若心経、真言（不動明王、役行者）光明真言、回向文、十念（南無阿弥陀仏十遍）をあげ、三礼する。

(二) 諸堂などでの参拝

次の順序で行なう。

三礼—法螺文—懺悔文—三条錫杖(錫杖経の一の平等施会の条、二の信発願の条、九の三道消滅の条、回向発願)—般若心経—妙法蓮華経、観世音菩薩普門品第二十五の偈—真言(不動明王、その堂などの本尊の真言)—宝号(南無役行者・神変大菩薩、南無聖宝理源大師、南無蔵王権現他)—本覚讃—法螺文—三礼

ちなみに神社参拝の時は右掌は神、左掌は自己を示すと考え、左掌の先端が右掌より少し上になるようにずらして、三度拍手をうち、両掌の先をあわせる形で神人合一を示したうえで祈願する。

(三) 修験者の朝・夕の読経

『朝の読経』

三礼

法螺の文
懺悔文
開経の偈
九条錫杖
般若心経
諸真言：大日如来、釈迦如来、不動明王の慈救呪、不動明王の火界呪、薬師如来、蔵王権現、神変大菩薩、三部総呪、一字金輪
宝号：南無を冒頭につけて、天照皇大神宮、熊野十二社大権現、蔵王大権現、八幡大菩薩、稲荷大明神、修験高祖神変大菩薩、大峰中興理源大師
祈念

『夕（回向）の読経』

三礼
法螺
自我偈（釈迦牟尼仏が久遠の過去に成仏し仏陀であることを説きあらわした法華経の神髄）
般若心経
阿弥陀経

光明真言
舎利礼文
回向文
十念
三礼

(四) 不動法とその構成

修験道に限らず密教の修法の基本をなす本尊不動明王を招いて供養し、それと修法者が一体となる六法から成る修法で十八の根本契印から成ることから十八道ともよんでいる。そこでそれを構成する六法とそれぞれに充当される印をあげておきたい。

一、荘厳行者法　行者は修法道場に入る前にまず浄三業の印と真言(一—十八契印の順序、以下同様。なお印契については第一五図「不動法の十八契印」参照)により修法者の身・口・意の三業を浄化する。次いで仏部・蓮華部・金剛部の三つの印真(二・三・四)を結び、次の被甲護身の印真(五)で額・右肩・左肩・心喉の五箇所を加持して自己の心身を浄化したうえで、道場に向う。これだけを独立させて護身法と呼んでいる。ついで道場の入口で灑水器に散杖を入れ四方にまき、修法壇に上る。ついで本尊に向かって表白、唱礼する。

二、結界法　修法壇上で金剛橛（地結）の印真（六）を下に動かして大地をかため、次に方隅金剛牆の印真（七）で四方を結界する。

三、荘厳道場法、如来拳印（八）とその真言によって心を落ち着かせた上で、七宝からなる楼閣を造ることを観じ、さらに大虚空蔵印（九）によって、その道場を整える。

四、勧請法　宝車輅の印真（一〇）により、賓客になぞらえた本尊を招く車を出し、次いで請車輅の印真（一一）によって手前に引きよせる所作をして道場に導き、奉請の印明（一二）で道場に招いている。

五、結護法　馬頭の印明（一三）を三回左にまわして四方を固め、金剛網の印真（一四）で上方からの魔を防ぎ、金剛炎の印真（一五）で火によって魔の到来を防ぐ。

六、供養法　壇場の閼伽器をとり香にかざして、閼伽香水の印の中に入れて真言を唱えて（一六）霊水を献上し、ついで蓮華座の印明（一七）でその加護を願った上で左右の手を胸の前で三度まわす普供養の印明（一八）で大日如来や不動明王に祈願する。

このように不動法（十八道）は全体として修法者自身の心身を清め、家屋敷になぞらえた道場に本尊を招いて、周囲・上下を結界した上で、霊水などを献じた上で願事の達成を願うという、いわば賓客饗応のモチーフからなっていると考えられるのである。

六法		十八儀
(一)莊嚴行者法（身莊嚴法）	五	一 淨三業
		二 佛部三昧耶
		三 蓮華部三昧耶
		四 金剛部三昧耶
		五 被甲護身
(二)結界法	二	六 金剛橛（地結）
		七 金剛牆（四方結）
(三)莊嚴道場法	二	八 道場觀（如來拳印）
		九 大虛空藏
(四)勸請法	三	十 寶車輅
		十一 請車輅
		十二 迎請
(五)結護法	三	十三 當部明王
		十四 金剛網（虛空網）
		十五 金剛炎（火院）
(六)供養法	三	十六 閼伽
		十七 蓮華座（華座）
		十八 普供養

十八契印

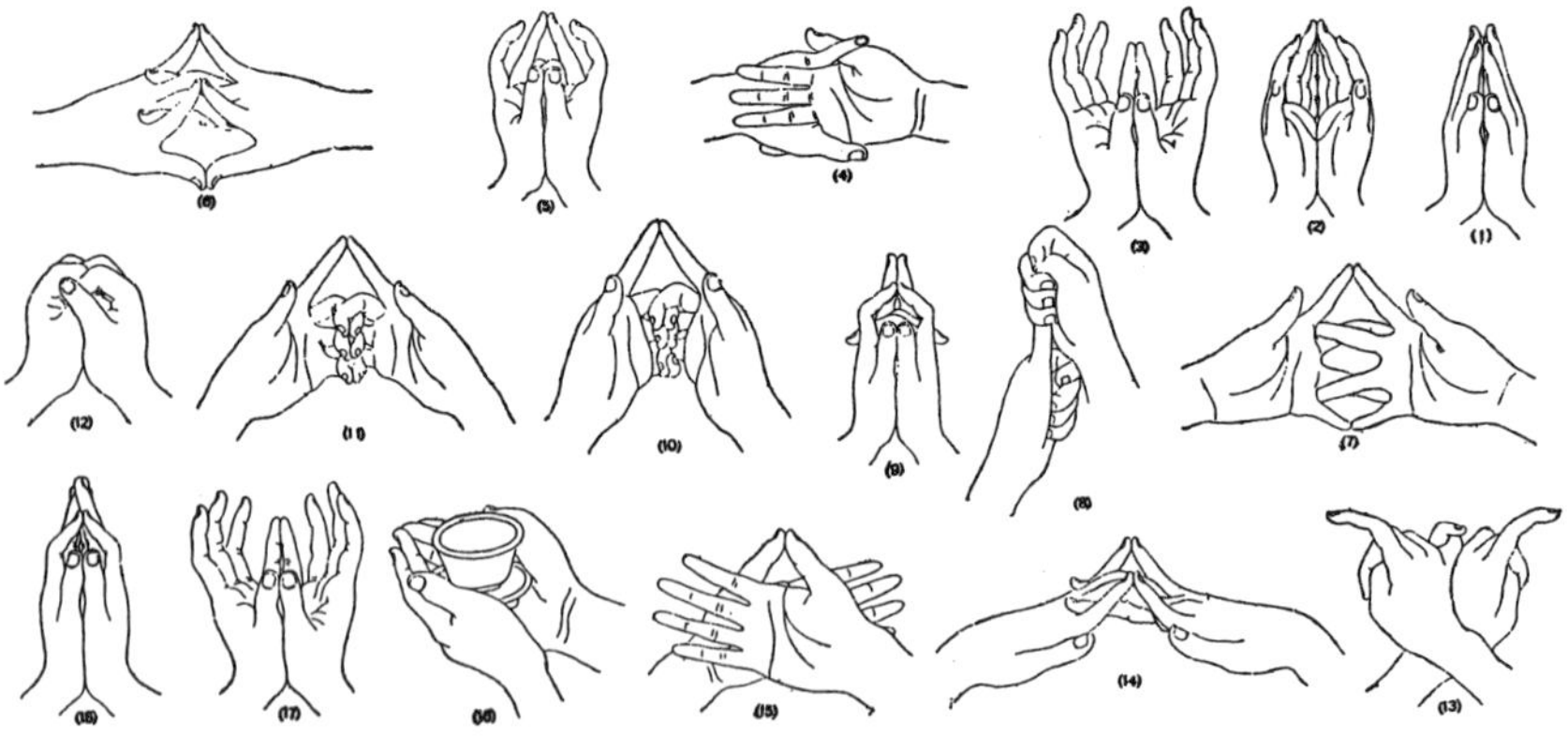

第15図　不動法の十八契印（『密教大辞典』法蔵館より転載）

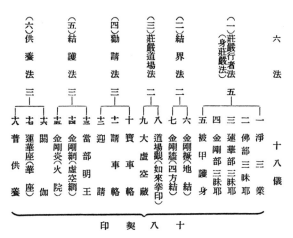

第二章　修験道の峰入

修験道の峰入は成立期にあたる中世初期の金峰山では『金峰山創草記』によると、峰中に籠って年を越す晦山伏の入峰（一二月三〇日から翌年の四月八日）、峰中の霊地に花を供える華供峰（四月八日から五月九日）、役行者の遺徳を偲び供養するための役行者御影供の峰入（六月六日）、諸国山伏の峰入（六月七日から九月九日）があった。

確立期の中世後期には本山派では葛城山に「法華経」をおさめる春の入峰と大峰山で修行者に深仙灌頂を授ける七月から八月にかけての秋の入峰（順峰）が成立した。一方当山派では寛保二年（一七四二）に江戸鳳閣寺住職の俊堅が寛保二年（一七四二）に著わした『当山門源記』によると、四月八日の御戸開、四月晦日から五月中旬の華供峰、五月下旬から六月中旬の御影供峰、七月六日から七月一九日の逆峰の三つがあった。

現在では本山修験宗では春の葛城修行と夏の大峰奥駈修行、旧当山派の真言宗醍醐派では六月六日の華供の峰と夏の大峰修行を行なっている。また羽黒山修験本宗では八月二四日から三一日まで独自の秋の峰入修行を行なっている。

本章では中世後期に即伝がまとめた『三峰相承法則密記』に見られる峰入の概要、峰中十種作法、現代の山上ヶ岳と葛城の峰入、羽黒山の秋の峰入を紹介する。

（一）中世後期の峰入の概要

『三峰相承法則密記』には彦山から宝満山の峰入の概要をあげている。まず峰入を主導する先達には大日如来を体現し、峰中の勤行の導師などの諸作法を主導する大阿闍梨の位にある大先達、小木（採灯護摩などに用いる木）を司る小木先達（東方阿閦如来―五智如来への充当、以下同様）、火を司る柴灯先達（南方宝勝如来）、宿の運営を司る宿先達（西方阿弥陀如来）、水を司る閼伽先達（北方釈迦如来）、抖擻を司る峰先達（中央大日如来）の五人の先達がいる。なお上記の五先達を助けて新客（初入峰者）を導くのは、すでに峰入を体験している度衆である。

峰入当日には出発に先立って本堂の前に、約一一メートルの松の柱に三八箇所に繞索をまいた段、頂に大幣をのせた柱松を立てる。そして入峰者がその下で錫杖経と慈救呪を唱えている間に柱松先達が繞索の段をたよりに柱松に昇って大幣に火をつけ、これを合図に駆出の法螺が吹かれる。そして斧、法螺、手碑伝（峰入の主旨を記す）、縁笈、正先達、閼伽桶、度衆等、新客等の順序で行列をくんで山に入っていく。峰入の宿に到着すると、宿着の法螺（三音、三音、三音半）が吹かれる。宿の入口にはこの宿が金剛界、胎蔵界の両壇からなることを示す二本の柱の間に一〇八本の乳木を並べた小柴が立てられる。長床と呼ばれる建物に入ると、峰中で守るべき一八の行規（他念を交えず、度衆に従い、先達の命にそむかないことなど）が掛けられていて、勤行に先き立ってこれを唱えさせられる。

長床では正先達は先達柱を背にして座り、度衆と新客は左床、右床に分かれて座る。全員がそろうと正先達が新客に閼伽文「以バン字浄水、洗浴煩悩身、五智徳顕現、心諸仏円満」と小木文「四大和合身、骨肉及手足、如薪尽火滅、皆共成仏道」を授ける。なお三時には勤行がなされるが、この時長床の右床には小木先達、左床には閼伽先達が読経中の所定の時に肘比（小丸太）と小打木（小丸太）を打ちあわせる床精を行なっている。

（二）峰中の一〇種の修行

峰入期間中には一床堅・二懺悔・三業秤・四水断・五閼伽・六相撲・七延年・八小木・九穀断・十正灌頂の一〇種の修行がなされている。以下このそれぞれについて記す。

一床堅　新客が一人ずつ正先達の前に進み、腕比と小打木を左右の腰にあて、ついで面前で二打し、半跏座で自己の頂・額・心・腹・腰が地・水・火・風・空の五大になると観じ、床堅文「悪罵及捶打、皆悉当能忍、我今成仏身」と唱えて自分がそのまま毘盧遮那如来と観じる。これは即身即仏の形義で十界一如の極位である。

二懺悔　新客が一人ずつ正先達の前に進み、五体投地の三礼をし、自己の三業（身・口・意）の罪障を懺悔し、今後は罪を犯さないとの誓誡の証を打つ。すると正先達は「我昔所造諸悪業、皆由無始貪瞋癡、従身語意之所生、一切我今皆懺悔」の懺悔文、さらに「普賢観経文」の「一切業障海、皆従妄想生、若欲懺悔者、端座思実相」の文を授ける。全員がこの懺悔を終えると錫杖経、役行者・童子の宝号、本尊讃を唱える。

三業秤　新客を籤によって一人ずつ左手・左足・左頭・左身を螺の緒で縛って、罪障の重さをはかる秤棒の三斗六叔の重さの不動石の反対側に架けて、不動石のほうがあがると業障が重いとされる。ついで「九条錫杖経」、「般若心経」、両部真言二十一返、光明真言二十返、行者童子宝号二十一返、本覚讃一返、舎利礼文九返を唱える。唱え終ると螺の緒が解かれ、正先達がその螺の緒を新客に、これは煩悩迷縛の縄であって悟れば菩提に導びく宝索となると教えたうえで授けている。

四水断　畜生道の修行である。初夜勤行の時、宿先達が嗽口の前で、以後手水、嗽、洗顔など水の使用の禁止と、これを犯した者は床から追放すると告げる。なお水断の期間は口伝によるとしている。

五閼伽　二列に並んだ新客が左・右の順に一人ずつ斑蓋を被り、左肩に一荷の閼伽桶を持って閼伽井に行き、両桶に五分ほどの閼伽水を汲んだうえで、閼伽壇の前に帰って「案内申、案内申、閼伽水の案内申」と案内を乞う。すると閼伽の先達が「承う」と応えて閼伽桶を受けとり、担木を抜き新客に与える。正先達は一荷ずつ五分の処に切目がある二本の散杖で両桶に水が五分入っているかどうか確認する。次に柄杓で水を酌み瓶に入れる。ついで二本の散杖をそれぞれ閼伽桶の水に浸したうえで、新客の長頭襟にまず逆に三度、次いで順に三度触れる。これは五智のバン水を八葉の蓮台になぞらえた新客の頂に灌ぐことによって阿字の仏果を芽生えさせることを意味する。なお新客にこの閼伽水で手と顔を洗浴させ、さらに嗽をさせた後に「以バン字浄水、洗浴煩悩身、五智徳顕現、心諸仏円満」の閼伽文を授けている。

ついで閼伽水を新客の頭上に灌ぐ。これは父母の仮和合の二水をもって本分の大地に還帰させることを示している。次に新客は斑蓋、閼伽壇の前で正先達から両掌で閼伽札を受けとって閼伽の先達に渡す。先達は左手でこれを受けとる。次に新客は右手に担木をもってもとの座に帰る。一方正先達は新客に一句ずつ閼伽文を唱えさせる。次いで法螺にあわせて閼伽水を飲む。これはバン字の智水をなめて阿字の仏果を芽生えさせる義である。次に正先達は右の手に檜杖をつき、炉壇の前に一荷の閼伽桶を並べ、新客は一緒に閼伽讃嘆文を唱える。正先達がもとの座に帰り作法をおえる。

六相撲　瞋恚、闘諍、我慢、勝地の行儀である。所役の新客は初夜の後に床堅を修したうえで、左床と右床から一人ずつ手を組んで炉壇の前に出て火扇の上に頭襟と袈裟を置いて、﨟次が浅い度衆を行事として相撲をとる。終わると両人は頭襟と袈裟を火扇の上に置いて違いをあげる。すると錫杖が振られ次の番となる。全員が終ると床開きになる。

七延年　天道快楽の修行で舞と音楽がなされる。初夜勤行が終った後床を直し諸衆に酒が勧められる。飲酒後に度衆が笈で拍子をとり、左床と右床から一人ずつ炉壇の前に出て、火扇を被って、それぞれが歌舞する。演じおわると錫杖経で床開きとなる。

八小木　峰中で新客が一日だけ宿の近くの林から柴灯などに用いる小木をとって柴灯先達におさめる作法。新客は林で採集した小木を小木量ではかって一尺八寸の長さとし、周一尺八寸の束を二つつくる。そしてこれを担木の両端につけて右肩に担ぎ、小木先達の先導で宿の小木壇に向う。小木壇に着くと、新客は柴灯先達が控えている小木壇の前で二列に並び、担木から小木の束をおろす。するとと小木先達が柴灯先達に対して「新客等各々法儀の小木を修行しおわんぬ。柴灯先達へ小木量渡し申候」という。柴灯先達は「承う」と応えて小木量を受けとる。すると新客は一人ずつ二束の小木を一束ずつ両脇に挟んで頭をさげて小木壇に進み壇上に並べておいてうずくまる。柴灯先達は小木量で小木の長さと束の大きさを計って確認したうえで受けとる。すべての新客が小木と小木量を渡し終えると、小木先達が柴灯先達に対して「新客等今日修行の法小木二荷悉く渡し申候」といい、柴灯先達が「承う」と答える。次に錫杖が振られ法小木の作法が終了する。

九穀断　餓鬼道の修行。なおこの間に正灌頂の準備がなされる。宿先達が夕の勤行の前に新客に対して今夜から七日間穀断すると申し渡し、嗽口に導びいて嗽をさせる。それをおえると新客は各自の乳木、歯木、硯、筆、上紙、柴灯、覆面、引敷、草鞋など正灌頂の前具を整え、仏具の中に入れ、自己の名前を書き、横笈に入れる。なお穀断の期間中は新客等は未修行の人に会うことが禁じられている。

十正灌頂　深仙の宿で穀断満行の未刻（午後二時）に行なわれる六大法身慧命相続の法楽で、無相三密依正一体の極位の法である。五音、三音の法螺が立てられる。新客はこれを聞くとそれぞれの正先達への進物の乳木を懐に入れて、宿口の前に集合して、そこにある閼伽桶の水で身体を清める。これを終えると宿の先達が新客の一﨟から順に宿に引入する。一同が床につくと新客はそれぞれの乳木を取り出して笈立の上に置く、正先達の前には壇板が置かれ、秘密の道具が並べられている。まず一同が拝礼する。ついで新客が一人ずつ正先達の前に出て秘密の印明を授かる。全員が受法すると、三礼した上で、誓いの金を打つ。この後錫杖が振られ、ついで新客は末席から一人ずつ火扇の上に乳木を置いて正先達の前に行って進物を献じる。全員が献じ終わると床開きになる。

（三）現代の大峰山の峰入

現在は吉野から熊野に連なる大峰山系の吉野側の山上ヶ岳（金峰山）への登拝は、五月三日の大峰山寺の戸開式に始まる。そしてその後の九月二三日の戸閉式までの間に全国各地の山伏がこの大峰山で修行する。そこで本節ではその概要をあげておきたい。

大峰山寺は吉野山の東南院（金峯山修験本宗）、喜蔵院（本山修験宗）、桜本坊（金峯山修験本宗）、竹林院（単立寺院）と天川村洞川の龍泉寺（真言宗醍醐派）の大峰山寺護持院が交代（吉野側の四寺院は二年交代、龍泉寺は通年）で二院が住職を勤めている。そして吉野側の四院は毎年夏、吉野から大峰山中の前鬼迄の奥駈を行なっている。また金峯山修験本宗は東南院と合同（東南院住職が金峯山修験本宗管長ゆえ）で吉野から前鬼迄と、その南の熊野までの峰入をし、真言宗醍醐派は独自に夏期に前鬼迄の奥駈を行っている。
なお天台寺門宗（総本山園城寺）と熊野山修験道（那智山青岸渡寺）では、熊野から毎年範囲を決めて吉野に向かっての大峰修行を行っている。本節ではまず近世後期から現在迄広く知られている吉野から熊野本宮に至る七十五靡の配所の「大峰七十五靡一覧」と大峰七十五靡の地図（第一六図）をあげる。ついで「（1）吉野からの山上詣」を吉野側の護持院などの前鬼までなどの奥駈を紹介する。

大峰七十五靡一覧

実際に大峰七十五靡を踏査された福井良盈の『大峯山奥駈案内記』（吉野山竹林院、一九七〇）、森下恵介の『吉野と大峰　山岳修験の考古学』（東方出版、二〇二〇）をもとに、吉野から熊野本宮の順（七五～一）に靡名、崇拝対象（社寺を含む）自然状況に焦点をおいて下記の一覧を作成した。

75　柳の宿　役行者　吉野川の六田で水行
74　丈六山　蔵王権現（元）　峰の薬師　丘
73　吉野山　蔵王堂　尾根
72　吉野水分神社　子守（本地地蔵菩薩）
71　金峰神社　地主神（本地大日如来）

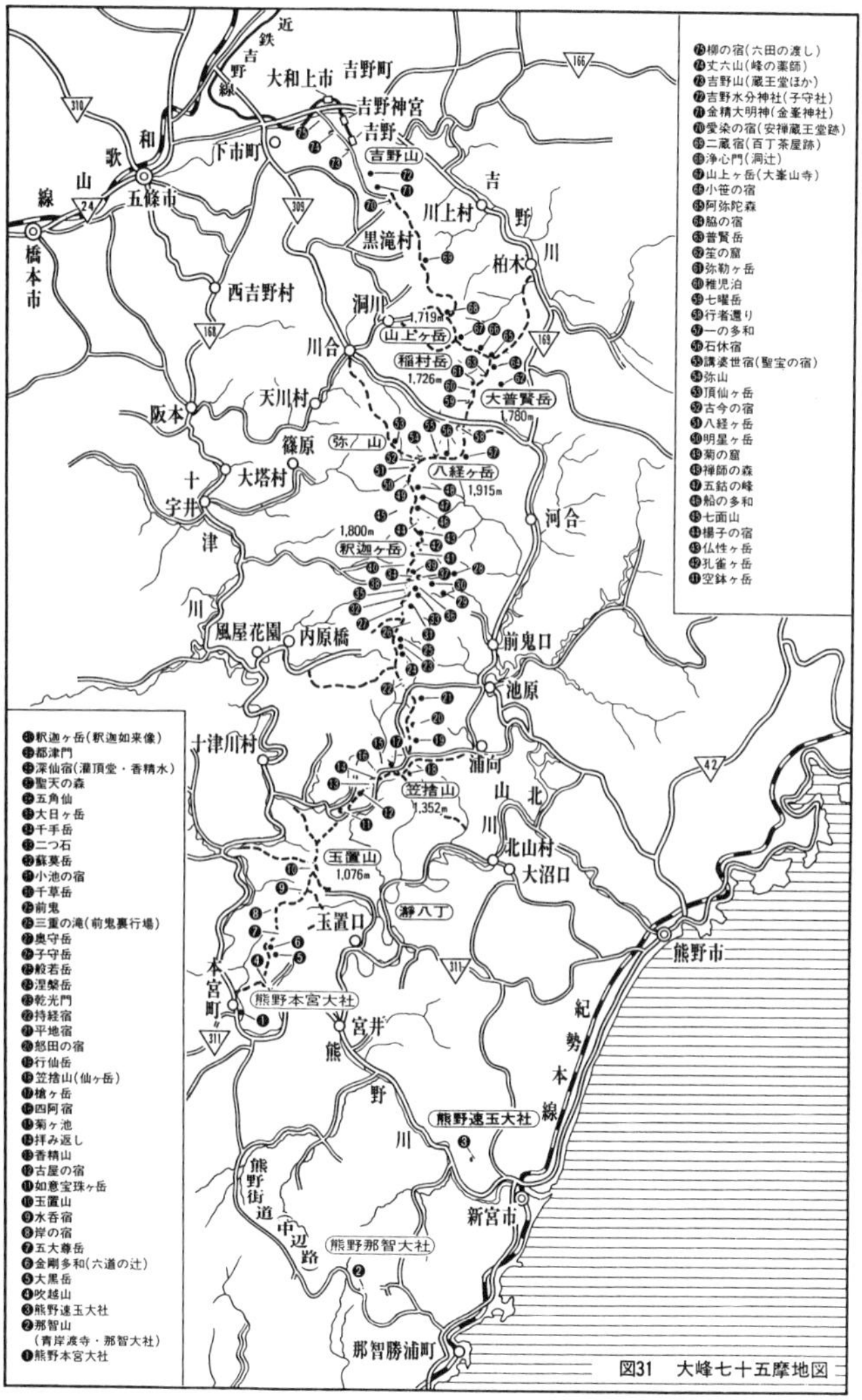

第16図　大峰七十五靡の各靡一覧（宮家『大峰修験道の研究』佼成出版社より転載）

70　愛染宿　旧安禅寺蔵王堂
69　二蔵宿　役行者　茶屋　桜、現女人結界
68　浄心門　出迎不動　洞辻茶屋　洞川との分岐
67　山上ヶ岳　大峰山寺　蔵王　役行者、表と裏の行場　涌出岩
66　小篠の宿　旧宿坊　役行者・聖宝　剣光童子（本地帝相仏）　水場
65　阿弥陀ヶ森　現柏木道の女人結界
64　脇の宿　岩脇の平坦地　近くに経筥石
63　普賢岳（一七七九メートル）　西側の巻道を進む
62　笙の岩屋（奥駈では行かない）　不動明王、窟修行
61　弥勒ヶ岳　中腹の岩場
60　児泊　窪地（もと七つ池）　聖宝が大蛇を退治
59　国見岳（七曜岳とも、一五八四メートル）　灌木林、絶景
58　行者還　絶壁　八大金剛童子　平地に小屋
57　一の多和　護世童子（本地獅子王仏）
56　石休場　金剛童子　弁天の森
55　講婆世宿　聖宝像　行者の隠し水　聖宝八丁の急坂
54　弥山　天河弁才天の奥社（吉野熊野宮）、行者姿見池　宿所

53　頂仙ヶ岳（一七一七メートル）　疎林を遥拝
52　古今宿　如来池・遥拝
51　八経ヶ岳（一九一四・九メートル）　役行者が法華経八巻を納めた。近畿最高峰
50　明星ヶ岳　大山蓮花　弥山川の水源
49　菊の窟　峰中第一の魔所、義元が『役行者本記』と書いたとされる窟　谷底　遥拝
48　禅師宿　検増童子（本地虚空蔵菩薩）森
47　五鈷の嶺　山頂が五鈷の形　五智如来
46　舟の多和　舟の形をした窪地
45　七面山　七面の岩壁　鬼がすむ　遥拝
44　楊子宿　鞍部　峰中亡霊供養塔
43　仏性ヶ岳（一八〇五メートル）　頂上付近は唐松の林
42　孔雀岳　湧水　眼下に奇岩（羅漢）　この少し下に両部分け（金・胎の境）椽の鼻、蔵王
41　空鉢ヶ岳　役行者の石鉢という、八大金剛童子
40　釈迦ヶ岳　三四メートルの釈迦の銅像　絶景
39　都津門　岩穴　極楽の東門
38　深仙　香精童子（本地栴檀光仏）　大峰中台、役行者、不動、八大金剛童子、灌頂道場と参籠堂、四天岩（香精水）

37　聖天の森　樹林　聖天社
36　五角仙・持咒・仍海・摩尼・高谷など五智如来の化身
35　大日ヶ岳　宝冠岳（一五四〇メートル）の絶壁頂上に大日如来
34　千手岳　岩峰（一三五七メートル）頂上に千手観音
33　二つ石　両童子岩（制吒迦童子と矜羯羅童子）
32　蘇莫岳（一五三〇メートル）　仙人が山頂の岩で蘇莫の舞をまったという
31　小池宿　池のほとりに如意宝珠を祀る
30　千草岳　地蔵峰の峰つづき、制吒迦童子、矜羯羅童子の勢競石あり　水あり
29　前鬼山　役行者の弟子前鬼の五人の子供（五鬼上・五鬼継・五鬼助・五鬼熊・五鬼童）の子孫がいたが、現在は五鬼助の子孫小仲坊が宿坊を営む、前鬼山金輪王寺、大峰行者堂あり
28　前鬼裏行場　三重滝（千手・不動・馬頭）両界窟などの行場あり
27　奥守岳（一五一〇メートル）かつて子守三社、不動明王が祀られていた
26　子守岳　現在の地蔵岳（一四六四メートル）
25　般若岳　現在の滝川辻　西の門、石の門とも
24　涅槃岳　急坂
23　乾光門　剣光童子、樹立の間に日の光がさす。拝み返しの宿とも
22　持経宿　金剛童子、千年檜などの巨木、小屋あり

21　平治宿　聖宝の大蛇退治の伝承　石楠花　小屋あり
20　怒田宿　金剛童子の碑　鞍部
19　行仙嶽（一二二六メートル）　継の窟と呼ばれる岩窟あり
18　笠捨（仙ヶ岳、一三五二メートル）　仙人の居所、眺望良
17　槍ヶ岳（一二五〇メートル）　滝あり行場
16　四阿宿・東屋岳（一二三〇メートル）の南肩　檜の大木　不動、愛染　倶利伽羅の霊石
15　菊ヶ池・役行者の衣掛岩　善女竜王の池
14　拝み返し　金剛童子　順峰の時はここで熊野を拝み返した
13　香精山　道の左上方に行者が加持した水
12　古屋宿　十津川の上流　窪地
11　如意珠岳　南朝の片岡八郎の墓　地蔵
10　玉置山・玉置神社　熊野の奥の院　悪除童子（本地阿弥陀如来）　お玉石
9　水呑宿（水呑金剛）　慈悲童子（本地自在五仏）
8　岸の宿　地蔵尊の小社
7　五大尊岳　山頂は露岩
6　金剛多和　六道の辻　役行者を祀る小祀
5　大黒岳　切畑峠で遥拝

4　吹越山　除魔童子（本地釈迦如来）　行者堂、結願の護摩道場
3　那智山飛滝権現　那智大社　青岸渡寺、大滝
2　新宮新誠殿　速玉大社　梛の古木
1　本宮証誠殿　熊野坐大社　大斎原

（1）吉野からの山上詣

吉野からの峰入は出発点の役行者像を祀る柳の宿（七五靡の番号―熊野本宮を一とした配所の靡の番号、以下ではその逆の順に配所となっている主要な靡をとりあげ、括弧内に番号を入れる）で吉野川に入り、水行をして「父母のをらで着せたるから衣、今かき流すはらい川水」を唱える。吉野川の入口の黒門をくぐって少し進むと発心門の銅の鳥居がある。新客は鳥居に手をかけて「吉野なる銅の鳥居に手をかけて弥陀の浄土に入るぞうれしき」と唱えながら柱を回る新客行をする。やがて蔵王権現を本尊とする金峯山寺本堂（七三）に到着し、参拝し読経する。ついで吉野町の町内をへて大山祇神を祀る勝手神社脇から坂を登り、喜蔵院、桜本坊、竹林院をへて金峰山の地主神を祀る水分社（七二）に着く。ここから奥千本の桜の間を登って金精明神を祀る金峰神社（七一）に至る。なおこの神社の鳥居は修行門とされている。境内には蹴抜塔がある。新客はこの塔に入れられて神主の「吉野なる深山の奥の隠れ塔、本来空の住み処なりけり、オンアビラウンケンソワカ、南無神変大菩薩」の唱えごとに従って堂内を回っていると、突然鐘をならされて肝を冷やされる。これは気

（精神）をひきしめて修行に入るように諭す為とも思われる。この先に西行庵があるが、そこから西に進み百見岳を越えると、近世期に当山派修験の拠点だった鳳閣寺（真言宗鳳閣寺派総本山）がある。

峰入道にもどって少し進むと、安禅寺蔵王堂跡（七〇）に到着する。昭和四五年（一九七〇）迄はここからが女人禁制だった。吉野の水分山とされた青根ガ峰の尾根づたいに南に進むと、旧百丁茶屋跡のさきに役行者を祀った小祀がある二蔵宿（六九）に到る。この先きの急坂をのぼった大天井の左の鞍部に五番ヶ関がある。昭和四五年以降はここからが女人禁制とされている。ここに祀られている役行者像の前で「大天井上り下りの五番関、五濁の悪の所なりけり」と唱えている。五濁は五戒の対象とされる殺傷、偸盗、邪淫、妄語、飲酒で、ここでこれらの戒を想起させているのである。さらに急坂をのぼると洞川道からの合流点の浄心門（とされる洞辻茶屋　六八）に到着する。

（2）洞川からの山上詣

現在多くの講社や一般人の山上ヶ岳の登拝は天川村洞川からなされている。そこで以下、洞川と洞川からの登拝道を紹介する。洞川は役行者の弟子後鬼の子孫からなる集落とされている。ここには役行者開基、聖宝中興と伝える真言宗醍醐派大本山龍泉寺がある。本尊は弥勒菩薩で脇侍に役行者と聖宝を祀るが、一般には境内の八大龍王堂が広く知られている。また境内の竜神が祀られている竜の口から清浄水が湧き出て境内の林泉の源となっている。龍泉寺では龍泉寺本堂、竜の口、八大龍王堂と参拝し、ついで境内の林泉で水行をする。ここでは「有難や親より受けしから衣、洗い清める龍泉の水」と唱えている。

洞川の町をこえて少しいくと嫁ガ茶屋があり、そこを左手に下り山上川を渡ると蟷螂の岩屋がある。その窟内には弥勒淵、賽の川原、胎内くぐりなどの拝所があり、ここで窟修行をする。なおこの窟の水が龍泉寺の龍の口に通じているといわれている。嫁ガ茶屋の右手には現在洞川出身の山口神直が開教した修験節律教団の本部があり、その奥の七尾山の行場が女性行者を集めている。女性行者はさらにこの先の林道右の山の手に昭和八年（一九三三）に赤井五代松が発見した五代松鐘乳洞で修行し、稲村ヶ岳に登って修行する。稲村ヶ岳は女人大峰ともいわれ、龍泉寺ではここで修行した女性行者に稲村ヶ岳女人道場修行の先達免許を与えている。本道にかえって少し進むと道ぞいに昭和四一年（一九六六）まで女人禁制口だった役行者の母を祀る母公堂がある。さらに道を進むと、左手に山上ヶ岳への登山口があり、清浄大橋を渡った先に発菩提心門がある。ここから先きが女人禁制である。なお手前に山上ヶ岳への三三回の登拝を記念した供養塔が数多くたてられている。発菩提心門（女人禁制の門）をくぐって、一の瀬茶屋、一本松茶屋、七合目付近の水呑場（お助け水）をへて進むと吉野道との合流点の出迎え不動のある浄心門（洞辻茶屋）に到着する。

（3）山上ヶ岳の修行

山上ヶ岳の行場入口の洞辻茶屋の出迎え不動を拝礼し、陀羅尼助の売店を通り抜けると山上ヶ岳表行場に入る。まずすべりやすい一枚岩を登る油こぼし、九穴の蔵王祠の脇の岩場を鎖を伝って登る小鐘掛、二〇メートル余の直立した岩を鎖を頼りに登る鐘掛の行場が続く、鎖をたよりに登りきると、頂上の役行者石像の前で「鎖掛と問うて尋ねて来て見れば九穴の蔵王を下にこそ見る」との唱え言がある。しばらく三十三度登拝などを記念した供養塔が並ぶ平坦な道を進むと、熊野迄続くとされる亀の甲羅の形をしたお亀石があり「お亀石よるなさわるな杖つくなよけて通れよ旅の新客」との唱え言がある。この先に四門の一つ等覚門があり、一〇〇メートルあまり鞍部を進むと大きな岩山がある。ここで岩頭から一〇〇メートル余の谷底に逆さづりにされる西の覗きの行がある。全員がこの行をおえると、岩上の不動明王の石像の前で「ありがたや西の覗きで懺悔して弥陀の浄土に入るぞうれしき」との唱え言がある。これらの行場は表行場といわれるが、それをこえて進むと妙覚門があり、これをくぐって坂を登りきると広場があり、大峰山寺北詰所、絵馬堂がある。なお妙覚門手前の脇道を下ると、龍泉寺、桜本坊、竹林院、東南院、喜蔵院の宿坊がある。

新客は宿坊脇の小道を通って奇岩が累々とした裏行場に行く。裏行場では入口の役行者像を拝して、不動の登り岩〔一裏行場番号、以下同様〕を登り、押別岩〔二〕をくぐり抜け、護摩の岩屋〔三〕の不動明王の石像を拝する。ついで胎内くぐり〔四〕をして屏風岩〔五〕を拝し、御丈岩〔六〕・衣掛岩〔七〕・袈裟掛岩〔八〕の三つの岩壁に囲まれた御馬屋〔九〕と呼ばれる細長い広場をへて賽の河原〔一〇〕に出て、みかけ不動と石積み地蔵を拝する。ここで今一度岩山を登り、天の川〔一一〕と呼ばれるクレパスを越える。そして裏行場のお亀石〔一二〕と大黒岩〔一三〕を見て背負岩〔一四〕の間をくぐり、飛石〔一五〕を飛び越える。この先に東の覗き〔一六〕があるが、現在は使用されていない。ここから蟻の戸渡り〔一七〕をへて、下方に阿古谷を望見出来る平等岩〔一八〕の脇に出て、この岩の鼻を先達に導びかれて回る修行をする。ここから少し下って、蔵王権現、不動明王、倶利伽羅龍王の石像がある元結払と呼ばれる窪地につく。ここで「平等岩めぐりてみれば阿古滝の捨つる命は不動くりから」との唱え言を唱和して裏行場の修行をおえるのである。ここは丁度大峰山寺本堂の裏にあたっており、修行をおえた新客は岩山を下って大峰山寺〔六七〕本堂に入り、度衆一行と共に大峰山寺に参拝する。

大峰山寺は正面に金剛蔵王権現、右側に応永三三年（一四二六）の開帳仏の役行者と前鬼、後鬼像、内陣右奥の厨子内に秘密の役行者像が祀られている。特に厨子内の秘密の役行者像は大峰山寺の戸開けと戸閉めの時に山開き中に特に許可を得た集団にのみ開帳されている。なお内陣のさらに内側には内々陣（龍の口）の深い穴があり、秘所とされている。大峰山寺前の広場には絵馬堂、脇に詰所、その先の丘には役行者が金剛蔵王権現を涌出させたとされる涌出岩がある。

(4) 山上ヶ岳から熊野への奥駈

山上ヶ岳から熊野迄の抖擻を奥駈と呼ぶ。ただほとんどの奥駈は前鬼〔二九〕までで、ここからバスで熊野に出る形をとっている。それ故本項では重要な靡のみを紹介しておきたい。大峰山寺前の広場脇の坂道を下ってしばらく進むと小篠の宿〔六六〕につく。役行者堂、聖宝堂がある。近世期には当山派の処点とされ、主要な当山正大先達の坊があった。この先に阿弥陀ヶ森（六五）がある。吉野郡川上村柏木からの登拝道の終点で、柏木からの登拝ではここからが女人禁制とされている。少し進むと樅の大木が立ち並んだ脇の宿（六四）がある。ここから小普賢岳（六三）の登りにかかるが、その手前の石の絶壁に役行者が法華経をおさめた経筥石の行場がある。なお奥駈では立ちよらないが、この先の大普賢岳の登り口から二時間ほど下ると笙の窟（六二）がある。行尊（一〇五五～一一三五）など多くの修験者が冬籠りした霊地である。大普賢岳の左の肩をまく坂道を下って弥陀ヶ岳（六一）さらに急坂を鎖を頼りに下りおわった平地の稚児泊（六〇）に出る。ここから登りにかわって七曜岳（国見岳ともいう）の尾根に沿って進む。その南斜面の急坂下に金剛蔵王の石碑がある。ここは水場で行者還小屋（五八）がある。林の中を進み、上北山村天が瀬への分岐点の一の多和（五七）をへると、その先に美しい森の石休場（五六）がある。さらに森の中を進むと講婆世の宿に到る。ここで銅造の聖宝の像を拝し、聖宝八丁と呼ばれる急坂を登ると弥山の山頂につく。ここには天河弁財天の奥社（五四）がある。弥山は須弥山に因む名称だが、この社は吉野熊野宮とも呼ばれている。ここには宿坊があって、山上ヶ岳の一泊後はここで宿泊する。

弥山を出て笹の間を頂仙ヶ岳（五三）古今宿（五二）をへて近畿の最高峰（一九一四・九メートル）の八経ヶ岳（五一）に到る。ここは役行者が法華経八巻を納めたとされる霊跡で不動明王が祀られている。弥山川（天川）の水源である明星ヶ岳（五〇）をへてその先の谷間にあるとされる菊の窟（四九）を遥拝する。林の中を禅師の森（四八）、五鈷峰（四七）、船の多和（四六）をへて七面山の岩壁（四五）を遥拝し、楊子の宿（四四）で山中で亡くなった人を回向し、仏性ヶ岳（四三）を登る。そして岩まじりの坂を下り北孔雀岳（四二）に着く、この先の狭い岩の間を通り抜ける貝摺りを過ぎると、屹立した二つの岩が境をなすように立つ両峰分けがある。吉野からここまでが金剛界で、ここから熊野迄が胎蔵界とされている。両峰分けを過ぎると岩壁の端を伝う椽の鼻があって銅造の蔵王権現像が祀られている。ここで「椽の鼻廻りてみれば釈迦ヶ岳、弥陀の浄土に入るぞうれしき」との唱え言がなされる。このさきの細い岩の念仏橋を渡ると、巨大な岩上に鉢状の丸い石が乗っている空鉢ヶ岳（四一）がある。かつてはここで杖を捨てて「空鉢を廻りて見れば釈迦ヶ岳、捨ておく杖は後の世のため」と唱えて自己の菩提を弔ったという。

ここから釈迦ヶ岳（四〇）への登りにかかる。山頂には三・四メートルの釈迦如来の銅像がある。これを拝してここから下りに入ると道の東に極楽の東門と呼ばれる都津門（三九）の岩穴がある。下りおえると峰中の中台とされる深仙の宿（三八）がある。ここには神変大菩薩、不動明王、八大金剛童子を祀った灌頂堂と避難小屋がある。宿の東北に聳える巨岩の四天岩（香精童子岩・行者岩・聖天岩・弁天岩）からは深仙灌頂に用いられる香精水が流れ落ちている。深仙の近くには聖天を祀る聖天の森（三七）、五人の仙人が住むという五角仙（三六）、約二〇メートルの鎖を頼りに絶壁を登って銅造の大日如来を拝する大日岳（三五）、千手観音を祀る千手岳（三四）、制吒迦童子と矜羯羅童子になぞらえた二つの岩が並立する両童子岩（三三）、仙人が役行者の笛にあわせて蘇莫者の舞をまったとされる蘇莫岳（三二）などをへて前鬼山（二九）につく。

前鬼山には役行者に使役された前鬼の子とされる五鬼熊（行者坊将監）五鬼童（不動坊大学）、五鬼上（中之坊宮内）、五鬼継（森本坊右近）、五鬼助（小仲坊勤負）の五坊があって、近世期は聖護院の支配を受け、前鬼山金輪王寺を中心にまとまっていた。ただ現在は小仲坊のみが夏に宿坊を開いている。この前鬼の裏行場（二八）には、千手滝・不動滝・馬頭滝からなる三重滝、胎蔵界と金剛界の両界窟、一〇メートル余の絶壁を鎖をたよりに登る天の二十八宿、梯子で下る地の三十六禽、屏風の横駈けなどの行場がある。なお聖護院では二〇年位に一度前鬼で深仙灌頂を行なっている。現在ほとんどの奥駈はこの前鬼で一泊し、ここからバスで熊野に出る形がとられている。

（5）南奥駈の靡

南奥駈では前鬼から大古の辻まで登って、ここから奥守岳（二七）、子守岳（二六）、般若岳（二五）、涅槃岳（二四）と尾根道をつたって抖擻し、乾光門（二三）ではこれまで越えてきた山々を拝み返す。ここから尾根道を下ると金剛童子を祀った持経宿（二二）がある。ここには昭和五四年（一九七九）に熊野新宮の奥駈葉衣会が建立した小屋がある。さらに聖宝が大蛇を退治したという平治宿（二一）、極楽浄土とされる怒田宿（二〇）、天狗がいるといわれる行仙岳（一九）を越えて進むと佐田辻に出る。浦向への分岐点である（なお金峯山修験本宗・東南院の南奥駈では前鬼からバスで浦向に出てここから南奥駈に入っていた）。

浦向から右に道をとって笠捨山（一八）への急な坂を登り、ついで槍ヶ岳（一七）、四阿宿（一

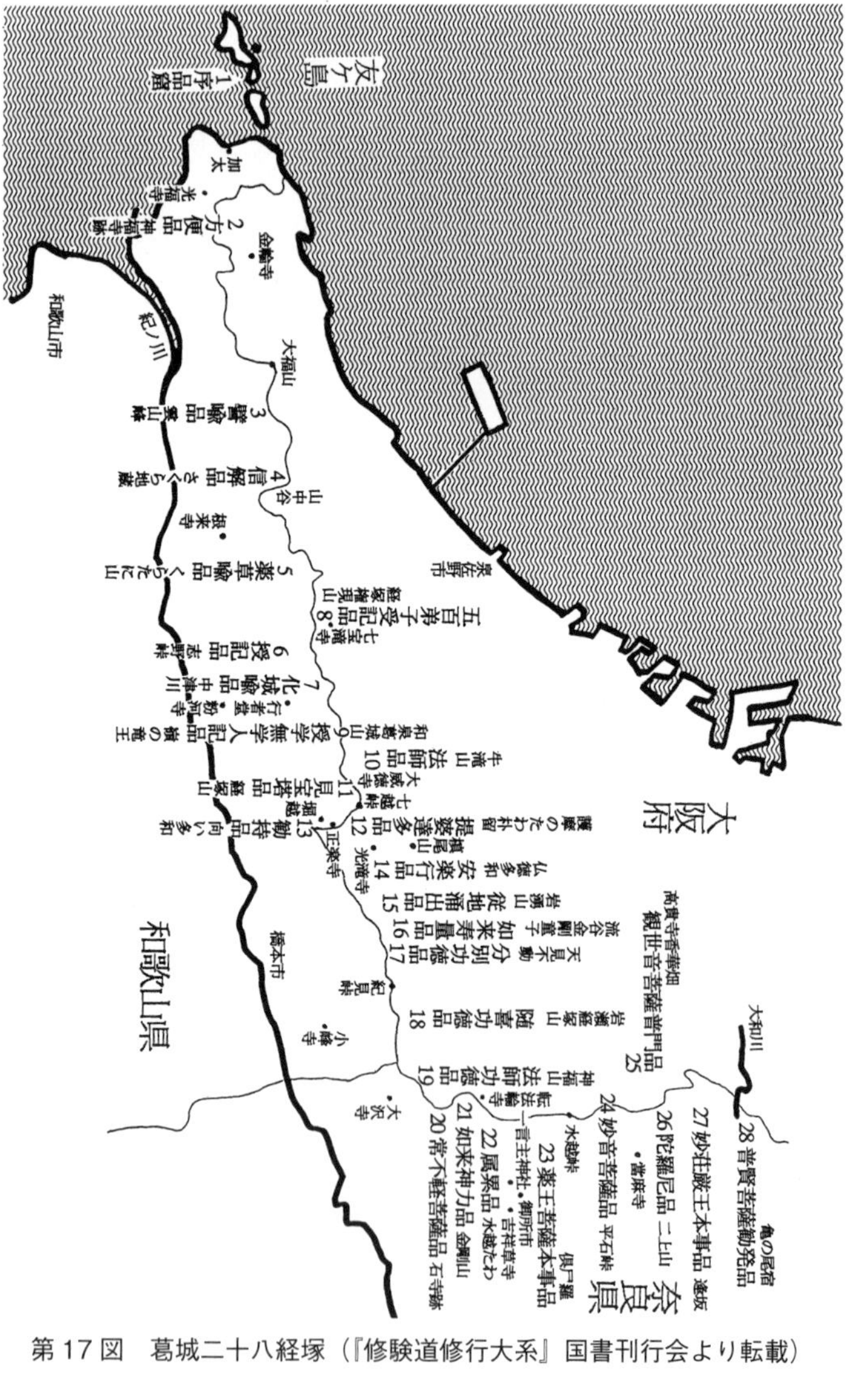

第17図　葛城二十八経塚（『修験道修行大系』国書刊行会より転載）

六)、菊ヶ池(一五)をへて拝み返し(一四)の宿に到る。この拝み返しでは熊野から吉野への峰入の順峰の際には、ここから熊野を拝み返していた。つづいて香精山(一三)、古屋宿(一二)、如意珠岳(一一)をへて玉置神社(一〇)に到着する。玉置神社は国之常立神と伊弉諾・伊弉冉の二尊を祭神としているが、修験者はむしろ神社裏の杉の巨木の下のお玉石を崇拝している。ここからさらに慈悲童子を祀る水呑宿(九)、岩の宿(八)、五大尊岳(七)、金剛多和(六)、大黒天岳(五)と進み、吹越山(四)に着く。吹越には行者堂があり、駈出の護摩が焚かれる。ここから七越山をこえると本宮の備崎に出て熊野本宮大社に参詣する。なお靡の順序では那智山(三)、新宮(二)、本宮(一)となっているが、現状では本宮・新宮・那智の順にバスでまわる形がとられている。

(四) 葛城二十八経塚

役行者の居処とされた葛城山は狭義には大和葛城の金剛山に比定されるが、中世初頭の『諸山縁起』には「転法輪山(字は葛木の峰なり)」として、紀伊、和泉、大和にと連なる葛城山系に法華経二十八品のそれぞれを納めた経塚を始めとする霊地があげられている。そこで本節では宮城泰年聖護院門跡の調査をもとに、この二十八経塚の現状と主要な行場を紹介しておきたい(「葛城修行」『修験道修行大系』国書刊行会、参照)。

1友ヶ島　序品窟経塚　序品　友ヶ島には東端の虎島にある序品窟経塚とその背後の岸壁の他、

観音窟、阿伽井、深蛇池、剣の池の行場がある。なお同島に渡る港がある加太にはもと伽陀寺別当の向井家があり、聖護院では葛城入峰の際には同寺に参拝している。
2神福寺跡経塚　方便品　和歌山市佐瀬川の峠の先の梅畑の繁みにある石祠。
3霊山峰経塚　譬喩品　境谷への道の上方にある藪中の自然石（文安五年〈一四四八〉の年号あり）。
4さくら地蔵経塚　信解品　境谷への道の上方にある藪の中の自然石（文安五年〈一四四八〉の年号あり）。
5くらたに山経塚、薬草喩品　今畑廃村の「滝の谷」の南尾根の東の先にある石祠。
6志野峠経塚　授記品　志野峠の繁みの中の自然石、近くの窪地に一体の石地蔵がある。
7中津川経塚　化城喩品　志野峠東の三つ辻にある自然石の経塚、寛延四年（一七五一）、近くの中津川行者堂では聖護院が村祭にあわせて峰入している。葛城峰中の中台とされる葛城灌頂の道場で奥院に熊野神社がある。なお中津川には役行者の弟子前鬼の子孫と称する五家がある。
8七宝滝寺経塚権現山　五百弟子受記品　真言宗犬鳴派総本山犬鳴山七宝滝寺の行場の灌頂山の山頂に塚が三つある。その一つに長禄三年（一四五九）の年記がある。
9嶺の竜王経塚　授学無学人記品　和泉葛城山の山頂にある八大龍王社の南にある天正（一五七三～九二）の年号がある金剛童子石を祀る石祠。
10牛滝山大威徳寺　法師品　役行者が開いて滝行をし、不動明王を祀ったと伝える大威徳寺の山門右手の梵字がある大石。
11経塚山　見宝塔品　八二五メートルの経塚山の山頂の杉の根本にある石積み。
12護摩のたわ経塚　提婆達多品　灯明岳手前のごまんとうの石積み、バク字の入った標石あり。
13向い多和　勧持品　灯明岳下の林道の南斜面の頂上。大日如来を彫った西向きの自然石。
14仏徳多和　安楽行品　光滝寺境内の経塚跡との伝承がある処。
15岩湧寺　従地涌出品　元山上と称する湧出山岩涌寺（本尊十一面観音）うらの南の嶺にある延宝五年（一六七七）奉納の五輪経塚。
16流谷金剛童子　如来寿量品　岩湧寺から下った谷の北側の山裾にある金剛童子を祀る小祠。
17天見不動　分別功徳品　流谷から下った谷の口の先にあるボタン池西の小祠（天見不動）石像と二、三の剣が収められている。
18岩瀬経塚山　随喜功徳品　十字峠さきの経塚山頂上の三井寺信徒奉納の自然石。
19神福山　法師功徳品　十字峠さきの笹尾神社の祠の東寄りにある土盛。
20石寺跡　常不軽菩薩品　伏見峠さきの登山道真ん中の大きな石。
21金剛山　如来神力品　役行者開基の金剛山転法輪寺、葛城坐神社がある金剛山頂の湧出岳嶺下に昭和四六年（一九七一）に再建された。
22水越たわ　嘱累品　水越峠手前の地蔵尊の祠（おたわ地蔵とも呼ばれている）。
23倶戸羅　薬王菩薩本事品　倶戸羅口の辻から二〇〇メートル北の小庵の庭にある五輪石塔、ほけきよう塚の石柱がある。
24平石峠　妙音菩薩品　役行者がここから金峰山に岩橋をかけようとしたとの伝説がある。平石峠から大阪側に下った道の南側、不動明王と役行者を祀る石祠。
25高貴寺　観世音菩薩普門品、高貴寺境内の北のすみの香華畑に二つある石塚の小さい方。
26二上山　陀羅尼品　雄岳頂上のかつら石に囲まれた土盛。なお雄岳南麓には弥陀三尊が祀られていた奈良時代の石窟寺院跡がある。
27逢坂　妙荘厳王本事品　逢坂中央の逢坂神社前の三岡家の庭園の中にある五重石塔。
28亀の尾　普賢菩薩勧発品　大和川の中にある亀が覗いたような石。
なお聖護院では毎年四月に1友ヶ島の序品窟など五霊場、加太向井家、9和泉葛城山頂の蔵王、8七宝滝寺経塚山灯明岳、10牛滝山大威徳寺、中世期は聖護院末だった粉河寺をへて最後は和泉葛城の中台とされる中津川行者堂と熊野神社がある中津川経塚をめぐる葛城山の峰入を行なっている。特に中津川行者堂では、昭和四三年（一九六八）に五〇〇年ぶりに葛城灌頂が復活開壇された。なお上記の葛城経塚の順拝は年によって適宜にかえて行なわれている。一方醍醐三宝院では毎年七月三日に21金剛山転法輪寺に大阪側の千早赤坂から金剛山ロープウェイを利用して金剛山に登り、まず葛木神社に参拝し、転法輪寺で法要をし、その後同寺の護摩道場で柴灯護摩を施行している。なお転法輪寺では葛城二十八経塚を一年かけて回る修行や、昭和三七年（一九六二）に結成した金剛錬成会による登拝回数を競わせる形の修行がなされている。

（五）羽黒山の峰入

現在羽黒山の出羽三山神社と羽黒山修験本宗では四季になぞらえた峰入がなされている。そこでこれについて簡単に紹介しておきたい。まず夏の峰は七月一日の山開祭から九月一五日の山閉祭までの間の一般信者による羽黒山、月山、湯殿山の三山詣である。なおこの間の旧盆にあたる八月一三日には夕方出羽三山神社の神職が月山の山頂で護摩を焚いて、依頼された物故者の戒名を書いた卒塔婆をこれに投じ、羽黒山麓の手向集落ではこれにあわせて、門口で祖霊の迎え火を焚いている。

秋の峰は近世期には受胎期間にあわせた二七五日に因んで七五日行なわれていたが、現在は羽黒山修験本宗の荒沢寺で八月二三日から三一日迄の八日間行なわれている。まず八月二三日夜に手向の荒沢寺里坊正善院で、入峰者が各自の霊魂を峰中の崇拝対衆の笈につめる葬儀になぞらえた笈からがきがある。翌二四日朝には正善院前の黄金堂で正大先達が大梵天を堂にむかって投げ倒すことによって、男女の交わりと受胎を示す行事がある。このあと行列をくんで羽黒山に登り、出羽三山神社に詣でた後、修行道場の山中の荒沢寺に入る。

ここで第二部第六章第三節であげた十界修行に因む作法が一の宿、二の宿、三の宿（いずれも荒沢寺で行なう）の三段階に分けて行なわれる。すなわち一の宿（二五～二七日）では、参加者一同がいる密閉した道場の大きな火鉢の炭火に小糠、唐辛子をまぜたものをくべてその煙で燻す南蛮燻し

（地獄―十界修行の充当、以下同様）、断食（餓鬼）、水断（畜生）、二の宿（二八日～二九日）で相撲（修羅）、懺悔（人）の修行がなされる。その夜は柴灯護摩があり、これをおえると、天上の大きな斑蓋から紅白の布が下げられた道場で延年の謡（天）の行があり、これをおえると三の宿（三〇日～三一日）に入る。そして三〇日にはまず三鈷沢の洞穴の遥拝所に行き、阿弥陀如来（月山の本尊）と大日如来（湯殿山の本尊）を合体した大悲遍照如来の尊像を安置して三鈷沢に向かって勤行する。この後荒沢寺に帰り「声聞」と「縁覚」にあたる説法、「菩薩」行の里人の先祖の供養がある。最後の三一日には開山能除大師の最初の修行地である阿久谷の窟に向かって遥拝し、成仏を完成する（仏）。そして出羽三山神社本殿の十の階段をあがって十界修行を了えたことを感謝する。この後一気に山を下り、手向の正善院の門前で盆の迎え火になぞらえて焚かれている火の上を産声をあげて跳び越すことによって、仏として再生したことを感得しているのである。なお出羽三山神社でもほぼこの期間に独自の秋の峰を行なうと共に、別に女性行者のための神子修行を行なっている。

冬の峰は現在は出羽三山神社が主体となって実施している。まず九月二〇日から一二月二九日まで手向村の古老のうちから選ばれた位上と先途の二人の松聖が毎日羽黒山上の神社の斎館で精進潔斎をして五穀を納めた興屋聖と呼ばれる小さな藁の苫屋に祈念をこめる。この間松聖の使いの小聖が庄内地方を勧進に回る。一二月三〇日には手向集落の各組を位上方と先途方に二分し、それぞれに属する若者が神社の境内で災厄をもたらす恙虫になぞらえた大松明を造ることを競いあう大松明まるきがある。

三一日午後一〇時、神社本殿では、左右に配された位上方、先途方各六人の神職が順にまず烏に扮して飛翔の高さを競う烏とび、中央に長い机を置き、その中央手前に座した兎のぬいぐるみをかぶった双方の神主が扇で机の端を打った音への反応の速さをきそう験競べがある。このうち位上方と先途方双方の各六人小聖が勧める兎の験競べの五番目の時、外に向かって法螺が吹かれる。すると境内の一方の側に置かれた位上方、先途方の大松明に火がつけられ、双方の若者たちが一気に反対側に立てられた柱の所まで引いていき、そこに立て、その時の燃えあがりの速さが競われる。

この後、深夜に神社前の広場に設えられた十二尺の鏡松明の下で、全国の東三十三箇国を羽黒山、西二十四箇国を熊野、九箇国を彦山に分けた故事を演じる国分けの神事、位上方と先途方の小聖が小打金を火打石で打って清浄な火を作る速さを競う火の打ち替えの験競べがある。なお上記の一連の験競べの間両松聖はそれぞれの設屋で祈念をしている。そして上記の一連の験競べで勝った方の松聖は九八日間にわたって祈念をこめた興屋聖の穀物に、神社の神供田からとれた種籾もまぜて正月に祈念をこめて、庄内地方の檀那に与えるのである。なお近世末までは、羽黒山の別当らが一月一日から七日迄、開山の御影の前でこの種籾の祈念を行ない、これを春の峰としていたのである。

第三章　修験道の祭——採（柴）灯護摩

修験道の寺院などで行われる採（柴）灯護摩は、いわば修験道の祭ともいえるものである。なおサイトウの漢字は本山派系は採灯、当山派系は柴灯の文字を用いている。採（柴）灯護摩では、それに先立って山伏問答、道場の結界の作法があり、護摩施行後は火渡りがなされることもある。そこで以下このそれぞれについて紹介する。

（一）山伏問答

山伏問答は護摩道場（第一八図「採（柴）灯護摩道場図」参照）に採灯師を中心とする一行が到着すると、道場入口に控えている道場奉行（問と記す）が一行を代表する先達（答と略す）に修験道や修験者が身に着ける法具について尋ね、「答」がそれに応じて答えるものである。まず問答に先きだって、護摩道場に到着した一行を代表する先達（答）が法螺を吹いて案内を乞い、道場奉行（問）が法螺を吹いてこれに応えている。その後道場奉行は問答の一つずつに錫杖を三振して尋ね、

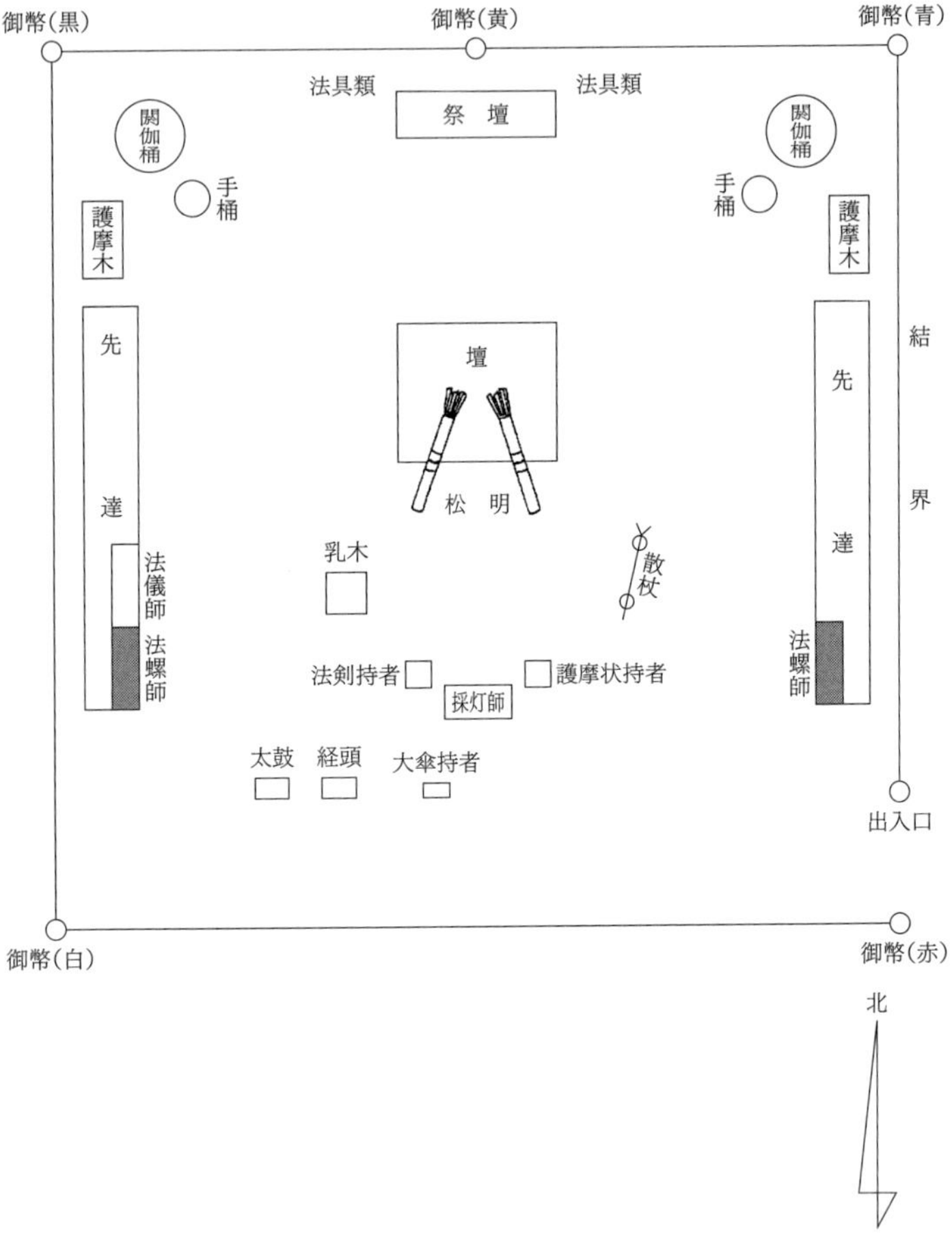

第18図　採（柴）灯護摩道場図

一行を代表する先達（答）が一振してこれに答える形がとられている。以下問答の要旨をあげる。

1問　一行の所属

答　所属の宗派、寺院名、護摩を施行する大導師の官職と名

2問　来山の儀

答　採（柴）灯護摩を施行する祭の名

3問　護摩道場に入壇を許すに先立って、修験の儀を一通り尋ねる

答　わきまえていると応じる

4問　山伏の二字の義

答　山は三身（法身・報身・応身）即一。伏は人は法性、犬は無明、総じて無明法性不二

5問　修験の宗義

答　修は苦修練行、験は験徳、修験は霊山で修行し験を得る道である

6問　修験道の開祖

答　役行者、小角と号する。葛城・金峰で修行し、金剛蔵王権現を感得し、寛政二年（一七九九）に神変大菩薩の諡号を授かった

7問　修験道の本尊

答　宇宙の森羅万象、金剛界・胎蔵界の曼荼羅、大日如来の教令輪身の不動明王

8問　頭襟

答　大日如来の五智（大円鏡智・平等性智・妙観察智・成所作智・法界体性智）円満を示す。十二の褶は十二因縁（無明・行・識・名色・六処・触・受・愛・取・有・生・老死）をあらわす

9問　法螺

答　金剛界バン字の智体、法身説法の内証で、衆生を中道不生の覚位に帰せしめる

10問　錫杖

答　音声により三界（欲界・色界・無色界）六道（地獄・餓鬼・畜生・修羅・人・天）の衆生を覚らせる智杖。その六輪は六波羅蜜（布施・持戒・忍辱・精進・禅定・智慧）をあらわす

11問　鈴懸

答　上衣九布は金剛界九会、下の八布は胎蔵界中台八葉院を示す。これを着る行者は金胎不二となる

12問　結袈裟

答　九条袈裟を折りたたんだもので、行者はこれを身につけることによって十界一如（人間を含む万物は地獄・餓鬼・畜生・修羅・人・天・声聞・縁覚・菩薩・仏の十界を具し、それぞれの一界も他の九界を具している。すなわち仏も畜生もすべてが十界を具有しているとの真理）となることを示す

13問　斑蓋

答　慈悲覆護の相。形が円なのは五位（母胎内にいる五つの期間）円満、頂上の八葉は八葉の蓮台

14問　最多角念珠

答　念は念々続起の煩悩、珠は本覚真如の理
15問　笈
答　胎内に一切の衆生を含蔵する
16問　引敷
答　獅子に乗り、煩悩を降伏する
17問　貝の緒
答　右は金剛界、左は胎蔵界で金胎一致
18問　護摩刀
答　不動明王の降魔の利剣
19問　桧扇
答　扇は風大、護摩の自性の智火に解脱の慧風を加えて、煩悩の薪を焼滅する
20問　金剛杖
答　上の四角は金剛界の智、下の丸は胎蔵界の慧を示す。金胎一致
21問　斧
答　折伏・降魔の法具
22問　脚半
答　熊野から吉野の胎蔵界の峰入は上が平らな筒脚半、吉野から熊野の金剛界の峰入は上が剣先

の脚半を用いる
23問　八目の草鞋
答　八葉の蓮華

以上の問答後、道場奉行（問）が、「お答が正しく疑いなし」として入場を許可し、旅の先達（答）が、「有難く入壇仕る」といって入場し所定の座につく。

（二）道場結界の作法

全員が入場し護摩道場の所定の座につくと、次の法弓、法剣、法斧の前作法で道場を結界する。

（1）法弓

法弓師が弓矢を持って採灯師に拝礼後、東・南・西・北・中央・鬼門（東北）のそれぞれで次の内容の唱言を述べたうえで矢を放つ。

法弓は禅定と智慧の力を持っていて、悪魔や怨霊を払い、生死にこだわる心を打ち破ってくれる。こうした魔を降伏する道具としては、神の力が加わった弓矢が最適である。この弓矢は一切の事象を知る眼を持っていて、たとえ混沌とした状況にあっても、強柔清濁を区別する妙理を備えている。

そして天地の始まりの時にあっても、東・西・南・北の四方、西北・西南・東北・東南の四隅の方位、上・下・青・黄・赤・白・黒の五色の状況を自然に現して、この道場に五大神龍を招いて悪魔を防いで下さるのである。

東方には降三世夜叉明王の垂迹である青帝大神龍王がいまして、八万四千の眷属を教え命令して東方を護持して七里四方を結界し、理智と因果の理を示して下さる。ア（胎蔵界大日）・バン（金剛界大日）ウン（理智不二因果の徳）

南方には軍荼利夜叉明王の垂迹である赤帝大神龍王がいまして、八万四千の眷属を教え命令して南方を護持して七里四方を結界し、理智と因果の理を示して下さるア・バン・ウン

西方には大威徳明王の垂迹である白帝大神龍王がいまして、八万四千の眷属を教え命令して西方を護持して七里四方を結界し、理智と因果の理を示して下さる。ア・バン・ウン

北方には金剛夜叉明王の垂迹である黒帝大神龍王がいまして、八万四千の眷属を教え命令して北方を護持して七里四方を結界し、因果の理を示して下さる。ア・バン・ウン

中央には大日大聖不動明王の垂迹である黄帝大神龍王がいまして、八万四千の眷属を教え命令して中央を護持して七里四方を結界し、理智と因果の理を示して下さる。ア・バン・ウン

鬼門（東北方）には天地の障害をもたらす鬼がいるので、それを防ぐために結界の真言キリキリバサラウンハッタと唱える。

（2）法剣

法剣師が剣をもって採灯師に拝礼後、護摩壇前で次の意味の唱言をあげた上で、剣をもって図に示した順序で光の字を法剣の作法の一つ一つの唱言にあわせて法剣で切る作法をする。

法剣の作法
一、天諸童子《てんしょどうじ》　二、以《い》為給仕《いきゅうじ》
三、刀杖不加《とうじょうふか》　四、読不能害《どくふのうがい》
五、若人悪罵《にゃくにんおそく》　六、口即閉塞《こうそくへいそく》
所属　位　法名を名のる（法名）

第19図　法剣の作法

金剛法剣は不動明王の悟りの智慧をもたらす利剣である。それ故自分を切らず他人を切らず煩悩を切らず本来無一物なのである。けれども邪と正が相対立する時にはこの悟りの智慧の霊威が衆生を加持し、如来と等しい利剣となって、一切の衆生の諸々の無益な言論や煩悩、悪業を断絶して、煩悩が離れた境地に導びくことは疑いない事実である。この金剛法剣は古来天上の造物主の力をもって、生かすのも殺すのも自在である。正義の力をもって正しいものを護持し、悪者を裁断し、殺した者の頸をさらすのである。

裏鬼門（南西の隅）というのは天地において障りをもたらす方位である。それ故勤行や秘術の効果によって、このかくれた良くない方位を防がなければならないのである。

(3) 法斧

法斧師が斧を持って採灯師に拝礼後、護摩壇の前で、不思議な神力が加わっている法斧は抖擻する際に用いる密具で、深山を切り開いてそこにある煩悩の敵である生木や枯れ木を切って悟りを開くまでの非常に長い時間にわたって修行を積む道具であるとの意味の唱言をして、法斧を振りおろす。

(三) 採(柴)灯護摩の作法とその読経

採(柴)灯護摩の際の採灯師の作法とその要旨をあげる。

護身法

二人の承仕が祭壇の御神灯から付木の束の先きに火をつけて護摩壇正面の採灯師の前で交叉させ、採灯師が願文を読みあげる

点火　一同経頭に従い読経(内容は後記)

火天壇

火天召請
祈念（金剛合掌）
念珠加持　引念珠　正念珠
散杖　護摩壇の左・右・中（各三遍）
乳木を投じ扇火
四字印明　ジャ・ウン・バン・コ
祈念
火天奉送

本尊壇（不動明王）
本尊召請
祈念（金剛合掌）
念珠加持　引念珠　正念珠
大日如来の印と真言　百遍
不動明王の印と真言　百遍
散杖　護摩壇の右・左・中
乳木を投じ扇火

根本印明　大日如来　不動明王
四字印明　ジャ・ウン・バン・コ
観想　金剛合掌
諸尊段
諸尊召請
祈念
散杖　護摩壇の左・右・中
乳木を投じ扇火
根本印（内五鈷印）
四字印明　ジャ・ウン・バン・コ
祈念
本尊奉送
解界
破壇作法
添護摩
護摩の火が少し鎮まった時に始める。護摩壇に願事を書いた護摩木を行者衆が投じる間の作法
願文（具体的に願事を書いたもの）奏上

採灯師はこの間、本尊段の部分を修する。ただし、最後に空中に不動の種子を描く

奉送

解界

採灯護摩の際の経頭を導師とする読経『本山修験勤行常用集』では「採灯護摩勤行式」として「先三礼　次法螺、次九条錫杖、次修験懺法　次観世音菩薩普問品の偈　般若心経　円頓章　本覚讃　法螺　三礼」をあげている。

(四) 火生三昧耶法

採灯護摩終了後護摩の炭火をならして、まだおきている炭火の上を修験者が歩く火生三昧耶法がなされる。その際火の上を歩くに先立って次の修法が行なわれる。

まず護身法をむすんで自分自身を清浄にしたうえで、全身が金剛薩埵になったと感じ、さらに「自身即不動心無二無別」を示す無所不至の印を結び、水天に帰命することを誓って水天の真言オンバロダヤソワカをとなえる。次に金剛合掌をむすんで五凡五聖がまじりあうこと(仏と修法者が一つであること)を示した上で諸天を念じ、「諸天智水、本尊同智、正理清浄、火生成水」と唱える。このあと外獅子印をむすんで金剛薩埵の真言をあげ、身火本(自分の体が火となることを示すと推測

される）と観じる。次に大海印を結び、八大龍王の真言をとなえ総身に散じ、さらに水天の印とその真言、ついで剣印をむすび水を観じる。そして次には、不動根本印、剣印、外五鈷印、入我我入をへて本尊観を行ない、心上に水天があり、これがさらには不動明王になると観じる。次に五大尊観により右手が降三世、左手が金剛夜叉、右足が軍荼利、左足が大威徳、総身が不動明王というように自分自身が不動明王をはじめとする諸大明王になったと観じ表白をとなえて火を渡るのである。

その表白をよりどころにして今一度次第をふりかえってみると、まず自己を清浄にし、金剛薩埵ひいては不動明王になったと観じる。そして火生成水ととなえる。さらに自分の身体が火になったことを示すとも考えられる身火本とのとなえごとをあげている。次にこうしておいて八大竜王や水天をまねき、水を観じ、水によって火を鎮めようとしている。このように火を鎮めておいて今一度不動法に準じて自分自身が本尊不動明王となり、火の上を渡るという構成になっている。こう見てくると確かに最終的に自分が不動明王になることを示すのではある。しかしながら同時に実際に火の上を歩くことが可能だということを確信させるための二つの主題を交錯させている。その一つは身火本というように自分が火になるということであり、今一つはむしろ反対に水で火を消して渡るという一見矛盾した主題である。この両者のうち表白では自分の体が火となって、火により火を消すということによって火の上を歩くという方が本来のものとされている。それ故、要約すれば、火生三昧耶法は修法者の体が火となることによって火の上を歩くことが可能だという主題から成立しているものである。

第四章　日と方位の吉凶と占い

（一）暦に見る日と方位の吉凶

宗教法人「修験道」では、日本運命学会・日本易経大学館共著（神明館蔵版）のその年度にあわせた『運命宝鑑』を頒布している。また高島易断本部では、その年度の『神宮館高島暦』（東京神宮館蔵版）を発行している。これらは主として太陽や月の運行にもとづいて、一年間の月日、曜日を区切り、それぞれの日について日出、日入、行事、吉凶などを記した書物で、その根底は主として陰陽道の教えにもとづいている。そこで本節ではこれらの暦に見られる主な内容を紹介することにしたい。

暦の最初の頁にはその年の一年間の特に日常生活に関わる日をあげている。そこで令和七年の『運命宝鑑』一枚刷（令和七年〈平年〉乙巳歳略暦総覧）をもとにその主要なものを紹介しておきたい。まず表題の令和七年の次の括弧の平年は今年は二月が二九日の閏年でなく平年になっていることを示している。次の乙巳は今年の六十干支の充当である。この干支は第五表「六十干支一覧」にあげるように十干（甲・乙・丙・丁・戊・己・庚・辛・壬・癸）と十二支（子・丑・寅・卯・辰・己・午・未・申・酉・戌・亥）をくみあわせたものである。この干支の説明をすると一ヶ月を月立ちの十日、月円の十日、月籠りの十日の三つに分け、このそれぞれの十日を甲・乙・丙・丁・戊・己・庚・辛・壬・癸の十干によって表現して、一方十二ヶ月を、子（鼠）・丑（牛）・寅（虎）・卯（兎）・辰（竜）・己（蛇）・午（馬）・未（羊）・申（猿）・酉（鶏）・戌（犬）・亥（猪）と具体的な動物に充当した。そしてこの両者をくみあわせて第五表「六十干支一覧」を作成して、これを暦の日に充当したのである。今年はこの乙巳の年にあたるわけである。

この一枚刷（総覧）ではまず国民の祝日・休日をあげている。次の「雑節・行事」はいわば民俗宗教の行事ともいえる周知のものである。「節・中」の二四は一種の季節の区分法ともいえるもので、旧暦の各月の節（月の始め）と中（月のおわり）と新暦の充当日をあげている。気候の推移を示すもので、手紙の気候の挨拶などに用いるものである。その特質を括弧に入れてあげておきたい。小寒（冬の到来）、大寒（極寒）、立春（春の訪れ）、雨水（草木の発芽）、啓蟄（虫が地上に出る）、春分（春の彼岸）、清明（草木の花が咲く）、穀雨（種蒔の時期）、立夏（夏の気配）、小満（苗代作り）、芒種（雨期）、夏至（昼が最も長い）、小暑（暑さの始まり）、大暑（酷暑）、立秋（秋の気配）、処暑（初秋）、白露（本格的な秋）、秋分（秋の彼岸）、寒露（五穀の収穫）、霜降（初霜）、立冬（冬の気配）、小雪（冬の到来）、大雪（冬の最中）、冬至（昼が最も短い）である。

令和七年（平年）乙巳《きのとみ》歳略暦総覧

＊祝日と休日は、法律の改定により変更される場合があります。

旧暦 小	旧暦 大
12	正
2	3
4	6
5	7
閏6	9
8	10
	11

下元《かげん》二黒土星《じこくどせい》

覆燈火《ふくとうのひ》

乙巳《きのとみ》

西暦 二〇二五年

皇紀 二六八五年

新暦 小	新暦 大
2	1
4	3
6	5
9	7
11	8
	10
	12

国民の祝日・休日

元日	一月一日(水)
成人の日	一月十三日(月)
建国記念の日	二月十一日(火)
天皇誕生日	二月廿三日(日)
春分の日	三月廿日(木)
昭和の日	四月廿九日(火)
憲法記念日	五月三日(土)
みどりの日	五月四日(日)
こどもの日	五月五日(月)
海の日	七月廿一日(月)
山の日	八月十一日(月)
敬老の日	九月十五日(月)
秋分の日	九月廿三日(火)
スポーツの日	十月十三日(月)
文化の日	十一月三日(月)
勤労感謝の日	十一月廿三日(日)

雑節・行事

旧正月	一月廿九日
節分	二月二日
初午	二月六日
彼岸入	三月十七日
花まつり	四月八日
八十八夜	五月一日
母の日	五月十一日
入梅	六月十一日
父の日	六月十五日
半夏生	七月一日
お盆	七月十五日
土用丑日	七月十九日、七月卅一日
月遅れお盆	八月十五日
二百十日	八月卅一日
旧盆	九月六日
彼岸入	九月廿日
十五夜	十月六日
亥の子餅	十月九日
七五三祝	十一月十五日
クリスマス	十二月廿五日
年越行事	十二月卅一日

節・中

小寒旧十二月節	一月五日
大寒旧十二月中	一月廿日
立春旧正月節	二月三日
雨水旧正月中	二月十八日
啓蟄旧二月節	三月五日
春分旧二月中	三月廿日
清明旧三月節	四月四日
穀雨旧三月中	四月廿日
立夏旧四月節	五月五日
小満旧四月中	五月廿一日
芒種旧五月節	六月五日
夏至旧五月中	六月廿一日
小暑旧六月節	七月七日
大暑旧六月中	七月廿二日
立秋旧七月節	八月七日
処暑旧七月中	八月廿三日
白露旧八月節	九月七日
秋分旧八月中	九月廿三日
寒露旧九月節	十月八日
霜降旧九月中	十月廿三日
立冬旧十月節	十一月七日
小雪旧十月中	十一月廿二日
大雪旧十一月節	十二月七日
冬至旧十一月中	十二月廿二日

甲子	二月廿四日、四月廿五日、六月廿四日、八月廿三日、十月廿二日、十二月廿一日
庚申	二月廿日、四月廿一日、六月廿日、八月十九日、十月十八日、十二月十七日
己巳	三月一日、四月卅日、六月廿九日、八月廿八日、十月廿七日、十二月廿六日
社日	三月廿日、九月廿六日
土用入	一月十七日、四月十七日、七月十九日、十月廿日
三伏日	初伏 七月廿日、中伏 七月卅日、末伏 八月九日
天一天上	一月廿四日、三月廿五日、五月廿四日、七月廿三日、九月廿一日、十一月廿日
十方ぐれ	一月十五日、三月十六日、五月十五日、七月十四日
	九月[illegible]日、十一月十二日
八せん	二月十二日、四月十三日、六月十二日、八月十一日、十月十日、十二月九日
天赦日	三月十日、五月廿五日、七月廿四日、八月七日、十月六日、十二月廿一日
陰遁	六月廿四日
陽遁	十二月廿一日

日曜表

一月	二月	三月	四月	五月	六月
5	2	2	6	4	1
12	9	9	13	11	8
19	16	16	20	18	15
26	23	23	27	25	22
		30			29

七月	八月	九月	十月	十一月	十二月
6	3	7	5	2	7
13	10	14	12	9	14
20	17	21	19	16	21
27	24	28	26	23	28
	31			30	

＊振替休日　二月廿四日　五月六日　十一月廿四日

第4表　令和七年（平年）乙巳歳略暦総覧

甲子(木・水)	甲戌(木・土)	①甲申(木・金)	甲午(木・火)	②甲辰(木・土)	甲寅(木・木)
乙丑(木・土)	乙亥(木・水)	乙酉(木・金)	乙未(木・土)	乙巳(木・火)	乙卯(木・木)
丙寅(火・木)	丙子(火・水)	丙戌(火・土)	丙申(火・金)	丙午(火・火)	丙辰(火・土)
丁卯(火・木)	丁丑(火・土)	丁亥(火・水)	丁酉(火・金)	丁未(火・土)	丁巳(火・火)
戊辰(土・土)	戊寅(土・木)	戊子(土・水)	戊戌(土・土)	戊申(土・金)	戊午(土・火)
己巳(土・火)	己卯(土・木)	己丑(土・土)	己亥(土・水)	己酉(土・金)	己未(土・土)②
庚午(金・火)	庚辰(金・土)	庚寅(金・木)	庚子(金・水)	庚戌(金・土)	庚申(金・金)
辛未(金・土)	辛巳(金・火)	辛卯(金・木)	辛丑(金・土)	辛亥(金・水)	辛酉(金・金)
壬申(水・金)	壬午(水・火)	壬辰(水・土)	壬寅(水・木)	③壬子(水・水)	壬戌(水・土)
癸酉(水・金)	癸未(水・土)	癸巳(水・火)	②癸卯(水・木)	癸丑(水・土)	癸亥(水・水)③

(注) ①十方暮　②天一天上　③八専

第５表　六十干支一覧

次の甲子はさきにあげた六十干支の最初にあたる大黒天を祀る日である。庚申は六十干支一覧に庚申とある日で、庚申（猿田彦命・青面金剛）を祀る日である。特に修験道ではこの日の夜に体内にいる三尸《さんし》の虫が体内から抜け出て天帝に日頃の悪事を告げて早死させるとして徹夜して祭をしている。己巳は弁才天を祀る日、社日は大地の神を祀る日である。土用入は二十四節気の立春、立夏、立秋、立冬の前の一八日の日である。特に七月一九日の夏の土用はうなぎを食べる日とされている。三伏日は夏至後の第三庚《かのえ》の初伏、第四庚の中伏、立秋後の末庚の三つをいい、種まきに悪いとされる。八せんは雨が降る日とされ、農家の厄日とされている。天一天上も吉日とされている。天赦日は吉日とされている。十方暮は事をおこせば失敗する日とされている。社日は春分、秋分に最も近い戊《つちのえ》の日で土の神を祀る日とされている。三伏は夏至後の第三庚を初、第四の庚を中伏、立秋後の始めての庚を末伏、酷暑の候としている。

暦の本文では、一月から一二月までの各月ごとの記載をあげている。そこでこのうちの基本となるものについて令和七年を例にとって説明しておきたい。その順序は太陽暦、七曜、次に干支である。令和七年の一月一日は太陽暦は一日、七曜は水曜日、干支はかのえ午である。

この干支の説明をすると、一箇月の三十日を上旬、中旬、下旬の各十日に分け、それを甲・乙・丙・丁・戊・己・庚・辛・壬・癸の十干からなるとした。さらにこの十干にはそれぞれ兄（え）と弟（と）に分かれるとした。そして今一方で十二ヶ月を子（鼠）、丑（牛）、寅（虎）、卯（兎）、辰（竜）、巳（蛇）、午（馬）、未（羊）、申（猿）、酉（鶏）、戌（犬）、亥（猪）の一二の括弧内に具体的

太陽暦	七曜	干支	九星	日柄と行事	太陰暦	六曜	中段	二十八宿	下段
一日	水	かのえ午	七赤	◉元日・大つち・初詣 宝塚清荒神新年祝祷大祭	旧十二月小 二日	先勝	やぶる	参	天火

第６表　一月一日の図表

にあげた動物にあてはめた。そしてこの十干・十二支をえと（干支）の組み合わせとして、例えば一月一日は第六表のようにかのえ午（兄）の子となるということになる。この六十干支の一覧表がさきにあげた第五表「六十干支一覧」である。

次に示されている九星は運勢判断に用いる一白、二黒、三碧、四緑、五黄、六白、七赤、八白、九紫の九つの星で、これに易の八卦、五行、方位、干支を配して諸事の吉凶や運勢を判断するものである。なお『運命宝鑑』や『神宮館高島暦』には各年分（誕生年）に充当する九星をあげ、その当事者の運勢を細かくあげているが、詳細は割愛したい。日柄と行事は民俗宗教の主要な行事をあげている。太陰暦は旧暦をさしている。六曜は民俗宗教で何か事をおこす際に広く用いられている。先勝、友引、先負、仏滅、大安、赤口のことである。これはそれぞれ次頁の第七表に示すような略号で示され各々について吉凶が説明されている。

◐先勝	諸事急ぐ事や願い事吉、午後は控え日の事。
⊖友引	朝夕は吉、正午は凶、勝負なし、葬儀は忌む。
◑先負	午前中は凶、午後は吉、物事静かに急ぐな。
●仏滅	何事にも悪く、諸事慎むがよい。病長引く。
○大安	万事に障りなく大吉、何事にも進んで吉。
⦶赤口	吉日に非ず正午のみ吉、朝夕は控え日の事。

第７表　六曜の記述

次の欄は一般に中段と呼ばれている。この欄には建除十二直といわれる、たつ・のぞく・みつ・たいら・さだん・とる・やぶる・あやぶ・なる・おさん・ひらく・とづで、吉とされている日は、たつ・のぞく・みつ・たいら・さだん・とるで、凶とされている日は、やぶる・あやぶ・とづである。その下の二十八宿は月、太陽、春分、冬至などの位置を示すために黄道付近の星座を二十八箇定め、これを宿と呼んだものといわれる。婚姻の吉凶に用いられ星の信仰として重視されている。下段は悪い日をさけることに重点をおいて定められたもので、吉日は大みよう・天おん・母倉日・月徳日でよろずよし、百事よし。凶日は重日・複日・帰忌日・黒日・十死日・凶会である。

（二）年と方位の守護神と障碍神

修験道では生まれ年の干支に充当された仏菩薩や守護星の信仰が広く認められる。この生まれ年の十二支に充当された守り本尊や守護星は次の通りである。

	守り本尊	守護星（北斗七星）
子	千手観音	貪狼星
丑	虚空蔵菩薩	巨門星
寅	虚空蔵菩薩	禄存星
卯	文殊菩薩	文曲星
辰	普賢菩薩	廉貞星
巳	普賢菩薩	武曲星
午	勢至菩薩	破軍星
未	大日如来	武曲星
申	大日如来	廉貞星
酉	不動明王	文曲星

戌　阿弥陀如来　　禄存星
亥　阿弥陀如来　　巨門星

なお民俗宗教では男性は四二歳、女性は三三歳を厄年としている。この厄年について『修験故事便覧』では、七歳を基礎にして、それぞれに陽の陽たる九を加えた一六歳、二五歳、三四歳、五二歳、六一歳には身口意を慎み神仏に祈誓する年としている。

方位に関しては方位を守護する守護神として、東方は降三世夜叉明王、南方は軍荼利夜叉明王、西方は大威徳明王、北方は金剛夜叉明王、中央は大日大聖不動明王、艮（東北）は多聞天、巽（東南）は増長天、坤（西南）は広目天、乾（西北）は持国天、中央は堅牢地神が守護しているとの信仰がある。またこのうち艮・鬼門（丑寅・東北）をすべてにおいておそるべき方位とし、これを防ぐには桃板に鬼子母神、十羅刹女の尊号を書いて東北の隅に向けて勧請すれば良いとしている。次に金神がある。金神は春は竈、夏は門、秋は井戸、冬は庭というように年に応じて、その方位を異にする。そしてその方位の土木を犯して家造りをすること、旅立ち、家造り、嫁とりなどをすることを固く禁じている。なお修験者はこれを防ぐ為には自分達の祈祷を受けねばならないと主張した。そしてそれを防ぐための修法「金神除法」「金神除祈祷秘事」などが伝わっている。

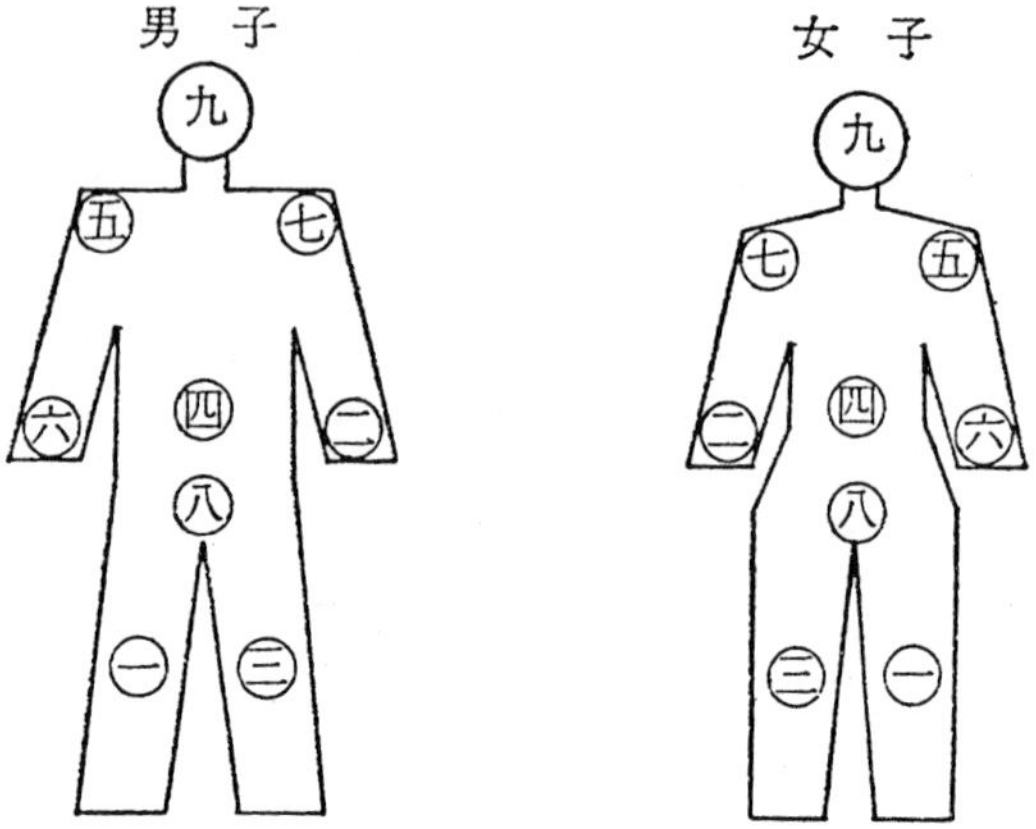

第20図　六三の図（宮家『修験道儀礼の研究』春秋社より転載）

（三）修験道の占い

修験者は病気などの災因をあきらかにする為に占いをすることも多かった。その為に最も根本的なものは易の理により五十本の筮竹を使って卦爻を明らかにし、あらかじめ六十四卦のそれぞれに充当させて作られている『察病伝』に照して災因を明らかにする方法である。その根底には宇宙を気のあらわれとして捉え、天地、陰陽の運行に照して判断するという陰陽道にもとづく世界観が認められる。ただ里修験が行なう、より身近かな占いには六三、数珠うらない、釜うらないがある。六三は「六三大事」（『修験深秘行法符呪集』巻八、二七二）によると、災難の原因はロクサン・土公神にあるとし、男女別に図に示すように、頭・肩・脇・腹・股・両足に一から九の数をあてはめて、当事者の数え年の数を九で割って、残った数と一致する身体の部分に六三がついているとするものである。なお九で割り切れた場合にはそのまま用い、九歳以下の子供の場合にはその子供の年の数に該当する部分についているとしている。

数珠うらないは新潟県の修験者によると、依頼者の年齢、性別、願事を聞いた上で、まず禊祓をあげ、ついで中臣祓を唱える。そして神を勧請して九字を切り、神を念じ、依頼者の願事を心にうかべながら母珠をはずして数珠を二つにわける。この時心中に念じる神の姿を見ることもある。そして親指と人差指で左側から数珠の玉を繰っていく。繰る順序はまず珠を二つずつ四回、計八回繰る。次に同じことを今一度くり返す。そして二つずつ三回計四回くる。そして残った数で占うという。

こう見ると占筮の場合には、いわば宇宙そのものや身体の動きの中に規則性を認め、人間も小宇宙としてその一部をなす以上、その運命がいかに気紛れに見えようとも、その中には宇宙をつらぬくものと同じ法則が流れているとの宗教的世界観が存在している。それ故にこそ、宇宙における変化の法則のすべてを網羅した吉凶表に照らして、所定の手続きによって得られた個々人の運勢を示す記号を発見してその運勢を知ることが可能であるとしているのである。なお六三の場合はその計の九、数珠うらないの場合は一〇八を宇宙をつらぬく聖数として、それを所定の方法でくった上で、残りの数をもとに占う形がとられている。

換言すれば宇宙の道である陰陽の動きが、そこにおける中心的な存在である神の意図にそった形で行なわれていればよいのであるが、時としてこの運行が、御霊神、生死霊、動物霊などによってくるわされた時には病気がおこるとする宗教的世界観が根底にあると見られるのである。

第五章　巫術と憑祈祷

（一）修験道の巫術

修験道の巫術は修験者が神霊を呼びおろし、それから霊示を得たり、それを自己に憑依させて託宣を得る宗教儀礼である。なお巫術を自己の中心的な宗教活動とする修験者を巫者と名付けることにする。修験道の巫者は生活の不如意、病気などによって極度の行きづまり状態に落ち入り、一種の統合失調症あるいは躁鬱病に近い徴候を示すようになった際に、たまたま何等かの関係で旧知の巫者に相談したり、また窮状打開の願かけをしたりした時に何等かの神仏の幻影を見る。そして以後これを守護神仏として修行に入り、やがて必要な時にはいつでも守護神仏を招き託宣を行なっている。

その託宣にあたっては巫者は自己の崇拝対象に一礼し、その前で祓いの言葉をあげ大鼓をたたくなどしながら崇拝対象の名を繰り返し唱える。さらに不動経や般若心経をあげる。そうして続いて依頼者の名前、年齢、相談ごとなどをいう。これを繰り返しているうちに幻覚のうちに守護神が現れて解答を示すのである。これを彼らはうかびと呼んでいる。また場合によっては巫者が次第に神がかりとなって、依頼者の相談事に対する解答を語る。そして最後に今一度唱え言をいって、憑依した神霊を送り返している。

(二) 修験道の憑祈祷

憑祈祷は修験者が巫者などを寄り座しとして、これに神霊をつけ、信者の依頼に応じてその年の吉凶や運勢など種々のことをたずね、これに応じて託宣させる巫術である。

修験者が地域社会の祭などの際に行なう憑祈祷では、まず朴訥で信仰心の厚い寄り座しを選び、行事に先立って水行などを行なわせておく。そして実際の憑祈祷にあたっては、寄り座しに神前であぐらをかかせ、目隠しをし御幣を持たせる。次にこれと向いあった修験者が神つけの修法を行なう。一方寄り座しの周囲をとり囲んだ幾人かの行者が、法螺を吹き錫杖をならし太鼓をたたき大声で呪文や神に憑くように依頼する言葉を唱える。そうこうしているうちに寄り座しは幣をふるわせ跳びあがるようになる。この時問い口の修験者が「何神ついた」と神の名を聞き、依頼者の求めに応じて種々のことをたずねる。これに対して寄り座しは一言ぐらいで簡単に応える。これを修験者が一般の人にとりついで説明する。そして必要なことを聞きおえると、修験者は寄り座しの幣をとり、水をかけるなどして神を返している。

これに対して修験者が自坊で行なう憑祈祷では、修験者は四方を結界し、悪霊がよりつかないようにしたうえで、すでに身を清め、神霊が憑きやすいようにした寄り座しに、神の依代である御幣を持たせておく。次に自分自身が不動明王と一体となったことを象徴した修験者が寄り座しの仏性を開かせた上で、童子を用いて神霊を寄り座しの処まで引きよせる。そのうちに神霊が寄り座しに憑依する。修験者はこのことを確認したうえで、憑依した神霊と問答して種々のことを聞き出して、これを一般参加者にとりつぎ、そしてこれをおえると憑依した神霊を送り返している。

一方修験者が地域社会やそこでの自坊で行なう憑祈祷においては、霊の世界には宇宙の全体的な統轄者である大日如来（またはその教令輪身である不動明王）とその眷属の位置を占め、個々の地域の人々の生活を守護し、それを支配する護法がいる。この護法は牛王とも書き、一般にはこの方が広く用いられている。この牛王は生土《うぶすな》の生の字の下部の「一」があやまって土の上についたもので、もとは生土すなわち「ウブスナの神」のことである（『和漢三才図会』他）。それ故、修験者はさきにあげた憑祈祷の修法によって、霊の世界の支配者である大日如来や不動明王と一体になることによって、その眷属にあたると考えた地域社会の産土神（生土・護法）を呼び出し、これを寄り座しにつけて地域社会一般のことや、そこに住む人々の運勢について種々のことを聞き出すことが可能であるとする宗教的世界観が、修験道の憑祈祷の根底にあると考えられるのである。

第六章　祈祷と加持

（一）息災護摩

修験者が自坊などで行なう息災護摩は、さきにあげた不動法（十八道）に続く形で、修法者自身の身をかためる一荘厳行者法、周囲を結界する二結界法、護摩壇を中心とした修法道場を整える三荘厳道場法、諸尊を招請する四勧請法、周囲を結界する五結護法、招いた諸尊を供養する六供養法を行なう。そのうえで息災護摩独自の修法である次の五段からなる七作業分に入る。

この作業分ではまず自己を浄化した修法者が霊界の支配者である不動明王を招いてこれと同化後、不動明王の使者である火天を招いてきて供養する（一火天壇）。そして火天に依頼者の災厄の原因となっている曜宿をつれてこさせる（二曜宿段）。依頼者の本命曜宿が修法壇にくると、修法者は再度不動明王と同化し依頼者の曜宿の煩悩や業、厄、苦を焼きつくす（三本尊段）。ひき続いて不動明王を招いてこれと同化し、今一度依頼者の本命曜宿の悪趣をやきつくす（四諸尊段）。そしてさらに今後の依頼者の苦楽、禍福に関係する世天を招いて、これに善根をうえつけている。そしてこのあと再度供物を供し（五後供方便品）、破壇作法で修法をおえている。

このように修験道の息災護摩では、修法者が依頼者の現在の生活を支配し、依頼者に不幸すらもたらす本命曜宿を火天の助けをかりて護摩壇によんできて、その業・惑・苦や煩悩を本尊不動明王の力によって消除させ、さらに本尊不動明王の徳を与えることによって依頼者の息災をはかるという構成になっている。そしてこの構成は依頼者の本命曜宿の業・惑・苦とか煩悩を消除することによって除災招福をはかるという主題にもとづいているといえよう。

なおこの根底にはまず霊界の支配的位置を占める大日如来の教令輪身である不動明王と、それを助ける諸明王、不動明王の手下となってその使いをする火天、直接人間の運勢を支配する諸宿曜、世天という崇拝対象の神座（パンセオン）が前提となっている。そして修法者はこの前提に立って不動明王と同化後、火天を使って依頼者の災厄のもとになっている曜宿を呼び出し、不動明王や降三世明王に代表される明王部の諸尊の力を用いて、その災難を焼きつくして、世天に今後の依頼者の息災を命じることが可能であるとの世界観が認められるのである。

（二）諸尊法

諸尊法は願事の種類などに応じて種々の崇拝対象をたて、印や真言を用いてこれらに祈念をこめることにより所期の目的を達成する修法である。以下如来部、菩薩部、明王部、天部の諸尊の順にその概要を紹介する。

如来部ではまず金剛界大日如来を示す智拳印を結んで、修法者が即大日如来となったことを示した上で外五鈷印、鉢の印というように仏の下化衆生の働きを示す印を結び、その働きを示す真言を唱えている。これに対して菩薩部では胎蔵界大日如来を示す外五鈷印や金胎一致、理智不二を象徴する無所不至の印を用いながらも、よりリアルに個々の諸菩薩の働きを象徴する印を加えている。なお十一面及び千手観音ではその姿を象徴した上で、実際に超自然的な効力を持つと信じられている陀羅尼を唱えている。

次に不動明王などの明王部では、修法者の菩提心を示す印をもとにして除災や解穢の働きを象徴している。なお役行者がその呪を修したとされる孔雀明王に関しては孔雀の形を象徴する印を結んだ上で帰命、孔雀、成就を意味する陀羅尼を唱えている。天部の諸尊では修法者の菩提心または修法者もそれを持つとされる仏の体験境地を示す印を結んだのちに本尊の働きを象徴する印を結んで真言を唱えている。

上記のように修験道の諸尊法は、基本的には、不動法に見られるように、本来仏性を持つ人間が、金剛智を発揮し無明の煩悩を断除し、自身即不動明王となってその働きを表示することによって庶民の種々の希求の成就をはかるという宗教的世界観によって支えられていると推測することができるのである。そして諸尊法では、この世界観を比較的ととのった形で、衆生の菩提心を示す印、衆生が本来持つ金剛智が生まれることを示す印、煩悩を断除することを示す印、自身即崇拝対象であることを示す印、崇拝対象の衆生救済の姿やその働きを示す印を順に結ぶことによって象徴している。けれども、直接現世の利益と結びつく観音、明王、諸天の修法の場合には、この宗教的世界観を、衆生の菩提心を示す左手を崇拝対象を示す右手にむすびつけ、種々変形して崇拝対象の衆生救済の姿や働きを示す形に作りあげ、その救済を示す陀羅尼をとなえるという、より簡単な形によって象徴していると考えることができよう。要約すれば修験道の諸尊法は修法者が崇拝対象と一体になったのちに、その崇拝対象の救済の働きを示すという主題によってつらぬかれているということができるのである。

第七章　憑きものおとしと調伏法

(一) 憑きものおとし

修験者は原因不明の病気の理由をたずねられ、その治療を求められると、その病気は邪神、生死霊、動物霊などがついたからだと説明し、これらの憑きものをおとすための修法を行なった。さらに修験者は憑きものを操作する者として恐れられ、尊重もされてきた。その際修験者が行なう憑きものおとしには、教化型、弓矢を用いる蟇目型、邪気加持型、呪詛返型のものがある。

(1) 教化型の憑きものおとし

祈念後、憑依者の耳元で読経したり、真言を誦したり、さらには印明による加持の修法により崇拝対象と同化したのちに諸霊に立ち去るように強制するという構成になっている。そしてさらに憑依霊と問答したり、こらしめ、返答に困らせた末にこそこそと逃げ出させたり、問答によって相手の要求を聞き出し、それをかなえさせることによって退散させるというものである。それ故教化による憑きものおとしは、教導を主題とした修法と考えることが出来る。

(2) 弓矢による蟇目型の憑きものおとし

蟇目型の憑きものおとしでは、修法者はまず護身法を結んで、さらに自分自身が不動明王となったと観じたうえで蟇目に使う弓矢を加持して、人型にむかって矢を射る。その際「蟇目射る神の前なる古狐早く立ち帰れ本の社へ」などの呪文を唱える。そして九字を切って憑依者が再度おそわれないように祈念する。このように蟇目型の憑きものおとしでは教導と威嚇の主題が認められる。なお類似したものに修験者が狐つきの枕元の畳に刀の切っ先を突きさしたり、うつ伏している憑依病者の体の上に刃を押しつけるようにして落とす威嚇を主題とした修法も認められる。

(3) 邪気加持型の憑きものおとし

修法者はまず護身法を結び、崇拝対象と同化する。そして病人が本来有する仏性を開悟させることによって憑依霊に自分から退散するようにさせると共に、今一方で憑依者に五鈷杵（先端が五つに分かれた金剛杵）を押しつけたり、あるいは崇拝対象の力を借りたりして憑依霊を追い出すことを示す。なおあわせて、炎、火、煙、湯などによって憑きものが離れざるを得なくさせるよう威嚇の方法が併用されることもある。

（4）呪詛返型の憑きものおとし

この修法では、憑依している神霊に憑依者から離れて本の社（荒神の場合）、本人（生霊の場合）というように元の場所に帰るように諭す文が唱えられている。なおその際九字（荒神）、大金剛輪の印呪（生死霊）、獅子印（外道）を結んで、もとの場所に帰るように諭す和歌などによって、憑きものを送り返している。

結

この四種類の方法をまとめると、修験者が憑きものをおとす場合には崇拝対象と同化後、教化する、威嚇する、おい出す、送る、祈願するなどの主題の作法をしていた。その際修法者が同化する崇拝対象には大日如来、不動明王など普遍的なものと、今一方では憑きものと同一範疇に属するが、それより高位の崇拝対象が認められた。のみならず荒神、鬼、稲荷などのように、憑きものだったものが、修法を受け改悛後はおとすものとして働く場合もあった。また修験者がこれらと同化後、水神、鬼、犬、金剛杵、達磨、桃の木、ちがやなどを操作することによって憑きものをおとすこともあった。なお憑きものおとしの対象となるのは生死霊、動物霊、疫神など具体的なものである。

（二）調伏法

調伏は修験者が自らの心身をかためて人々に障碍をもたらすものや敵意をもっているものを降伏させる儀礼で、九字、不動金縛法、摩利支天鞭法、封じこめの修法がある。

（1）九字

九字は臨・兵・闘・者・皆・陳・烈・在・前（兵に臨んで闘う者は皆列をのべて前に在りと読ませる）の九文字に充当する印を結ぶ。なお各印の意味は括弧内に記す。そして不動明王の刀印によって、横から始めて五本横、四本縦に切って怨霊、悪霊を退けることを試みる修法である。

臨　内縛（自己の信心が堅固な事を示す）
兵　外縛（修法者と仏の同化を示す）
闘　剣印（相手を切ることを示す）
者　索印（相手をしばることを示す）
皆・陳　獅子印（相手をかみくだくことを示す）

烈　日輪印
在　宝瓶印　摩利支天の呪形
前　隠形印　自己の身をかくす

なお九字を切ることは五陰魔、煩悩魔、死霊及び一切の悪霊、魔民を切断することを意味している。その際九つの印呪を組みあわせるのは九が陽の満数であり、邪気は陰気である。それ故陽をもって陰を伏する意で、怨敵、悪魔、邪気、狐狸、妖怪の調伏に効果があるとされている。なおこの九字は自分に立ちむかってくる生霊、死霊、怨霊などをうち破って引き締めることを象徴するとしている（『修験故事便覧』）。

（2）不動金縛法

不動金縛法は修法者が自分の身をかため、自身が不動明王と一体となって、実際にしばることを象徴する印によって直接悪霊をしばりつけたり、あるいは悪霊を本尊の不動明王や眷属である童子にしめさせたりするという形をとっている。なお悪霊が改悛したら金縛をとくとして、その修法をあげている。この「金縛をとく法」とは、「ほぐれて解く不動の縛の縄はあい緩めれば、元の験の道にとけ」と三遍唱えて、その上で慈救呪をあげて、その対象に菩提心を付与している。

（3）摩利支天鞭法

摩利支天は日月の光や陽炎、蜃気楼を神格化したもので他人に知られず利益をもたらす神格とされている。摩利支天鞭法はこの摩利支天を本尊として調伏の対象である怨霊、怨敵を鞭でたたくことによって降伏させる修法である。具体的には修法者は護身法、九字などによって自分の身を清めかため、阿字門に入った上で、摩利支天の印を結び自己が摩利支天になったことを象徴している。その上で摩利支天と化した修法者が調伏の相手の名前を書いた丸い紙を何回となく鞭でたたいたり突いたりすることによって降伏させている。

（4）封じこめの修法

封じこめの修法は人型に障碍をもたらしているとした邪霊、邪神などの名前を記入したものを準備し、不動明王などに祈念をこめ、次に自身の身をかためた後、これを切り（九字）、しばりつけ（金縛）、さらにかみくだく（獅子印）ことを象徴する印を結んだうえで、これを竹筒の中に入れ、和紙で筒の上をおおって密封し綱でしばりつけた上で、四辻にさかさまに埋めるものである。

なお調伏の主体となる崇拝対象は九字では特定されていないが、金縛は不動明王、摩利支天鞭法は摩利支天、封じこめは不動明王である。また調伏の対象となるものは、九字は怨敵や悪魔、金縛は諸霊、摩利支天鞭法は怨敵や邪鬼、封じものは邪気や狐狸である。そして憑きものおとしの対象になるものが既述のように生死霊、動物霊、疫神など比較的具体的なものであるのに対して、調伏の場合は、怨敵、邪気、悪魔、悪霊、悪神など、より強力なものであることが注目される。

第八章　符呪とまじない

（一）符呪

符呪は原則として符と呪から成る。符は経の要文、神呪、崇拝対象の名などを記し、身につけたり、貼りつけたり、服用させたりするものである。なお符にはそれを所持したり服することによって災難を除去しようとする呪符と、それを所持し、または置いたり貼ることなどによって災難を予防する護符がある。守札は護符を大きくしたものである。呪は一、二の唱言または行為によって超自然力を操作し、所期の目的を達成することである。なお呪が独立して用いられる時にはまじないと呼ばれる。符の作成または使用にあたっては呪が用いられることが多い。

修験道の符は形態面では、大日如来や不動明王の種子、鬼・日・月・星・山・尸などの記号を具体的に記し、その下に喼急如律令の文字を書く形をとっている。この文字はその願いがすみやかになされるようにという意味で、呪符に記されている時は邪霊の降伏を意味し、護符に用いられる時は邪霊を防ぐことをさしている。

符を作成するにあたっては、自己の身を清め、清浄な所に座して、香をたいて自己及び周囲を清める。そして金剛界大日の真言を唱えて墨をすり、すりおえると胎蔵界大日の真言を唱えて文字を書くというように、墨、筆それぞれに金剛界・胎蔵界の大日如来を観じたうえで符の文字を記している。その際、治病の時は薬師、敬愛の時は愛染明王の真言を用いるが、一般には般若心経の呪の部分（ぎゃていぎゃていはらぎゃていはらそうぎゃていぼじそわか（訳 行ける者よ、行ける者よ、彼岸の悟りの世界に行ける者よ、悟りよ幸あれ）を唱える例が多く認められる。

符の使用法は立てる、札のように柱などにかける、貼りつける、お守りのように身につける、薬のように服用させる、埋める、川や池などの水に流す、二枚の符をはりあわすなどしている。なお病気や産育にあたっては服用し、生産関係は立て、除霊や人間関係のものは立てたり、飲ませたりしている。

（二） まじない

まじないは符以外の物質的なものを用いることによって、所期の目的を達成しようとするものである。その際それを構成する要素として、呪具、呪文、呪法がある。

まず呪具は、

1、それ自体が超自然的な力を持つと考えられるもの（米、榁、餅、墓の土）
2、超自然力と関係づけられたもの（水、竹、石）
3、異様なものゆえ、超自然力を持つと推定されるもの（小便、馬の爪、犬の頭の毛）
4、まじないの相手を象徴するもの（人型、草履）
5、まじないの目的と似た性格を持つもの（雌雄のおしどりの羽〈敬愛〉、みょうが〈食べるともの忘れする――離別〉）

などがある。

呪文には名前（対象となる人の名前など）、崇拝対象の名、真言、和歌、漢詩（達成状況を示す）などがある。呪法には呪文を書くものと、唱えるものがある。書かれるものは帯、臍や手など身体の一部、対象物などである。唱えごとは真言や達成状況、願望などである。神の意思を求める言葉などもある。なおより具体的には人型をはりあわせたり、枕の下に入れるものもある。

なおまじないの原理にはつとに、フレーザ・J・Gが指摘したように雨乞のために特定の池などからとってきた水をまくというような類感呪術と、相手を傷つけるためにその毛髪や爪を焼く接触呪術のように、類感と接触の原理が認められる。

最後にまじないの目的と方法の関係を見ると、人間関係や病気に関しては対処的なまじない、戦争や天災には予防的なまじないがとられ、産育や生活に関しては対処的な方法と予防が折半している。

結　章　修験道儀礼の構造

修験道の全儀礼体系を構成する個々の儀礼の目的を見ると、入峰修行は即身成仏、九字護身法は秘法の伝授、採（柴）灯護摩の後の火渡りの験術は超自然力の顕示、供養法は読経や不動法による本尊供養、荒神・日・月・星の祭りはこれらの崇拝対象の法楽、吉凶と運勢、卜占は運命うらない、巫術や憑祈禱は神霊の託宣、息災護摩や諸尊法は除災の祈念、加持は守護と除災、憑きものおとしと調伏は除災招福、符呪とまじないは除災と守護を目的としている。

そしてこれらを全体として見ると、峰入によって超自然力を獲得した修験者が、崇拝対象と常に交歓・同化している面と、信者の依頼に応じて卜占や巫術によって宇宙の運行を知り、崇拝対象と同化して災因を明らかにし、さらに護法（牛王）や眷属などを操作して除魔をはかる面の二重構造になっている。そして、これを図示すると、第二一図「修験道儀礼の構造」のようになる。

この図では上の半分は自己の仏性を開くことを目的とした修行や供養儀礼に見られるもので、ここではまず峰入などによる手段としての自己の聖化、供養儀礼に見られる崇拝対象との交歓を通して、それとの同化をはかっている。これに対して下半分は災因などを明らかにする神や宇宙との同

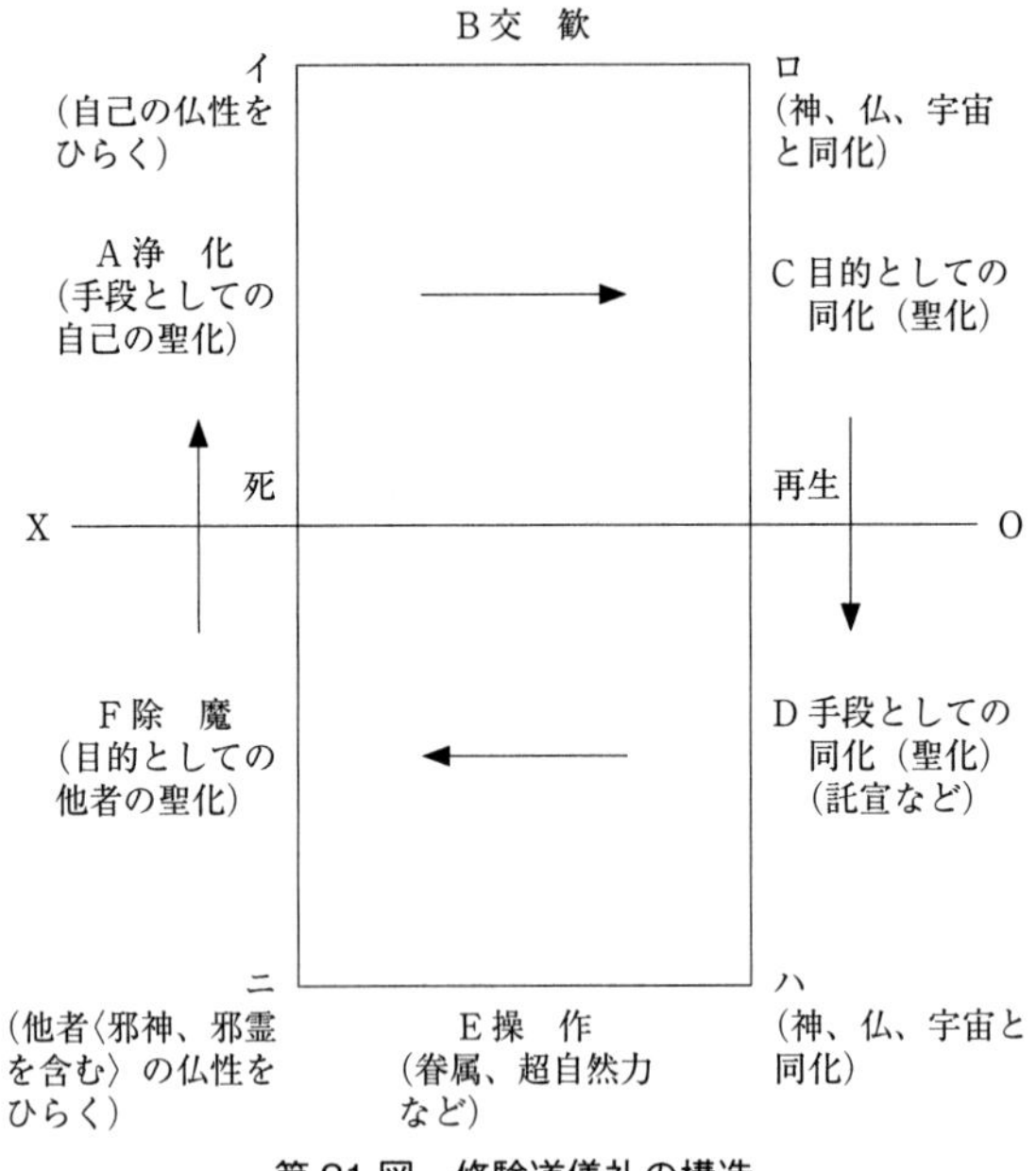

第21図　修験道儀礼の構造

化で、これはどちらかというと手段としての同化である。また不動明王などの主尊と同化して、その眷属である童子などを操作して除魔をはかっている。そして災厄をもたらしている邪神、邪霊を調伏などしたうえで、さらに仏性を開かせるいわば他者の聖化ともいえるものである。

おわりに

日本では国土の七割を山岳が占め、ほとんどの里から山を望見することが出来る。そしてこの山から流れる水にもとづく水田稲作が主産業をなしてきた。こうした中にあって、本書の冒頭で述べたように外来のシャーマニズム・仏教・道教・儒教、日本の神道・陰陽道の影響を受けて中世初期に日本独自の宗教である修験道が成立、後期に確立し、近世に展開したのである。本書ではその歴史、思想、儀礼を概説した。そこで最後にこれらの諸宗教、とくにその中心をなす古来の山岳信仰、神道、仏教との関わりを全体として示すために作成した第二二図「修験道と諸宗教の相関」をもとに説明して本書をおえることにしたい。なおこの図は拙著『修験道――日本の諸宗教との習合』春秋社、二〇二一の要旨をまとめた「結」にあげたものである。なお修験道は近世後期に制度的に「修験宗」とされたが、明治政府によって禁じられ、天台・真言の仏教教団に包摂され、太平洋戦争後教団としての成立が認められている。そこでここでは中世後期に確立し、近世期に展開した思想と儀礼に焦点をおくことにしたい。

まずここでいう古来の山岳信仰は柳田民俗学の民間信仰研究が解明した我国で水田稲作が実際に定着した中世後期において古来と認識されたそれより百年位以前頃から人々が信じていた霊山に関

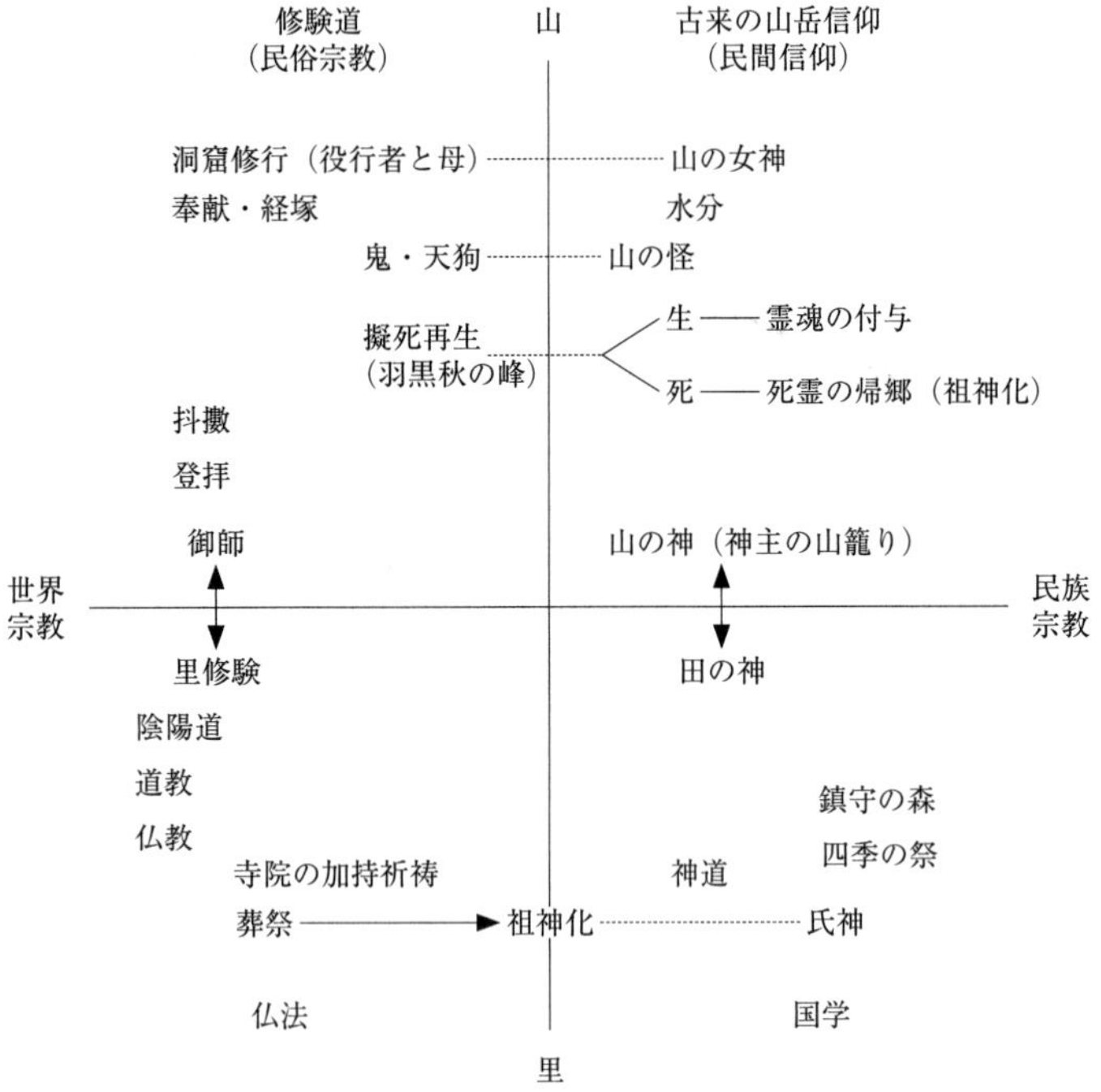

第22図　修験道と諸宗教の相関（宮家『修験道――日本の諸宗教との習合』春秋社より転載）

する信仰をさしている。かつて古来を縄文時代と解して修験道の淵源を縄文人の信仰と結びつける論が展開されことがあったが、それとは全く異なるものである。なおこの古来の山岳信仰〈民間信仰〉のうちには、里ではなく山を生活の場とする、猟師、木こり、鉱山師などの山民の信仰もあるが、私は修験道を成立させ、育んできたのは、これらの山民の宗教を一部とり入れて成立展開させた水田稲作民であると考えているので、そこに焦点をおくことにしたい。

たしかに山民たちも獲物、木々、鉱物などを与えてくれる山の女神の信仰を持っていた。そして里人たちはこうした山民を山の怪と信じていて、鬼や天狗と関連付けて畏怖したのである。水田稲作民は何よりも稲作と彼らのいのちを育む水をもたらす山の女神の居所として崇めたのである。そして霊山は生まれた子供に霊魂を付与する処として、山麓の川辺に家屋を設けたり、桃太郎の昔話や豊臣秀頼を吉野水分神の申し子とする信仰を生み出したのである。今一方で霊山は霊魂の活性化のために成人式として入山したり、死後の霊魂が帰郷して祖神化する場所とされたのである。里の墓のみでなく山にも墓を設ける両墓制が見られもしたのである。そして死者は子孫が里の墓地や寺で盆・彼岸の墓参り、檀那寺での三十三回忌までの十三回の法要をすれば祖神になるとされたのである。

ところで柳田民俗学ではこうした祖霊が浄化して融合した山の神は水田稲作を守護する為に春先の四月八日に山から里におりて、田の神になるとされ、この時に春祭がなされるとした。そして秋まで農耕を守護した後に秋祭で里人から農作物を授けられ、それを共食した後に山に帰って山の神になるとした。もっとも折口信夫は神主はこの秋祭の時に神と一緒に収穫物を飽食して山の神と一緒に山に入り、冬の期間山に籠もって山の神と共に山をおりるとした。もっとも夏には川を媒介して疾病が流行しがちである。そこでこれを防ぐために豪壮な夏祭がなされている。こうして春、秋、冬、夏の四季の祭りが成立したのである。なお里には神を祀る神社が設けられ、そこには山を思わせる鎮守の森がつくられた。このように祖先の体現である氏神を祀る神社を中心として、民族宗教の神道が育まれ、近世後期には本居宣長らによってこの神道を理論化した国学が成立したのである。

これに対して仏教は釈迦の教えにもとづく創唱宗教である。ただ日本では奈良の東大寺を本山とし華厳経を依経とする華厳宗、興福寺・法隆寺を中心とする唯識を重視する法相宗、唐招提寺を根本道場とする律宗などの南都仏教、最澄が比叡山で開基した天台宗、空海の高野山や東寺の真言宗、さらに法然の浄土宗、親鸞の浄土真宗、日蓮の日蓮宗、道元の曹洞宗、栄西の禅宗、一遍の時宗というように宗祖と依経を重視する鎌倉新仏教が認められる。

当初の修験道研究では、このうち修験道と特に関係するのは天台宗、真言宗とされ、前者は聖護院を本寺とする本山派、後者は醍醐三宝院を本寺とする当山派とされた。けれども実際には当初の修験者は上記の興福寺・東大寺などの南都仏教の大寺や、天台、真言の霊山の寺院において学僧、堂衆の下にあって修行や勧進にあたった宗教者だった。そしてそのうち熊野と結びついた天台宗寺門派や、興福寺、東大寺にあって奈良の奥山で修行し、大和平野を潤す吉野川（下流は紀ノ川）の水分の山である吉野・大峰山や葛城山で入峰修行した興福寺や東大寺やそれにつらなる「当山方」

と呼ばれる大和を中心とした近畿地方の修験が成立した。ちなみに當山の「當」の字は「田を尚ふ」というように水田稲作を守ることを意味している。そしてこの当山方の修験が、中世後期に役行者仏来跡絶えていた大峰山の峰入を再開したとされる醍醐寺の開山聖宝を祖にあおいで近世初頭に江戸幕府から当山派として公認されたのである。

次に地域の氏神に対応する地域社会における仏教寺院（檀那寺）について考察することにしたい。檀那寺は宗派をとわず葬儀、盆・彼岸、三十三回忌に至る法要によって死霊を祖神化する葬儀に関わっている。具体的には葬儀、初七日から始まって四九日迄の七回忌、百箇日、一周期、三周忌、七周忌、十三周忌、三十三周忌の十三回の弔いあげをし、これをおえると成仏し祖神化するとして、それぞれの仏（十三仏）が定められている。僧侶は遺族に働きかけて法要を営んで死者を祖神化し、その祖神は氏神に融合されると信じられたのである。この間遺族は盆と暮と彼岸には檀那寺に設けられた墓地に詣でている。なお僧侶は檀家や信者に頼まれれば加持祈祷を行っている。もっともその法要や祈祷の仕方は各宗派の儀軌に従っている。なお近世期には里の寺院は読み書き、算盤を教える寺子屋になってもいた。このほか地域社会にはシャーマニズムに淵源がある託宣をする巫者、不老長生を説く道教、陰陽道にもとづく卜占、忠孝の教えを説く儒教も認められた。これらの影響のもとに修験道は存続したのである。

そこでその特色と受容の仕方を整理しておきたい。まず指摘しておきたいのは、修験道は七世紀末に山岳修行をし呪術宗教的に活動した役小角を始祖に仮託した宗教で、教えを創唱した教祖が存在しない。そして山中に籠もって修行したとする役小角に仮託して思想や儀礼が整えられたことである。そこには古来の山岳信仰や神道、仏教などの影響が認められるのである。具体的に素朴なものからあげておくと、まず山中の洞窟に籠もって修行した修験者は山民たちが獲物、草木、鉱物などの育みをもたらすとした女神を、役行者の母になぞらえて崇めたのである。そしてこうした山の幸を授けてくれる母になぞらえた女神の嫉妬をかわないために世俗の女性を断って山に入って修行したのである。修験霊山の女人禁制はこの信仰にもとづくとも思われるのである。

修験者たちは山中の異様な木、岩などには神霊が宿ると考えて崇め、供物を授けたり、仏像や経をおさめたのである。より教義化したものは大峰山系を密教の金剛界、胎蔵界の曼荼羅の諸尊の居処として、そこに仏像や経を奉納したり、葛城山系の峰々に法華経の二十八巻のそれぞれを納めた経塚を設けたりして抖擻したのである。また霊山の山頂のブロッケン現象を阿弥陀の出現、自己の成仏のあかしとさえした。また山中の怪異をおそれ、異様な山人を天狗や鬼になぞらえもしたのである。役行者が大峰山中の前鬼・後鬼を使役したとの伝承はその一端を示している。

修験者は山頂をきわめる登頂をめざしもしたが、それ以上に峰々を抖擻することを重視した。羽黒修験の出羽三山めぐり、比叡山の回峰行、大峰山の吉野から熊野への奥駈、葛城山系の経塚めぐりなどはこのことを示している。今一方で、滝や洞窟に籠もって修行することも重視された。民間信仰では祖父母の死後生まれた赤子をその再生として崇めたが、羽黒山の秋の峰などに見られる葬式になぞらえた儀礼後、胎内の成長、出生を示す産声をあげた出峰など擬死再生の儀礼はこの信仰にもとづくとも思われるのである。

近世中期には修験霊山の麓で宿坊を営む御師は自己の信者や地域社会で庶民の現世利益に応えている里修験や先達の処を回壇して峰入をすすめるなど遊行的な活動をした。そしてこれに応えて各地の在俗の諸国の先達や里修験が活発な活動をしていたのである。なお修験道が幕府からの公文書に修験宗と「宗」を付されるようになったのは寛政二年（一七九〇）のことである。そして寛政一一年には、役小角の一一〇〇年の御遠忌に朝廷から神変大菩薩の諡号が授けられている。この命名は霊山で修行して神秘体験を得た修験者が里の人々の災厄の除去の要求に応えて利益をもたらすことを示した命名とも思われないでもない。

もっともその後明治五年（一八七二）修験宗廃止令により、本山派・当山派などの修験はそのまま天台宗・真言宗に帰入され、僧侶として仏教教団の枠内で存続した。この折、修験霊山や里修験の多くは神社の神職となった。けれども太平洋戦争終了後、宗教法人令により教団として独立することが可能となり、多くの修験教団が成立した。現在はこうした過去の歴史なかんずく確立期の思想・儀礼、近世後期の先達や里修験の活動に回帰して再生することが期待されているのである。

著者略歴

宮家 準（みやけ ひとし）

1933年東京都生まれ。東京大学大学院博士課程修了。文学博士。現在、慶應義塾大学名誉教授、日本山岳修験学会名誉会長、日本印度学仏教学会名誉会員、修験道管長、総本山五流尊瀧院住職。元日本宗教学会会長。著書に『修験道儀礼の研究』『修験道思想の研究』『修験道組織の研究』『修験道――その歴史と修行』『日本仏教と修験道』『宗教民俗学』『日本の民俗宗教』ほか多数。

修験道大系――歴史・思想・儀礼

2025年1月20日　第1刷発行

著者©　宮家 準
発行者　小林公二
発行所　株式会社春秋社
〒101-0021　東京都千代田区外神田2-18-6
電話　03-3255-9611（営業）
03-3255-9614（編集）
振替　00180-6-24861
https://www.shunjusha.co.jp/
装　幀　鎌内 文
印刷所　萩原印刷株式会社

Printed in Japan　ISBN978-4-393-29207-5
定価はカバー等に表示してあります